U0090096

民國歷史與文化研究

十一編

第 6 冊

創榛闢莽：上海商品檢驗局研究（1929～1937）

高忠芳 著

花木蘭文化事業有限公司

國家圖書館出版品預行編目資料

創榛闢莽：上海商品檢驗局研究（1929～1937）／高忠芳 著
－－初版－－新北市：花木蘭文化事業有限公司，2020〔民109〕
目 4+216 面；19×26 公分
（民國歷史與文化研究 十一編；第 6 冊）
ISBN 978-986-518-111-6（精裝）
1. 上海商品檢驗局 2. 歷史
628.08 109010083

ISBN-978-986-518-111-6

9 789865 181116

民國歷史與文化研究
十一編 第 六 冊 ISBN：978-986-518-111-6

創榛闢莽：上海商品檢驗局研究（1929～1937）

作 者 高忠芳
總 編 輯 杜潔祥
副總編輯 楊嘉樂
編 輯 許郁翎、張雅淋 美術編輯 陳逸婷
出 版 花木蘭文化事業有限公司
發 行 人 高小娟
聯絡地址 235 新北市中和區中安街七二號十三樓
電話：02-2923-1455／傳真：02-2923-1452
網 址 http://www.huamulan.tw 信箱 hml 810518@gmail.com
印 刷 普羅文化出版廣告事業
初 版 2020 年 9 月
全書字數 164125 字
定 價 十一編 11 冊（精裝）台幣 28,000 元

版權所有‧請勿翻印

創榛闢莽：上海商品檢驗局研究（1929～1937）

高忠芳　著

作者簡介

高忠芳，女，漢族，出生於 1979 年，安徽省馬鞍山市人，現任蘇州科技大學講師，主要從事
中國近現代史研究，在《廣西師範大學學報》《陰山學刊》《社科縱橫》《北京教育》等學術期
刊發表學術論文多篇，獨立主持完成江蘇省高校哲學社會科學基金重點項目 1 項，參與完成
江蘇省哲學社會科學基金等科研項目多項。

提　　要

　　上海商品檢驗局成立於 1929 年 3 月，它是中國歷史上第一個由國家設置的官方商品檢驗
機構，在中國商品檢驗史上佔有重要的歷史地位。它的成立，標誌著近代中國商檢事業的開端，
具有極為重要的歷史意義和現實意義。第一，上海商品檢驗局的建立，打破了外國人創辦和控
制中國商品檢驗機構的局面，初步建立了中國商檢事業的基本體系和制度；第二，上海商品檢
驗局的商檢工作一定程度上提高了中國商品出口能力，維護了中國對外貿易中的合法權益，增
強了我國商品在國際市場的競爭力；第三，上海商品檢驗局的建立在制度上初步實現了中國檢
驗檢疫事業與國際接軌，為中國商檢事業的起步奠定了基礎；第四，上海商品檢驗局的建立為
新中國商檢事業的發展提供了經驗和教訓。因而，研究上海商品檢驗局具有重要的學術與社會
意義。

　　本書綜合運用歷史學、經濟學、商品檢驗學等多學科的視角重建了上海商品檢驗局在初創
階段（1929 ～ 1937 年）的發展史，闡述了上海商品檢驗局的成立過程、建立初期的檢政建設，
對上海商品檢驗局初創時期的人才建設、技術探索、制度創建情況都有著詳細的論述和分析。
而且，本著作還詳細論述了上海商品檢驗局進出口商品檢驗業務工作開展情況，還以出口茶葉
檢驗為中心重點考察與評估了商品檢驗在對外貿易中的重要作用。簡言之，本著作對於上海商
品檢驗局的建立過程、制度建設、人才培養、技術探索等方面進行了全方位的研究，深化了學
界關於這一問題的研究。相信本書的出版，一定會對相關問題的研究提供助力。

　　本書分為上編和下編。上編是有關上海商品檢驗局（1929 ～ 1937）的研究，全面研究了上
海商品檢驗局初建的歷程與檢驗業務的全面展開情況，並且對相關問題也有一定的研究。下編
是有關上海商品檢驗局（1929 ～ 1937）的重要研究資料的簡編，主要以收錄當時上海商品檢驗
局編纂的檢驗檢疫法規或業務資料為主。

目次

上編：上海商品檢驗局研究
（1929～1937）

緒　論

一、選題意義

　　當今世界是一個經濟競爭的世界，國家間的貿易競爭相當激烈。各國商品要想佔據一定的國際市場，建立商品檢驗制度就成為發展國際貿易、開拓國際市場的一項必要舉措。中國的商品檢驗制度建立較晚，直到 20 世紀的 20 年代末才得以初步建立。1929 年 3 月上海商品檢驗局的成立，中國近代商品檢驗制度才初步創立。它的成立，是中國經濟貿易史上的重要事件，標誌著中國在自覺提高商品質量、增強對外貿易競爭力、維繫國際市場信譽方面的努力。

　　上海商品檢驗局作為中國近代創立的第一個商品檢驗機構，為中國近代商品檢驗制度的建立立下了不朽功勳，在中國商品檢驗發展史上有創榛闢莽之功，具有里程碑式的意義。上海商品檢驗局所開展的一系列檢驗業務及其制定的一系列檢驗行政法規為提高中國商品質量、擴大中國對外貿易都做出了重要貢獻，也在一定程度上提高了中國對外商品貿易的國際信譽度，也為中國商品檢驗事業的有效開展提供了諸多有益的經驗和深刻的教訓。而且，上海商品檢驗局在抗戰前的全國五大商品檢驗局中規模最大、居於最主要的地位，它初步探索建立的中國商品檢驗制度，為其他商品檢驗局的業務開展也提供了有益的借鑒。因此，選擇上海商品檢驗局作為研究對象，無疑是一個具有重要意義的研究論題。具體說來有如下意義：

　　1. 社會意義。商品檢驗是國際貿易的必然產物。中外貿易早已有之，但直到 20 世紀 30 年代前後，商品檢驗才作為中國對外貿易行政管理中的一項

制度要求被提上日程，它的建立有著深刻的歷史原因。上海商品檢驗局的創立展現了中國檢政事業歷經了從無到有，從小到大，雖曲折艱辛，卻是不斷發展壯大的過程，具有開創性意義，為新中國商品檢驗事業的開端奠定了基礎。從研究上海商品檢驗局入手，既能見證在近代不平等國際體系下，中國檢政事業發展的艱難，又能「以史為鑒」，為今天的社會主義商品檢驗事業提供借鑒。

2. 學術意義。商品檢驗史是中國近代史尤其是經濟史研究不可忽視的研究內容之一，它的研究可以豐富中國近代經濟史的研究內容。南京國民政府首次建立了由中央政府直接管轄的商品檢驗機構，開始獨立自主地行使商品檢驗權，使得商品檢驗成為中國對外貿易行政管理中的一項制度設施，增強了中國出口商品國際信譽的認可度和獲取國際市場的可能性，體現了在資本主義世界經濟體系下，中國經濟制度與世界經濟制度逐漸接軌的發展趨勢，完善和豐富了中國制度經濟史的內容。截止目前，學術界對此問題的研究，除了相關的幾篇介紹性文章外，尚無專門研究性論文和專著，這是經濟史研究中的欠缺之處，有待加強。本文試圖主要從歷史學的研究角度再現抗戰前上海商品檢驗局的發展情況，展現近代中國商品檢驗事業經歷的艱辛歷程及其作用和影響。

二、學術史回顧

蔡無忌先生的《十年來之商品檢驗》（載沈雲龍主編近代中國史料叢刊第九輯《十年來之中國經濟（1936～1945）》，臺灣文海出版社 1976 年版）簡要回顧了我國近代商品檢驗制度建立的艱辛歷程。受此文啟發，筆者開始翻閱近代史料叢刊、文史知識選輯、解放前各種報刊資料，逐漸認識到近代商品檢驗制度的重要性和重要意義，加之目前學術界關於中國近代商品檢驗問題的研究尚處於起步階段，於是選定了中國第一個商品檢驗機構——上海商品檢驗局作為研究對象。同時，根據上海商品檢驗局發展的階段性特徵，確定以上海商品檢驗局的初創階段即 1929 年到 1937 年抗戰全面爆發後被迫停辦作為研究年限。

目前學界國內外關於上海商品檢驗局（1929～1937）的研究，尚無一部專門的研究著作，而真正具有學術研究性的學術論文也不多見。

國內學者有關上海商品檢驗局的研究論著，主要有：尹在繼《中國出口

茶葉檢驗史實——茶葉檢驗起因與沿革》（《中國茶葉》1987 年第 3 期）、袁李來《鄒秉文與上海商品檢驗局》（《民國春秋》1998 年第 5 期）、徐鑒《中國第一部〈商品檢驗法〉出臺始末》（《中國檢驗檢疫》2002 年第 1 期）、徐鑒《中國早期商檢機構的萌芽》（《中國檢驗檢疫》，2002 年第 4 期）、徐鑒《商檢局成立以前的茶葉檢驗》（《中國檢驗檢疫》，2002 年第 7 期）、馮世鑫和鄒德珍《鄒秉文二三事》（《中國檢驗檢疫》，2002 年第 9 期）、徐鑒《解放前商檢初建之特點》（《中國檢驗檢疫》，2002 年第 10 期）、《解放前夕舊商檢局的沒落》（《中國檢驗檢疫》，2002 年第 11 期）、馮世鑫《張景歐：中國植檢拓路人》（《中國檢驗檢疫》，2003 年第 1 期）、馮世鑫《舊中國的商品檢驗法規概述》（《中國檢驗檢疫》，2003 年第 8 期）、徐鑒《抗戰時期汪偽政權控制下的商品檢驗》（《中國檢驗檢疫》，2003 年第 2 期）、徐鑒《新生人民政權對舊商品檢驗局的接收》（《中國檢驗檢疫》，2003 年第 6 期）、馮世鑫和李德山《張若著：中國植檢創始人之一》（《中國檢驗檢疫》，2003 年第 4 期）、徐鑒《對中國檢驗檢疫發展史上幾個問題的再思考》（《中國檢驗檢疫》，2003 年第 5 期）、陳晉文《近代商品檢驗制度研究》（《北京工商大學學報》2012 年第 5 期）、葉開強《民國商品檢驗法制的理論基礎和制度生成》（《財經理論與實踐》，2020 年第 1 期）。總體而言，這些學術論文對上海商品檢驗局建立之初的傑出人物、近代商品檢驗事業發展特點以及近代商品檢驗法規的制定等問題做了的初步概括分析，這些概括有助於我們從一定側面對上海商品檢驗局的創立情況以及近代商品檢驗事業的發展情況的基本瞭解。應該說，這些論文對近代的商品檢驗制度和上海商品檢驗局建立問題的介紹分析，是有一定學術貢獻的。

　　另外，《上海商檢志》編纂委員會主編的《上海商檢志》（上海社會科學院出版社 1999 年）一書，概括介紹了 1929～1999 年上海商品檢驗局的發展歷程，其中對上海商品檢驗局在民國時期的創辦情況也有一些介紹。該書實際是一種科技專業類型的志書，主要職能是對上海商品檢驗局發展情況做歷史記錄和介紹，並非真正意義上專題研究著作。

　　國外學者對這一學術問題沒有專門的研究，只有在研究相關問題時有所涉及而已。例如，〔日〕泰惟人《近代中國的茶葉貿易》（《中國近現代史》，1985 年第 9 期）、〔日〕浜崎實地《關於 1912～1949 年間中國生絲出口的研究》（《京都工藝纖維大學學術報告》第 19 期，第 9～16 頁，1995 年 3 月出版）這兩篇學術論文，其主要內容以研究近代中國的茶葉和生絲出國貿易問題為

主，在文章中會對近代的商品檢驗問題也有所涉及，但並非其專門研究對象。

概括而言，上述論著除了個別兩三篇文章外，大多數論著都是關於近代商品檢驗史的一般介紹而已，多是從宏觀角度對近代商品檢驗史事的一般性概括介紹，缺乏較為全面深入的學理分析。例如徐鑒、馮世鑫的文章，由於這兩位作者的身份是商品檢驗工作者，學術研究並非其本職，因而他們的文章是為了交流本職工作的目的而對近代商品檢驗事業而做的一般性介紹分析，深入的史學研究並非他們文章的主旨。因而，很多文章史實論述不充分，史料貧乏，缺少歷史學的專業學理分析，學術性不強。這是這些研究的普遍性缺點。尤其需要指出的是，目前的研究，還尚無一篇專門針對近代中國的第一個商品檢驗機構——上海商品檢驗局的專題研究論文，不能不說是一個缺憾。

有鑑於此，本書將以上海商品檢驗局（1929～1937）作為專門研究對象，並以此管窺中國近代商品檢驗事業的創榛闢莽的建立的艱辛歷程、發展特點等各方面情況，力圖為今天中國商品檢驗事業的發展提供一些有益的借鑒。

三、史料來源

本書的研究資料，主要來自以下幾方面。

1. **檔案史料**。檔案史料主要來源於中國第二歷史檔案館的館藏。筆者曾多次前往中國第二歷史檔案館抄錄了較多抗戰爆發前上海商品檢驗局的檔案文書資料，這為本書研究上海商品檢驗局提供了第一手直接的史料來源。

2. **報刊史料**。來自的報刊的史料主要有：（1）《申報》（1912～1937 年影印本），《申報》立足於上海，經常對中外貿易商情和上海商品檢驗局局況給予相關報導，其史料價值較高；（2）《國際貿易導報》（the Foreign Trade Journal），該刊物是工商部（後改為實業部）上海商品檢驗局和國際貿易局合作編輯發行，為檢驗出口商品、發展國外貿易的目的、負責改良國內商品、宣傳商品檢驗事業而特別編輯的一種月刊。每期撰述內容有：研究、統計、國內外工商消息如貿易實業、檢政消息、局務紀要等項，專載關於工商業國際貿易重要專論。1930 年 4 月公開出版第 1 卷第 1 期，至 1937 年 8 月，共計出版九卷。此刊物是研究這期間上海商品檢驗局的第一手資料；另外《工商半月刊》《商業月刊》《實業公報》《商業雜誌》《商業月報》《中行月刊》《東方雜誌》等刊物中也提供了一些關於商品檢驗的資料。

　　3. 其他重要史料。這些資料主要有：（1）工商部上海商品檢驗局淺說第一號：《棉花攙水的弊害》，1929 年 8 月發行；（2）工商部上海商品檢驗局編：《工商部上海商品檢驗局概況》，工商部上海商品檢驗局，1930 年 5 月出版；（3）工商部上海商品檢驗局：《牲畜正副產品檢驗處蛋之淺說》，工商部上海商品檢驗局 1930 年 2 月發行；（4）工商部上海商品檢驗局：《工商部上海商品檢驗局生絲檢驗處生絲檢驗方法》，工商部上海商品檢驗局出版（出版年代不詳）；（5）實業部商業司通商科編輯：《全國商品檢驗會議彙編》，1930 年 6 月；（6）實業部商業司第二科編輯：《第二次全國商品檢驗會議彙編》，1933 年 4 月；（7）實業部上海商品檢驗局編輯：《實業部上海商品檢驗局業務報告：民國十八年一月至二十年三月》，實業部上海商品檢驗局 1931 年出版；（8）實業部上海商品檢驗局等編：《實業部上海商品檢驗局、中央農業實驗所、漢口商品檢驗局合辦茶葉改良場成立一年來之工作概況（1933 年 4 月～1934 年 3 月）》，實業部上海商品檢驗局（出版年代不詳）；（9）實業部商業研究室叢書之一，沈國謹編：《我國商品檢驗的史實》，實業部商業研究室 1934 年 8 月發行；（10）吳覺農：《中國茶葉復興計劃》，商務印書館 1935 年發行；（11）尤季華：《中國出口貿易》，商務印書館 1934 年出版；（12）《商品檢驗》，行政院新聞局 1947 年 12 月印行；這些都是研究上海商品檢驗局的珍貴資料。此外，《上海商檢志》編纂委員會主編的《上海商檢志》（上海社會科學院出版社 1999 年）與《文史資料選輯》第八十八輯（文史資料出版社 1983 年）都有對上海商品檢驗局初創時期的專門介紹。

四、創新與不足

1. 創新點

　　第一，在研究內容上，第一次全面建構了上海商品檢驗局（1929～1937）的發展史，對上海商品檢驗局的初創、建立過程、內部制度建設和社會影響都進行了較為深入的闡釋，填補了中國近代經濟史研究的一項空白。

　　第二，在資料運用上，本書大量整理和引用了第一手檔案資料，改變了以往有關商品檢驗史文章僅僅重於簡單敘述，而缺乏史料和史實架構的局面。這些原始檔案資料的成功運用，使本書既立足於紮實的資料基礎之上，又大大加強了學術研究價值，同以往一般的簡單介紹性文章區分開來。

　　第三，在研究方法上，本書以唯物史觀為指導，綜合運用歷史學、經濟

學、商品檢驗學、管理學的多學科研究方法，從多學科交叉融合的角度對上海商品檢驗局進行了研究。

2. 不足之處

一方面由於自身專業知識的侷限性，對商品檢驗中涉及的自然科學技術知識無法作過多的論述；另一方面由於缺乏英文資料，國外對中國出口檢驗商品的評價只能根據中文資料概而論之，對上海各國公證行與商品檢驗局的關係、上海商品檢驗局檢驗商品的數量、國際認可度、及其與商人關係等，因資料的缺乏而無從展開論述。這些不足，我將在以後的學習和研究中逐步彌補。

五、相關專業術語釋義

為了方便讀者對本書專業問題的理解，現將本書中涉及的幾個有關商品檢驗專業術語作一些簡要解釋。

1. **商品檢驗機構**。在現代國際貿易中，買賣雙方遠隔重洋，原先那種當面檢查、清點、交接貨物的古老貿易方式已很難實現，對貨物的運輸、檢查和鑒定的任務需要委託給一個權威公正、具備應有的專業技術人才和檢驗設備的機構來辦理，這就是商品檢驗機構。

2. **進出口商品檢驗**。進出口商品檢驗是指「商品的供貸方、購貨方或者第三方在一定條件下，借助某種手段和方法，按照合同、標準或國際、國家有關法律、法規、慣例，對商品的品質、規格、質量（重量）、數量以及包裝等方面進行檢查，並做出合格與否或通過驗收與否的判定；或為維護買賣雙方合法權益，避免或解決各種風險損失和責任劃分的爭議，便利商品交接結算而出具各種有關證書的業務活動。」〔註1〕

3. **商品質量檢驗**。商品質量檢驗是商品檢驗的中心內容，「狹義的商品檢驗即指商品質量檢驗」〔註2〕，而商品的質量是「評定商品各種有用屬性優劣程度的綜合，是衡量商品使用價值大小的尺度」〔註3〕，因而商品檢驗的重要目的就是為了驗證商品質量高低，以促進商品質量的提高、經濟貿易的發展

〔註1〕萬融主編：《商品學概論》，中國人民大學出版社 2005 年版，第 189 頁。
〔註2〕張燁主編：《現代商品學概論》，科學出版社 2005 年版，第 134 頁。
〔註3〕國家進出口商品檢驗局編：《商檢商品學》（上冊），中國對外經濟貿易出版社 1989 年版，第 7 頁。

與社會文明的進步。

　　4. 第三方檢驗。商品檢驗按承擔檢驗任務的部門可劃分為第一方檢驗、第二方檢驗和第三方檢驗。第一方檢驗即賣方的檢驗；第二方檢驗即買方的檢驗；第三方檢驗即作為買賣雙方公證人的專門商品檢驗機構。本書所說的檢驗，是指第三方檢驗。

第一章　商品檢驗事業發展的歷史機遇

　　商品檢驗是社會分工和商品交換深入發展的客觀需要。商品生產和交換萌芽於原始社會末期，至奴隸社會和封建社會時期，國際間的商品生產和交換已經出現，但由於生產力水平低下，市場狹小，交通通信條件落後，貿易的範圍和商品的種類無論在國際還是國內都是有限的，在社會經濟中也不占重要地位，交易能否實現取決於買賣雙方親自對商品在數量、質量、規格等方面檢驗後的決定，無需商品檢驗這獨立的第三方的中間環節存在。

一、國外商品檢驗事業的發展

　　國外商品檢驗機構的建立，是在資本主義國際貿易的背景下產生的。歐洲資產階級革命的興起和產業革命的發展、地理大發現和世界市場的形成，導致世界各國間商品交換空前發展，資本主義生產力迅猛發展，現代國際貿易開始崛起，一系列新的為國際貿易提供專業服務的行業和管理部門（海運、代理、保險、倉儲、碼頭等）便應運而生。16、17 世紀、資本主義各國大力推行重商主義，努力拓展海外貿易，通過商品市場的擴大刺激生產的發展，巴黎、倫敦、馬賽等城市逐漸成為國際貿易的中心城市。國際貿易擴展後，商品的品種、規模不斷增多，質量、規格也不再單一，買賣雙方過去那種定期集市交易和商品市場的現貨成交貿易方式已不能適應新的要求，交易空間距離上遠隔重洋，難以當面對貨物檢驗清點，「商品質量是否符合規定的標準，只有經過檢驗才能確定，而商品質量能否保證滿足消費者要求，就必須進行全面的商品質量評價和

開展商品質量監督活動」〔註1〕，一個權威、公正的第三方公證鑒定機構便應運而生，它通過對商品的品質、數量、重量以及因意外而造成的貨損進行檢驗和鑒定，其檢驗結果能為買賣雙方所接受，從而保證貿易活動的順利進行。與此同時，政府也意識到要提高進出口商品質量，保障國家和人民的利益，必須成立商品檢驗機構、頒布商品檢驗的法規和標準。所以，商品檢驗是「資本主義對外貿易交換職能和對外貿易政策職能中分離出來的特殊的職能，是社會分工在跨國交換方面的拓展，也就是說，國際分工和國際貿易的發展促成了商檢職能的產生，並使商檢具備了世界範圍內獨立的第三方公證機構的地位。」〔註2〕世界上第一個由國家對進出口商品實施檢驗制度的國家是法國，在國際貿易史上第一次產生了具有檢驗管理職能的獨立機構。1664 年，法國政府為了提高出口商品的質量，保證法國商品在國際市場上的信譽和地位，「即經政府制定各項商品的取締法令，對於 150 餘種以上的品質和製造方法等，都有極詳細的規定；並由政府以極嚴厲的威力於全國各都市設立了檢查機關，執行檢驗。合乎規定的商品，發給合格證書，得有合格證書，方准行銷輸出國外，不合格的則更從事研究指導改良。」〔註3〕其中規模最大的當推里昂公斷所，檢驗的商品有絲、棉、紡織品及病蟲害等多種。1850 年，意大利在米蘭設立生絲檢驗所，辦理生絲檢驗，「實為檢驗生絲之嚆矢，亦於各國生絲檢驗有莫大的貢獻」，「而現在意絲的發達，也可歸功於檢驗的功效。」〔註4〕

　　十九世紀後期，歐洲各國相繼發生了重大病蟲害傳播而造成農牧業發生災害的事例，被認為是由進口產品帶來的病菌所引起的，這就促使各國政府紛紛頒布法令，禁止帶有病蟲害的產品進口，出口的產品也要經過檢驗合格後方准出口。1875 年，德國正式頒布法令，禁止帶有馬鈴薯甲蟲的美國馬鈴薯進口；1877 年，英國由農漁部頒布病蟲害法；1879 年，意大利發現進口的美國肉製品附有旋毛蟲、條蟲，也因美國尚未設置新式屠宰場，首先下令禁止進口，於次年開始執行病蟲害檢驗；1881 年，奧、德、法三國相繼禁止美國肉類進口；1882 年，英國因美國東部數省的牛只患有傳染性胸膜肺炎，禁

〔註1〕張燁主編：《現代商品學概論》，科學出版社 2005 年版，第 133 頁。
〔註2〕周天華、熊國忠等著：《中國商檢經濟學》，人民出版社 1997 年版，第 91 頁。
〔註3〕沈國謹編：《我國商品檢驗的史實》，實業部商業研究室 1934 年 8 月發行，第 6 頁。
〔註4〕沈國謹編：《我國商品檢驗的史實》，實業部商業研究室 1934 年 8 月發行，第 6～7 頁。

止美國活牛進口；歐洲丹麥等國也同樣禁止美國肉類進口，這些禁令使美國
肉製品出口貿易大受打擊。1890 年，美國國會作出規定：「凡出口的火腿和肉
品，由政府給予證書，保證其純潔衛生。」並於次年進一步通過議案：「凡出
洋或國內運銷的牛羊豬肉，一律須經過屠宰場施行宰前宰後檢驗，尤其對於
出洋肉品的檢驗，格外周密，必經過顯微鏡的檢查沒有病蟲害，方准給證出
口。」〔註5〕同年，德國取消禁止美國肉類進口的條例，其他各國也相繼撤銷。
到 20 世紀 30 年代，美國除設立在紐約檢驗總所外，費城（Philadelphia）、紐
菲德福（New Bedford）、帕特森（Paterson）三個分處及設在我國上海的萬國
生絲檢驗所，所檢驗的商品有絲、棉花、紡織品、羊毛及毛絨、棉紗線、呢
絨、化學品、動植物油、燃料、煤、紙、木棉等。此外，美國農部還設有畜
產局，主要檢驗火腿、肉品、牛羊皮及蛋產品。

　　就在這些發達的歐洲國家紛紛建立進出口商品檢驗機構時，亞洲的日本曾
在明治維新後，工業界和出口商為貪圖一時利益，對商品粗製濫造，將次劣商
品推往國際市場，造成日貨聲譽大跌，出口貿易急劇下降，不少工業生產被迫
停頓，甚至影響到整個國民經濟的發展。這種嚴峻的形勢引起了日本政府的重
視。1896 年，日本制訂生絲檢查法。1926 年，農林省再次頒行出口生絲檢查施
行規則，生絲檢查最初由絲業界商人聯合會執行檢驗，隨後歸日本政府辦理。
1927 年，工商省劃分為橫濱、神戶等 12 個區域，橫濱生絲檢查所檢驗的生絲
主要運往歐洲、印度、加拿大、美國、南美洲及亞洲等處；神戶生絲檢查所檢
驗的生絲大都行銷澳洲、印度及埃及等處；大阪生絲主要輸入到俄國和中國的
哈爾濱。此外，日本還設有對其他各類商品檢查的機構：神戶的花席檢查所；
橫濱、京都、名古屋、富山等十幾處的絹織物檢查所；大藏省的植物檢查所；
橫濱水產檢查所；靜岡茶葉檢查所；長崎、橫濱、神戶的華棉水氣檢查所等，
這些檢查機構，除由國家設立外，也有的是同業公會及其聯合會依據政府頒布
檢查法規設立的。各種商品檢驗機關規模宏大、設備先進，不在歐美各國之下，
「如農林省在橫濱所設之橫濱生絲檢查所，其開辦費及建築費兩項，達日金五
百萬元之巨，每年之經常費為日金五十五萬元，其偉大可想見矣。」〔註6〕20
世紀二三十年代，日本出口貿易商品成為中國傳統外貿商品在國際市場上的強

〔註5〕沈國謹編：《我國商品檢驗的史實》，實業部商業研究室 1934 年 8 月發行，第
　　　　8 頁。
〔註6〕盧崇容：《商品檢驗之施行與國際貿易之發展》，《商業月刊》第 1 卷第 1 期，
　　　　1936 年 5 月。

敵，在挽回日本貿易局面的各類因素中，商品檢查所功不可沒。

　　隨後世界其他各國，「或鑒於國外對於商品檢驗之重視，或感於國內實際之需要」，在進出口貿易中，「莫不先後施行」〔註7〕商品檢驗。世界各國實施商品檢驗的時間情況如表 1-1，由表可見，在 1930 年，世界各主要資本主義國家都建立了商品檢驗制度，這些國家通過頒布的商品檢驗法規依法對進出口商品實施強制檢驗和管理。「進出口商品檢驗作為從行政管理和商品交換中分離出來的，具有獨立的特殊職能是在近代國際貿易的發展中逐漸形成的」，〔註8〕為發展資本主義經濟，各國推行貿易保護政策，大力發展出口貿易，同時也為了保障本國人民身心健康和生態環境，以立法形式行使某種政府管制行為。這種強制檢驗和管理的目的：一是為了使本國的商品能在國際貿易中佔有一席之地，提高了出口商品的信譽度，擴大商品銷路而限制不合格產品出口；二是為了防止進口商品帶有病菌，保護本國的農牧業生產，避免病蟲害等的影響，限制不合格產品的進口，確保進口商品的安全可靠性。

表 1-1　各國商品檢驗法規頒布情況

國別	公曆年份	國別	公曆年份
法國	1664	瑞典	1909
意大利	1850	加拿大	1910
德國	1874	南非洲聯邦	1911
英國	1877	英屬殖民地馬來亞聯邦	1913
比利時	1882	希臘	1914
美國	1890	挪威	1916
日本	1896	印度	1917
錫蘭	1901	菲律賓	1923
夏威夷	1903	新南威而斯	1924
澳洲聯邦	1908	智利	1924
新西蘭	1908	丹麥	1927

資料來源：根據賀閣、徐宗稼《三十年來中國之商品檢驗》（周開慶主編：《三十年來之中國工程》（下），臺北華文書局 1967 年印行）

〔註7〕賀閣、徐宗稼：《三十年來中國之商品檢驗》，周開慶主編：《三十年來之中國工程》（下），臺灣華文書局 1967 年印行。
〔註8〕王守蘭，鍾儒剛編著：《商檢概論》，中國財政經濟出版社 1999 年版，第 1 頁。

二、中國對外貿易的新動向

　　中國對外貿易歷史源遠流長，在古代對外貿易活動中，始建於唐朝，終
結於明朝的市舶司所管理的內容中就含有萌芽性質的商品檢驗。唐政府於開
元初年設立了專門管理海路貿易的市舶使，其職責主要有「籍其名物，納舶
腳，禁珍異，徵收貨稅，保管外商貨物，管理外商在華貿易。」〔註9〕其中，
「禁珍異」即檢查外國商船有無違禁之珍奇異物。宋代制訂了市舶條法，市
舶司對商品質量管理的職能主要有：（一）商人要出海貿易，必須事先向管轄
本區域的市舶司提出申請，正如《宋史‧食貨志‧互市舶法》所記載：「雍熙
中（985～986），……商人出海蕃國販易者，令並詣兩浙市舶司請給官券，違
者沒入其寶貨，」對擅自出海者，一經發現，即要判罪，「徒二年，五百里編
管」，「其餘在船人雖非船物主，並杖八十。」〔註10〕（二）當海外商船進港
時，市舶官吏和地方官員就要對船貨加以檢驗，以「掌番貨、海舶、征榷、
貿易之事，以來遠人、通遠物」，〔註11〕通過「征榷」等手段對貨物進行管制，
並徵收關稅。元代至元三十年（1293）八月，制訂了《整治市舶司勾當》22
件，又稱《市舶法則》22 條，按市舶法則的規定，海商出海，事先須向市舶
司提出申請，「依舊例招保舶牙人保明，牙人招集人伴數名」，經批准後才能
領取出海許可證。這裡所說的「牙人」是指中國古代傳統貿易中的第三方公
證人，介入並參與貿易雙方商品的交易，對商品的質量、數量和價值進行評
估和確認。明朝市舶司的職責是「掌海外諸番朝貢、市易之事。辯其使人、
表文、勘合之真偽。禁通番，徵私貨，交平易」〔註12〕，即負責「朝貢貿易」
事務。按規定，當外國貢船來華進港後，市舶司會和地方官員查驗勘合、辨
別真假，確定無誤後才將貢物封釘上岸。對於隨貢物附載而來的商貨，市舶
司負責檢查其中有無違法、違禁物品，並代其向地方政府報告。為了順利進
行番物交易，市舶司下設了專門的牙行來管理，牙行負責對貨物價格的評估、
介紹中國商人與外商交易。牙行和元代市舶司下的牙人一樣，也是中國古代

〔註9〕夏秀瑞，孫玉琴編著：《中國對外貿易史》（第一冊），對外經濟貿易大學出版
　　　社 2002 年版，第 110 頁。
〔註10〕徐松：《宋會要輯稿》職官四十四之八。
〔註11〕托克托等修：《宋史》卷一百六十七，《食貨志下‧職官志第一百二十》，四庫
　　　全書本。
〔註12〕張廷玉等修：《明史》卷七十五，《志五十一‧職官四‧市舶提舉司》，四庫全
　　　書本。

傳統貿易中的第三方中間人，明代牙行除了負責方便貿易外，還從事類似現代國際貿易中對商品質量、價格、數量、重量等的檢驗、鑒定和評估工作。隆慶元年（1567）以後，明政府部分地開放了中外民間貿易，市舶司的職責是查驗進口商品和徵收進出口稅和停泊稅。這時，牙行已經從市舶司中獨立出來，隨著外商來華增多，官牙制度的各種弊端暴露無遺，明末牙行逐漸被專營進出口貨物的廣東三十六行代替。市舶制度對海外貿易經營管理的權利徹底消失，自唐以來實行了近兩千年的市舶制度也最終完結。

1684 年，清政府開放海禁，1685 年，分別在廣東、福建、浙江、江蘇四省設立粵海關、閩海關、浙海關和江海關，並設立了與此相配合的行商制度。從此，海關制度和行商制度代替了歷代的市舶制度，共同對海外貿易實行嚴格的管理，貿易經營則由「十三行」代表的行商團體辦理。行商是清政府特許的專門經營海外貿易的商人，亦稱洋商，其下設通事主要職務是「代表政府向外商負責向外商宣示法令」，「領取出入許可證，以及辦理裝貨、檢驗貨物」。〔註 13〕

鴉片戰爭失敗後，十三行獨攬對外貿易並行使貿易經營的歷史宣告結束。在西方列強的入侵下，中國逐步淪為半殖民地半封建社會，成為資本主義國家競相爭奪的原料產地和商品銷售市場，中外貿易在不平等的國際體系下逐漸發展起來。生絲自古以來就是中國貿易出口品大宗之一，但到 19 世紀晚期，中國生絲出口數量在國際市場上開始減少，進入 20 世紀 20 年代，受日本生絲的競爭，中國生絲大有被擠出美國市場之勢。「在法國市場上購買日絲，不必問其牌號，僅須指定等級，所得貨物，即為指定等級之貨品。而購用華絲，則須指定牌號，所謂牌號，僅為一批生絲之識別，不能為其品級之標準」，〔註 14〕中國出口生絲因為沒有等級品質的檢驗，外銷一落千丈。

中國號稱植棉古國，20 世紀初，我國棉花產量僅次於美國、印度，是居世界第三位的產棉大國，每年產額約在 800 萬擔左右。當時上海棉花多輸往到日本，因為日本有發達的棉紡織業，而國內卻缺乏原棉的供應，不得不依賴於中國的棉花輸入。但由於不少棉農和棉商在棉花中摻水摻雜，導致品質低劣，商業糾紛日增，棉花出口量在進入 30 年代後逐年遞減。

〔註 13〕陳旭麓、方詩銘等編：《中國近代史詞典》，上海辭書出版社 1982 年版，第 609 頁。
〔註 14〕《國際貿易導報》，第八卷，第六號，1936 年 6 月，第 337～338 頁。

　　在農產品貿易方面，歐美各國每年農產物因病蟲害而遭受很大損失，為保證本國農業和畜牧業安全，各國都在通商口岸設立農產物檢查機關，對往來旅客行禮中所攜帶的農產品進行嚴格檢查後方准登岸。20 世紀初葉，我國已有大量農產品出口，由於沒有建立植物檢疫制度，沒有按國際要求設置植物檢疫機關，簽發植物檢疫證書，出口農產品屢遭國外拒絕或索賠，甚至以有病蟲害感染為由，遭到燒毀或退回、或被罰處以巨額消毒費用。美國政府規定自 1916 年起，凡出口到美國的棉花必須持有出口國官方在棉花打包前發給的無種植病、無蟲疫病的執照方准進口。1921 年，英國駐華大使向北京政府遞交了英國植物病疫法令，提出了上述類似要求。荷蘭政府於 1925 年 1 月照會北京政府外交部「自同年（1925 年）7 月 1 日起，凡中國運往荷屬各地之農產物，須經負責機關證明，確無危險病蟲害，方准入口」，由於中國尚未設立這一機關，中國大米運抵荷蘭遭抵制，腸衣出口美國遭拒絕，水仙球運往德國因被查出有病蟲害而被抵制，每遇這種情況，被「勒令全部運回原地、或燒棄、或責令繳極昂貴之薰蒸消毒手續費，方准入口，損失甚巨」，「以致販運商往往先運至橫濱，請日本檢查機關代為檢驗，發給證書」，「雖日方取極重之手續費，華商亦樂為之」這無疑影響了中國農產品在國際市場的銷售。與此同時，外國輸入中國的農產物日漸增多，與之傳入的病蟲害也增多，如歐洲傳入的牛瘟病，美、日輸入的蜜蜂幼蟲病、棉花中的象鼻蟲病、蠶種中的微粒子病等危害我國農產動植物「不知凡幾。」〔註15〕20 世紀 30 年代初，我國商品檢驗雖已開始，但對植物病蟲害的檢驗尚未舉辦，對國外輸入植物不能加以檢驗，這種自由運銷導致國外危險蟲害乘機而入，如紅鈴蟲、棉產介殼蟲、小麥黑穗病等蟲害流行日廣，致使農民無形中所受損失不可計數，危害很大。而中國「輸出植物向以無法定機關為之檢驗證明，農民亦昧於防治，致附帶蟲菌者，或被進口國全部毀棄、或被進口國責令運回，甚者竟禁止進口，對外貿易因而減少。而國外植物之附帶蟲害者則源源輸入，無人阻止，我國幾成為世界劣質植物傾銷市場，良堪浩難。故我國舉辦植物病蟲害檢驗，就事業需要言，實已迫不容緩。」〔註16〕

　　在牲畜產品出口上，近代上海出口肉類和肉製品很多，其中火腿出口居

〔註15〕《申報》1930 年 2 月 8 日，第 267 冊，第 181～182 頁，上海書店 1983 年影印本。

〔註16〕《申報》，1935 年 4 月 17 日，第 327 冊，第 478 頁，上海書店 1983 年影印本。

全國第一位。由於少數出口商人貪圖近利，摻雜濫製，將次貨肉類私運外出，導致牲畜產品品質不合標準，影響國際市場。民國初年，英、美、菲等國相繼指責中國出口豬隻無國家檢驗機關，不合衛生，提出未經進口國獸醫簽證的畜產品將被禁止進口，並將我國派遣的檢驗醫員名單除去，禁止我國肉類及製品運美銷售。據「字林報云：美國務院通知駐京美使略謂：據七月一日農部呈稱，查中國尚未設有檢查肉類之國家檢查機關，故已於有權發給進口肉類護照之外國官員名單中，將華員之名出去，嗣後中國之肉類及其製品，概不准輸入美境。」〔註17〕中國商民和外務部都對此提出交涉，抗議美國政府禁止中國肉類進口，因為這一禁令「影響甚大，非只中國商務受重大打擊，從此中美邦交，亦恐發生窒礙」〔註18〕，但是依照美國法律：凡外國肉類來美，須經出品國政府查驗給照，方准出境，「如中國政府查驗所一經設立，即可照常運美」〔註19〕。1920年代，上海已經開辦了火腿、腸衣檢驗，但這項經營權大半操縱在外國洋行之手，以腸衣為例：「吾國每年輸至美國者價值在299萬兩以上，至美時受美國政府嚴厲檢驗，每桶徵收檢驗費有40美金之巨，收費既多，手續又繁；而俄人販運吾國腸衣由俄赴美者反可不受檢驗，同一商品待遇迥異。」〔註20〕有的商品在接受外國嚴格檢驗遇有檢驗不合格情況時，常常要遭受意外損失，甚至被禁止進口，強迫退回，如華商出口的蛋貨就因遭受美國海關指責而不准進口。〔註21〕再如牲腸，「推銷歐美各國，年約五百萬兩。惟中國出口商人，每有舞弊情事，以致入口各國，常有責言」。〔註22〕此外，中國「出口貨物品質不良，製造不精，商人又多好行巧詐，以偽亂真，貪圖一時之小利，以致言及華產，令人深致疑懼，或竟不問美惡，胥被禁止進口」，〔註23〕如華商曾將長度不足的劣質豬鬃混裝英

〔註17〕《申報》，1922年9月19日，第184冊，第401頁，上海書店1983年影印本。

〔註18〕《申報》，1922年11月25日，第186冊，第482頁，上海書店1983年影印本。

〔註19〕《申報》，1922年12月23日，第187冊，第493頁，上海書店1983年影印本。

〔註20〕《民國日報》1929年7月16日，第81冊，第263頁，人民出版社1981年影印本。

〔註21〕《民國日報》，1929年3月15日，第79冊，第253頁，人民出版社1981年影印本。

〔註22〕《申報》，1927年10月28日，第239冊，第596頁，上海書店1983年影印本。

〔註23〕工商部上海商品檢驗局編：《工商部上海商品檢驗局概況·序》第1頁，1930年5月。

國，導致中國豬鬃品質大受影響，幾乎無人過問，生意斷絕。〔註24〕

外商為保護自身利益，或在中國境內設立各種商品檢驗機構，如天津的棉花烤潮所、上海的萬國生絲檢驗所等，或干涉控制華商商品檢驗驗機構，這固然可以減少中國商人在出口商品時的經濟損失，但一方面導致中國商品出口受到限制，外貿入超嚴重；另一方面越俎代庖，致使我國檢政旁落外人之手。

20 世紀二三十年代，對外貿易的新動向就是，西方列強一方面需要中國廣袤的土地作為他們原材料生產地，另一方面又對中國出口的原料產品的質量提出了較高的要求。1928 年，國民政府形式上統一了全國，在發展經濟上認識到要擺脫貿易逆差地位、發展對外貿易、提高中國商品在國際市場上的信譽度，必須要對出口商品進行質量把關，實行商品檢驗。

三、南京國民政府對商品檢驗事業的重視

由於許多國家都建立了進出口商品檢驗機構，頒布了檢驗法令，對進出口商品有著明確的品質要求，而中國政府一直未設立商品檢驗機構，不能對進出口商品執行嚴格的質量衛生檢驗。南京國民政府認為「欲謀維繫國際市場之信用，增進對外貿易之數量，則出口商品之檢驗實為不容或緩者矣。不特此也，舉凡外貨輸入之足以妨害生產，影響國民經濟者，政府更當有保護之策略。故檢驗進口貨品尤為重要。」〔註25〕工商部發表了《工商行政綱要》，其中的第十三條是關於創辦商品檢驗行政的內容：「於全國重要通商口岸設立商品檢驗局，舉各種重要商品加以檢驗，一方面限制窳劣商品不得輸出，使我國商人於世界增進其貢獻；一方面證明吾國輸出商品其優良，已合於文明各國需要，而不得再事籍口禁止輸入。」〔註26〕工商部部長孔祥熙在其發表的《工商行政宣言》中也決心「厲行出口原料及製造品之檢查，力杜攙偽」，「規定相對標準，隨時檢查進口貨物，嚴厲取締劣等貨，及妨害物之輸入。」〔註27〕

為維護「工業生產的發達」，「國際商業的鬥爭」和「公共事業的發展」，

〔註24〕《申報》，1921 年 7 月 14 日，第 171 冊，第 274 頁，上海書店 1983 年影印本。
〔註25〕《申報》，1921 年 7 月 14 日，第 171 冊，第 274 頁，上海書店 1983 年影印本。
〔註26〕國民黨中央黨部經濟計劃委員會：《十年來之中國經濟建設》，扶輪日報社，1937 年，第 107 頁。
〔註27〕劉振東編：《孔庸之（祥熙）先生講演集》（二），第 419 頁，沈雲龍主編近代中國史料叢刊第 82 輯，臺北文海出版社 1972 年版。

為了完成「杜絕劣風，齊一品質」，「適應購買者的需要和得到使用者歡迎，督促商人從事改良」，「保障人民的食用」〔註28〕等使命，國民政府著手在各大通商口岸籌設商檢局的同時，也開始制定有關商品檢驗法規，1928年12月31日，公布了《商品出口檢驗暫行規則》，這是中國商品檢驗最早的法律，開創了中國政府對商品實施法定檢驗的先河。「為保護國內工商利益、提高國際貿易信用增進輸出商品價值起見，特設商品出口檢驗局於商品出口時實施檢驗；商品出口檢驗局設於商品集中之地」，「商品出口檢驗局掌理出口商品之一切檢驗事務。」鑒於商品檢驗在我國尚屬初創，無成規可援，難於一蹴而就，為緩急情形起見，先從出口檢驗著手，所以暫行規則均冠以「出口」字樣，商品檢驗局先設置在重要通商口岸，應實施檢驗的主要是 8 類出口大宗商品，分別是生絲、棉麻、茶葉、米麥及雜糧、油、豆、牲畜毛革及附屬品、其他貿易商品。《商品出口檢驗暫行規則》第四條規定這些商品出口時「應於報驗關稅前將名稱、產地、品質、數量及起運期限、運往處所填具詳單，連同檢驗費於當地或距離最近之檢驗局檢驗之；凡經檢驗合格之商品由局填給證書，無證書者不得報關繳稅販運出口。」此外，還規定了商人在檢驗過程中行賄商檢人員或私自塗改檢驗證書及檢驗人員瀆職受賄行為，「依刑法專條分別科罪」，商人違反第四條或在檢驗後私移物品、變更數量的，「視其價值之數目處以相當之罰金」〔註29〕。

為擴大商品檢驗範圍，兼辦入口檢驗，1929年3月，國民政府工商部訂立了《商品檢驗暫行條例》（1930年4月10日國民政府工商部公布），這是南京國民政府頒布的第二個商品檢驗法規，規定「凡國產商品及輸入商品有檢驗之必要者，依本條例檢驗之」，〔註30〕對商品檢驗局的職掌任務、組織機構、監管辦法、檢驗收費、揀樣數量、檢驗發證和違法處罰等都作了原則性的規定，凡進出口商品「有下列情形之一者，應施檢驗：（一）有摻偽之積弊者；（二）有毒害危險之可能者；（三）須鑒定其品質等級者。」〔註31〕並選派人

〔註28〕《商品出口檢驗暫行條例》，沈國謹編：《我國商品檢驗的史實》，實業部商業研究室 1934 年 8 月發行，第 2～4 頁。

〔註29〕《商品出口檢驗暫行條例》，沈國謹編：《我國商品檢驗的史實》，實業部商業研究室 1934 年 8 月發行，第 23～25 頁。

〔註30〕《上海商檢志》編纂委員會編：《上海商檢志》，上海社會科學院出版社 1999 年版，第 557 頁。

〔註31〕《工商部商品檢驗局組織條例附商品檢驗條例案》1930 年 4 月 14 日，中國第二歷史檔案館藏，全宗號：六一三，案卷號：37。

員到上海、漢口、青島、天津、廣州等口岸負責籌備設立商檢局，先取消一些分散的商檢機構，通過對外交涉收回或出錢收購了外國人開辦的檢驗機構，初步建立起由國家組織領導的商品檢驗機構，確定了國家在對外貿易管理體系中應發揮的作用，解決了由外國人控制和主導檢政的問題。1932 年 12 月 14 日，國民政府實業部公布了《商品檢驗法》，共計 19 條，這是第三個商品檢驗法規，該法將檢驗範圍改為「輸入輸出商品」，其他基本沿用《商品檢驗暫行條例》的內容。隨後，實業部依據此部商檢法和原來各項檢驗法規，對各種商品制訂了相應的《檢驗施行細則》，作為該法的配套法規。

　　通過這前後相承的三部商檢法規，填補了中國商檢事業發展在法律法規上的空白，成為中國商檢事業起步的指導性文件和法律依據。

　　在國外商檢事業迅速發展的推動下，為了適應對外貿易對商品質量的要求，促進對外貿易的發展，南京國民政府開始重視中國進出口商品質量的檢驗，連續頒布了三部商檢法規，這為中國商檢事業的發展提供了良好的歷史性機遇。上海商品檢驗局就是在這種歷史背景之下整合上海地區的各類商檢機構而成立起來並逐步開展各項工作的。

第二章　上海商品檢驗局的成立

　　鴉片戰爭之前，上海地區沒有商品檢驗行業和政府設置的對進出口貿易監督管理部門。上海商品檢驗「源於貿易，初起舶來，始自洋行，立在民國」。〔註1〕《南京條約》簽訂後，上海作為通商口岸被迫開埠，因其獨特的地理位置，很快成為中外商人雲集之所和中外貿易的中心樞紐，是全國最大的商埠和商品集中之區，其進出口貿易始終執全國之牛耳，成為近代中國經濟發展和對外貿易的中心城市。

一、上海地區亟待整合的各類商品檢驗機構

　　鴉片戰爭後，英、法、美等國利用條約特權在上海強行設立租界，通過控制的海關主權和開設的各類洋行，把持了中國對外貿易和商品檢驗的權利。為了發展貿易，維護自身經濟利益，避免中國輸出商品受到外人責難，中國各地方政府、商人團體、中外商人合夥或與外國商人組織成立了一些非純粹外商的檢驗機構。

（一）上海開埠後出現的各類商品檢驗機構

1、純粹的外國商品檢驗機構

　　1864 年，由英商勞合氏的保險代理人——上海仁記洋行代辦水險和船舶檢驗、鑒定業務，這是上海口岸第一個辦理商檢業務的機構，後來，該洋行隨著自身貿易的發展，又開展對茶葉、生絲等商品的檢驗。隨著上海口岸中外貿易

〔註1〕 《上海商檢志》編纂委員會主編：《上海商檢志》，上海社會科學院出版社 1999
　　　　年版第 2 頁。

的不斷發展，其他一些規模較大的外國檢驗機構也先後在上海設立了各類公證檢驗機構，辦理洋行貿易商品的檢驗、鑒定工作，在中外貿易關係中充當中間人。「從上海開埠到 20 世紀初，上海商檢行業由十多家外國商檢機構壟斷經營」〔註 2〕，雖然在這期間，中央政府、地方政府、華商團體曾多次自設對各種具體商品檢驗的機構，但均處在外商干預、排擠和控制的環境下，形同虛設。

根據《上海商檢志》記載整理，從 1840 年開埠到 20 世紀 30 年代，上海地區所出現的外國商檢機構大致情況如表 2-1，由表可看出，這些商檢機構主要是由英國創辦，時間集中在 1859～1909 年，可見英國利用海關總稅務司一職在控制海關行政管理權的同時，也操縱了上海進出口貿易商品檢驗實權。受驗商品以中國出口商品為主，服務外國進口貿易，從而確保從中國進口到優質原材料，維護外商的利益。

表 2-1　上海口岸外國商品檢驗機構一覽表（1864～1937 年）

時間	外國商檢機構名稱	檢驗業務
1864	仁記洋行（英）	一切水險、船舶、茶葉、生絲的檢驗鑒定
1871	泡立生臺維洋行（英）	船舶檢驗，貨物驗殘和鑒定
1874	魯意師摩洋行（英）	拍賣公證、鑒定；兼辦火險公證、鑒定
1901	上海南市棉花檢驗所及周邊地區棉花水氣檢查所（英）	棉花水分檢驗
1908	上海平準衡量處（英、法、美等）	為各輪船公司辦理貨載衡量業務
1910	科勃設立的洋行（英）	貿易公估、鑒定和衡量
1910	華順洋行（英）	海損理算業務
	旦爾登化驗室（英）	化驗出口桐油、蛋品、礦石等
	詹生化驗室（英）	同上類似
	怡和洋行（英）	檢驗、鑒定羊毛、地毯等
1916	美敦洋行（美）	公估、驗殘、衡量、過磅等的公證鑒定
1926	三義公證行（英）	貨物水險、火險公證
1931	高爾庭洋行（英）	進口棉花過磅業務
	上海海務鑒定所（日）	船舶檢驗、理貨、貨物衡量、過磅及農產品抽樣檢驗

資料來源：《上海商檢志》編纂委員會編：《上海商檢志》，上海社會科學院出版社 1999 年版，第 2～3 頁。

〔註 2〕《上海商檢志》編纂委員會主編：《上海商檢志》，上海社會科學院出版社 1999 年版第 2 頁。

2、華商商品檢驗機構

隨著洋行、外國輪船公司、公證行等檢驗鑑定進出口業務機構的不斷出現，為保護中國商人在對外貿易中的合法地位，華商創辦的檢驗機構也陸續出現，中央政府、地方政府、華商團體「各因本身之需要，組織檢驗機構，以應付當前之事實。」〔註3〕

上海最早的民營商檢機構是上海棉業公會董事程鼎於光緒二十八年（1902年）創辦的上海棉花檢查局，這是我國自己辦理出口商品檢驗工作的開始。1901年，上海洋商紡織廠和棉花出口商人呈准上海道，請求政府組織設立棉花水氣檢查所，5月，檢驗專局在上海南市成立。1902年2月，由於棉農厭惡其檢驗過於苛刻，聚眾搗毀了該花業公所，檢驗隨即停辦。棉業公會董事程鼎請求自辦，8月，上海棉花檢查局成立，由我國棉業商人自主負責棉花摻水問題，這是中國商人自行辦理的取締摻水摻雜的檢驗機構。10月，外商所辦的38處水氣檢查所全部關閉。1911年，程鼎去世，因無人專心過問，該所就辦辦停停，斷斷續續，弊竇迭出，形同虛設。民國初年更名為棉花驗水自治會，「實行取締各行互相查驗，一概收買原乾花，如有私藏濕花，查出，從重議罰」，嚴禁「鄉戶摻水」，才為「正本清源之計」。〔註4〕1914年，日本紡織業聯合會在日本橫濱、長崎、神戶等處設立華棉水氣檢查所，專門查驗我國運往日本的棉花，規定棉花含水量以8%為標準，超過這個標準即為不合格，非常嚴厲，退貨事件常有發生，所有檢驗權益完全為日本紡織聯合會所壟斷。上海日商因「頗感不便」，於1916年在上海聯合組織成立支那棉花水氣檢查所，後來也有其他一些國家的商人加入，因辦法不良，最終於1919年停辦。1921年，上海紡織商和棉花輸出商，重新組成上海排除劣棉協會，設立上海棉花檢查所，「凡在公會會員，購用和輸出棉花，都須經該所檢驗，方准出口。」〔註5〕但是在外商不斷的加入和打擊下，華商被迫陸續退出，棉花檢查所內的主要人員全是外國商人，檢驗實權也由外商越俎代庖，「名為中外商人合辦，而主權實操於外人手者，如上海之棉花檢查

〔註3〕賀閭、徐宗稼《三十年來中國之商品檢驗》，周開慶主編：《三十年來之中國工程》（下），臺北華文書局1967年印行，第2頁。

〔註4〕《申報》，1912年8月24日，第118冊，第547頁，上海書店1983年影印本。

〔註5〕沈國謹編：《我國商品檢驗的史實》，實業部商業研究室1934年8月發行，第19頁。

所是也。」〔註6〕1928 年，國民政府當局以急應收回主權關係為由，通過外交部與該局交涉，10 月收回自辦。農礦部遂於 11 月在上海設立全國棉花檢驗局，內設檢驗、會計、總務三處，規定「此後各地運滬棉花不論本銷外銷，及各廠自向內地採辦專供廠用者，應一律受本局之檢驗。凡未經本局給有合格證書，不得行銷滬上或轉運內地及報關出口，本埠各紡織廠亦不得收用。」〔註7〕棉花檢驗開辦後，曾有英國棉商對於該局之設備未盡贊同，經該局與江海關稅務司方面多次交涉，驗單方准予出口。

中國是美國生絲市場的主要供應者，為確保出口到美國市場上中國生絲品質。1922 年，「由中國商家之產製及售賣繅絲、七里絲、黃野生絲及蠶繭者，與美國商家之購辦及銷用生絲者」在上海聯合成立了上海萬國生絲檢驗所。該所從 1922 年 2 月開始營業，有華商委託檢驗出品者 8 家、洋商 18 家，直屬於美國生絲檢驗所，因華方對業務不加過問，實際上是美國絲業公會在華所設絲繭檢驗的正式機關，「其所發證書之權能與許與，與該公司所屬其他各所所發者，有同樣之效力」。初辦的時候，美股約為美金 5 萬元，華股約為美金 3 萬元，都用於開辦時儀器的購置和籌備費用的開支，因而能「有完全之設備」，「凡為美國絲業公會生絲條例所規定，以及歐洲各國所有同樣公會所規定者，本所皆能施行」，此外，還能施行「其他多種之檢驗，及各種特別研究與檢驗」。〔註8〕在該所的努力下，「近年來華商對於蠶種不良、繅法陳舊，已有徹底之覺悟」，〔註9〕尤其是生絲出口檢驗中分級檢驗在出口各絲廠中進行，華絲銷美前途樂觀。由於該所營業之初就「收支不敷，經濟異常拮据，一切盛大計劃，致未能次第實現」，1928 年 1 月到 9 月，受華商委託檢驗增至 58 家、洋商增至 28 家、檢驗生絲 53013 包，收支相抵，有 23000 元入不敷出，統計 6 年來透支總數約二十一萬餘元，除 1927 年由絲廠商補助一萬餘元，其餘二十餘萬，都是由美國檢驗公司及絲業公會資助〔註10〕，「名雖中外合辦，

〔註6〕盧崇容：《商品檢驗之施行與國際貿易之發展》，《商業月刊》第 1 卷，第 1 期，1936 年 5 月。

〔註7〕《民國日報》，1928 年 11 月 14 日，第 77 冊，第 220 頁，人民出版社 1981 年影印本。

〔註8〕《上海萬國檢驗所宣言》，《申報》，1922 年 3 月 31 日，第 178 冊，第 592 頁，上海書店 1983 年影印本。

〔註9〕《申報》，1928 年 11 月 11 日，第 252 冊，第 298 頁，上海書店 1983 年影印本。

〔註10〕《申報》，1928 年 11 月 10 日，第 252 冊，第 268 頁，上海書店 1983 年影印本。

而所中主權，完全操於外人」〔註11〕。該所不但對銷往美國的生絲在發貨前進行驗收，同時也壟斷了當時上海口岸的生絲檢。

鑒於中國出口牲畜產品多次遭到外國進口的禁令，北洋政府「查各國商埠設有屠宰場檢驗肉類，我國屠宰場法尚未頒布，自應於屠宰場尚未設立之前，先行設所檢驗，以重衛生而免口實」，1923 年內務部繕訂了《出口肉質檢驗條例》，規定：「肉類出口之商埠，應由內務部籌設檢驗所；檢驗肉類應於屠宰場行之；肉類輸出，商人購取肉類以屠宰場為限；出口肉類或肉製品經檢驗合格後，應由檢驗所給予執照。」〔註12〕上海出口商為維持出口貿易，商請淞滬警察廳，委任英籍獸醫派德辦理檢驗，發給出洋證書，後業務加緊，並加派英籍獸醫開洛克襄助，「凡肉類運菲者，概由美醫藍臣及特派來滬之肉類檢查專門獸醫易文治二醫簽字，方准入口」，為確保「以後肉類出口，不致有意外留難」，〔註13〕江蘇省政府又聘易文治擔任出口肉類檢驗員。1927 年 10 月，北洋政府正式頒布了《農工部毛革肉類出口檢查所章程》。上海特別市政府為此設置上海市出口肉類檢查所，由衛生局獸醫王兆麟和易文治共同執行檢驗，這是由地方政府設立的出口商品檢驗機構，負責出口肉類檢驗。

1927 年，上海特別市政府為推廣國際貿易，維持國際信用，確保出口牲腸的質量，於是招商承辦了牲腸出口檢驗所，由社會局負責。該所辦理的檢驗業務主要有：1、檢驗上海出口牲腸；2、代商人辦理牲腸出口，改良消毒；3、代商人辦理牲腸出口農桶；4、發給有印證之檢驗證明書。上海市政府委任吳桓如、董克仁為該所所長和秘書，吳氏是留日農科出生，著名農學家，歷任江蘇省農業學校教務長和校長等職；董氏為聖約翰大學經濟學士，對於國外貿易頗有研究。後來，國民政府財政部「為對外統一辦法，與現狀無所變更，轉可為進行之利」，令上海特別市市政府將上海牲腸出口檢驗所名稱加上「國立」二字，「凡遇無照牲腸，不得任其納稅出口，以維國際信用等情前來。」〔註14〕1928 年 4 月，正式頒布了《國立上海牲腸出口檢驗所檢驗細則》，規定：「凡牲腸未經本所檢驗合格，不准出口；經本所檢驗師檢驗合格者給予

〔註11〕賀闓、徐宗稼：《三十年來中國之商品檢驗》，載周開慶主編：《三十年來之中國工程》（下），臺北華文書局 1967 年印行。
〔註12〕中國第二歷史檔案館編：《中華民國史檔案資料彙編》第三輯（農商）（二），江蘇古籍出版社 1991 年版，第 876～877 頁。
〔註13〕《申報》，1924 年 3 月 13 日，第 200 冊，第 274 頁，上海書店 1983 年影印本。
〔註14〕《申報》，1928 年 2 月 22 日，第 243 冊，第 524 頁，上海書店 1983 年影印本。

驗證說明書，准其自由出口；呈請檢驗之牲腸若不潔、腐爛、有礙衛生、不合食用、并與請求書所載不得者，本所拒發證明書，並禁止其出口。」〔註15〕此外，該細則明確要求各牲腸廠須到市衛生局登記，規定各腸廠出口牲腸裝桶要求和檢驗費用。

北洋政府農商部曾有組設農產物檢查所的計劃，後因政局混亂而被擱置。南京國民政府建立後，為保持農產物信用及價格、防止病蟲害輸入及檢驗肥料品質，農礦部籌備在上海設立農產物檢查所，掌管農產物檢查事宜。1928年10月，農礦部制訂農產物檢查條例及組織章程，設立農產物檢查所。經行政會議議決，為農產物檢查所的成立完成了法規準備，1929年2月1日正式成立農產物檢查所。其檢查目的有三：「1.對外保持農產物之信用與價格；2.消除病菌害蟲之傳染；3.檢查肥料之品質，取締市上有害農田之肥料，以免欺騙農民。」〔註16〕這是上海商品檢驗局成立前夕出現的最後一個商檢機構。

（二）各類商品檢驗機構存在的問題

自近代以來，上海就是中外貿易中首屈一指的重要港口。上海的商檢工作，從洋行開始，隨洋行商品貿易的擴展而擴展。一、就組織特點而言，自1864年英國仁記洋行進駐上海開始辦理檢驗業務起，至20世紀30年代前，上海出現的各種商檢機構在所屬性質上不相統一，數量較多，有純粹外國商業機關來華組織者、有中國商人團體自辦者、有上海市政府主辦者、有名為中外商人合辦，而主權操於外人者。這些檢驗機構創辦目的，有的是為自身利益需要，有的是應付形勢需要；在管理體制上，這些機構缺乏中心政策，沒有統一的領導，各自為政，毫無組織系統可言。有的檢驗機構時辦時停，有的檢驗機構出具的證書得不到國際認可，並沒有實現商檢「保護國內工商之利益，提高國際貿易之信用，增進輸出商品之價值，以謀對外貿易之充分發展」〔註17〕的宗旨。二、在專業功能上，無論是開埠之初入駐的外國商檢機構，還是開設較晚的華商商檢機構，基本都是單一商品的檢驗機構，以本集團的貿易需要為服務對象。而且，檢驗品種較單一，分工較細，專業性強，

〔註15〕《民國日報》，1928年4月17日，第73冊，第695頁，人民出版社1981年影印本。
〔註16〕《申報》，1929年4月20日，第257冊，第551頁，上海書店1983年影印本。
〔註17〕盧崇容：《商品檢驗之施行與國際貿易之發展》，《商業月刊》第1卷第1期，1936年5月。

業務範圍狹小，就改善貿易總體狀況而言，發揮不了多大實際作用。一大批外國洋行和商檢機構至始至終操縱和控制著上海進出口貿易的商品檢驗主權。三、在法規標準上，各檢驗機構沒有也不可能有國家頒布的統一的商品檢驗法規標準，主要以合同要求或外國商人的要求為標準，沒有考慮中國的實際情況，檢驗手段和檢驗方法很不統一和規範。這一局面的出現，都是由主權旁落的舊中國政府和四分五裂的政治局面造成的。

　　1929 年之前，儘管上海已經設立商品檢驗機構，但在改進商品質量上發揮的作用並不大。以棉花檢驗為例，早在 1901 年上海就開始檢驗出口棉花。出現過各類棉花檢驗機構。但進入 20 世紀，中國棉花出口量大有江河日下之勢，其主要原因在於棉商棉農缺乏國家民族觀念，鼠目寸光，只圖眼前利益，在棉包中摻水或加入黃沙、泥土、石灰等以增加份量，攙假作偽之風依然盛行，這不僅是「農商界之道德問題」，也是「知識短淺，不明自己之利害」，「所貪圖之利甚微，而將來之損失反巨」，〔註18〕致使對外貿易信用喪失殆盡，極大地影響了棉花出口。棉商棉農作偽作弊之風盛行程度達到「幾於莫可挽救」的地步，造成的問題是棉花「摻水者歷時既久，則色澤全變，拉力驟減，其摻和沙土者，一經軋花機械，往往致招大險，為害尤大，」逼得中外棉商「捨華棉不用，轉購外棉，」「而受其害者，仍在棉商棉農」〔註19〕，說明這些檢驗機構於標於本都沒能很好地改善出口商品品質問題。

二、上海商品檢驗局的成立

　　鑒於上海在中外進出口貿易中的重要地位，國民政府工商部決定在上海率先設立商品檢驗局。根據國民政府工商部公布的《商品檢驗局暫行章程》第二條之規定「商品出口檢驗局各冠駐在地名以分別之」，稱為「上海商品檢驗局」。按照有關規定，上海商品檢驗局管轄的區域為江蘇、浙江、安徽、江西 4 省。

　　1928 年 11 月，工商部任命著名的農學家鄒秉文為工商部簡任技正，兼上海商品檢驗局籌備主任。受命之後，鄒秉文於 1929 年 1 月從南京來到上海積極進行籌

上海商品檢驗局第一任局長鄒秉文

〔註18〕《申報》，1920 年 9 月 30 日，第 173 冊，第 259 頁，上海書店 1983 年影印本。
〔註19〕《申報》，1924 年 6 月 20 日，第 203 冊，第 430 頁，上海書店 1983 年影印本。

備工作，鄒秉文先租賃外灘江海關房屋四樓為局址，接管了前農礦部所設立的全國棉花檢驗局，並呈部委派商檢職員。2 月 21 日，鄒秉文被工商部正式任命為上海商品檢驗局局長。3 月，上海商品檢驗局正式宣告成立。

由中國人自主對進出口商品進行檢驗是前所未有的事，鄒秉文雖自認「自維力薄，不克畢舉」，但決心「遵奉部中定章，先屬行出口檢驗，清除積弊，提高品質，以堅外人信仰而免其藉口留難，務使我華商品暢銷無滯，對內則增進國民經濟，對外則發展國際貿易，俟出口檢驗辦有成效，然後實施進口檢驗，防止國外劣貨之侵入，損失國民經濟」，上任第二天就召集了全體職員會議，商定 6 項工作方針：「（1）先設棉花檢驗處、牲畜正副產品檢驗處；（2）選用專門人才，用科學方法進行檢驗。同時，注意研究工作，希望在商品改進方面有所貢獻；（3）與紗廠棉商充分合作，以免商情隔膜；（4）檢驗務求準確，俾所出證書在國內外享有最高信用；（5）工作力求迅速，避免商品出口延誤船期；（6）收費從輕，以免廠、商負擔過重。」〔註 20〕根據 1928 年國民政府工商部頒布的《商品出口檢驗暫行條例》，鄒秉文確定上海商品檢驗局工作的兩個主要目標：一是消極的屬行檢驗，防止劣質商品的輸出；二是積極的研究指導，以期商品得到改進，藉以發展對外貿易，從而發展我國農業。鑒於中國各種商品在國際貿易方面一向沒有分級措施的缺點，鄒秉文認為這種情況必須加以補救，才能使買賣雙方均得其便，也只有採取分級措施才能改進商品質量，提高國際貿易信用。上海商品檢驗局成立後，除了確定工作方針和目標，還依據工商部頒布的商檢暫行條例明確日常工作重點是：「1、檢驗有摻假作弊的國產商品及輸入商品；2、檢驗有毒害情況的國產商品及輸入商品；3、檢驗鑒定國產商品及輸入商品的質量並確定其等級。」〔註 21〕上海商品檢驗局所制定的工作方針、目標、工作重點、主要任務切合檢驗初期實際情況，體現了檢驗事業由簡而繁、由狹而廣循序漸進的過程，確保了商檢工作的良好開端。

從設立伊始到上海淪陷這近十年中，上海商品檢驗局除組織機構因業務發展需要有所變更外，總體說來，機構組織、領導人員基本穩定，兩任局長分別由鄒秉文和蔡無忌擔任，這就確保了商檢局組織和任務的連貫性。機構

〔註20〕工商部上海商品檢驗局編：《工商部上海商品檢驗局概況》，序第 1 頁、正文第 1 頁，1930 年 5 月。

〔註21〕鄒秉文：《上海商品檢驗局的籌設經過與初期工作概述》，《文史資料選輯》第 88 輯，文史資料出版社 1983 年影印本，第 116 頁。

設置主要有行政事務、檢驗事務、業務研究、南京和寧波檢驗分處、與有關單位合辦的獸疫防治所，其中行政部門主要包括文書、統計、會計、庶務、報驗、稽查等股。根據《修正商品出口檢驗局暫行章程》之規定：「商品出口檢驗局掌理出口商品之一切檢驗事務；每局每一種商品得設一處分別實施檢驗暫行規則第三條所列各項檢驗職務，」〔註 22〕上海商品檢驗局設立的各檢驗業務機構有農作物檢驗處、牲畜正副產品檢驗處、生絲檢驗處、化工產品檢驗處，另有棉花檢驗寧波分處和牲畜正副產品檢驗南京分處。現將幾個檢驗業務機構的設置情況介紹如下：

（一）農作物檢驗處。工商部籌劃上海商品檢驗局時，以「商品檢驗係屬本部主管範圍，請予劃分權限」為由，認為「在通商口岸即為商品，其檢查事務歸工商部辦」。〔註 23〕上海商品檢驗局奉命接管全國棉花檢驗局，改組為棉花檢驗處，「凡在上海出口之棉花，始取消由洋商檢查所所出證書，而改由政府機關辦理之，其海關派往之洋員，亦由財政部關務署以命令撤回」。〔註 24〕1929 年 5 月，農礦部公布《農產物檢查所檢驗肥料暫行辦法》，在上海成立農產物檢查所。1930 年 12 月 10 日，國民政府農工兩部合併為實業部，該所奉孔祥熙之命，「凡屬商品，自應仍由商檢局照章檢驗，以謀中外貿易信用之增進，其無檢查之必要者，應即取消，以利農商而免煩冗」，〔註 25〕12 月 23 日，上海商品檢驗局接管農產物檢查所，肥料檢驗併入商檢局化驗處，棉花和小麥等檢驗併入棉花檢驗處，蠶種檢驗併入生絲檢驗處，副所長蔡無忌調任為上海商品檢驗局副局長。1931 年 1 月，又將該所改組為農作物檢驗處，將棉花檢驗處改設為該處的棉花檢驗課。1935 年 4 月，成立植物病蟲害檢驗處，委任張景歐為主任。為改良國產果品，1937 年 5 月，實業部在上海商品檢驗局內設立了果品產地檢驗監理處。

（二）生絲檢驗處。1929 年 2 月，上海商品檢驗局開始籌備生絲檢驗。7月 1 日，生絲檢驗處正式成立，工商部委任繆鍾秀為主任。國民政府認為有

〔註 22〕 沈國謹編：《我國商品檢驗的史實》，實業部商業研究室 1934 年 8 月發行，第 25 頁。
〔註 23〕 《申報》，1929 年 3 月 30 日，第 256 冊，第 862 頁，上海書店 1983 年影印本
〔註 24〕 《我國棉花檢驗之沿革》，載《國際貿易導報》，第五卷第七號，1933 年 7 月，第 170 頁。
〔註 25〕 《申報》，1930 年 12 月 20 日，第 277 冊，第 520 頁，上海書店 1983 年影印本。

統一檢政和收回主權的必要，經多次交涉，最後於 11 月 1 日以 6 萬元收購了上海萬國生絲檢驗所，生絲檢驗處開始工作，「所有生絲及其他毛織布匹等之檢驗，即由該處負責辦理，組織暫分品質股、分量股、事務股。」〔註 26〕12月，增加檢驗毛絨線、棉織品、絲織品、人造絲等。工商、農礦兩部合併後，實業部令上海商品檢驗局接收蠶種檢查所，繼續辦理蠶種檢驗，1933 年 7 月，生絲檢驗處改稱為蠶絲檢驗處，主要進行生絲、蠶種和紡織品的檢驗工作。

（三）牲畜正副產品檢驗處。1929 年 5 月 1 日，歸併上海出口肉類檢查所，正式成立牲畜正副產品檢驗處。6 月，籌設兩個實驗室，化學試驗室和細菌試驗室，前者專為分析畜產品成分，並檢查其有無毒質；後者專以檢驗畜產品細菌數和是否有毒質，各出口畜產品在此兩處檢驗後，售往到各銷貨場時無須再經別項檢驗。7 月，為了統一檢政，經與市政府商妥，解除了商人承辦國立上海牲腸出口檢驗所的合同，給予一次性補償費 3600 元，並將該所歸併。10 月，因南京下關英商和記洋行辦蛋廠，販運蛋產品及其他牲畜正副產品出洋為數頗巨，在南京成立檢驗分處，就地檢驗該廠蛋品，委任程紹迥為主任，檢驗辦法依據上海商品檢驗局《牲畜正副產品檢驗細則》。該廠後因經營不善而停業，1930 年 7 月，南京檢驗分處暫告停業。1933 年，和記洋行在浦口開設利環公司經營蛋品，上海商品檢驗局遂決定於該年 11 月 1 日起將南京分處恢復，職員均在上海商品檢驗局現有人員中抽調，主任改由技正陳舜耘兼任，該處直到抗戰爆發後才停辦。

（四）化工產品檢驗處。上海商品檢驗局成立之初時，就在牲畜正副產品檢驗處內設化驗室，執行對農畜產品化學項目的檢驗。隨著業務的發展，以「化驗事業與各檢驗處存在密切關係，有獨立及擴充之必要，」〔註 27〕乃將化驗室從牲畜正副產品檢驗處分出，擴充成立為化驗處，成為商檢局下設的第四個檢驗處，調派牲畜正副產品檢驗處副主任張偉如充任主任，對出口桐油和植物油類以及進口的化肥、糖品和火酒（即酒精）等實行強制檢驗。1930 年 12 月，派員接收前農礦部上海農產物檢查所，將進口肥料檢驗工作劃歸化驗處辦理。1931 年 6 月 15 日，增設進口糖品檢驗。1932 年 1 月 5 日又增加了出口植物油類檢驗，8 月，經第二次全國商品檢驗會議決議，將化驗處改為「化學工業品檢驗處」，12 月又增加進口火酒檢驗工作。

〔註 26〕《申報》，1929 年 11 月 9 日，第 264 冊，第 231 頁。上海書店 1983 年影印本。
〔註 27〕《申報》，1930 年 1 月 21 日，第 266 冊，第 506 頁，上海書店 1983 年影印本。

圖 2-1　上海商品檢驗局組織機構圖

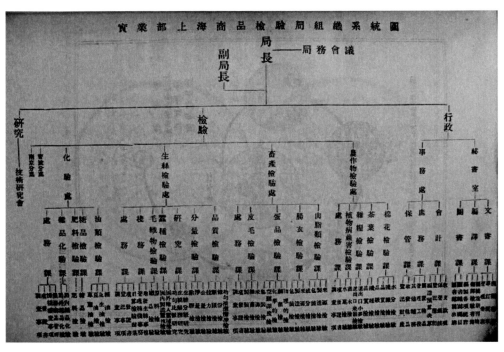

資料來源：《實業部上海商品檢驗局業務報告 1929.1～1931.3》，實業部上海商品檢驗
　　　　局 1931 年編輯發行。

　　上海商品檢驗局是中國歷史上第一個由國家設置的官方商檢機構，是「在半封建半殖民地的舊中國第一個不受帝國主義國家的干預擺弄，而自主地對進出口商品應用科學方法進行檢驗的機構」〔註 28〕，幾十年來由外商把持壟斷的商品檢驗工作，至此才改由我國政府設立的機關自主辦理，收回了喪失已久的檢政利權，它的成立標誌著近代中國商檢事業的開端。上海商品檢驗局通過自主商品檢驗阻止不良商品的輸入和輸出，促進出口商品品質的提高和對外貿易的發展，為維護中國商人在對外貿易中合法權益和商品信譽提供依據。繼上海商品檢驗局成立之後，國民政府又在天津、廣州、青島、漢口等地分別設立了各該地的商品檢驗局，專門辦理這些口岸進出口商品檢驗業務，但是這些檢驗局在規模上都不及上海商品檢驗局宏大，在檢驗方法上也大多取法於上海。鄒秉文毫無疑問是中國商檢事業的開拓者、奠基人。

〔註28〕鄒秉文：《上海商品檢驗局的籌設經過與初期工作概述》，《文史資料選輯》第
　　　　88 輯，文史資料出版社 1983 年影印本，第 111 頁。

三、業務宣傳的開展

為了讓更多的人瞭解商品檢驗，上海商品檢驗局成立後即展開廣泛的宣傳，包括發行定期刊物，編輯各類商品檢驗淺說和對國內外各界的宣傳等。

為了傳達檢政的有效性和宣傳內容的真實性，上海商品檢驗局在秘書室設立編譯課，吸納了不少編輯和翻譯人才，「予社會以有益之參考資料，且足以直接指導商家之本身改進」，出版定期刊物，編譯各種叢刊，翻譯外國檢驗書籍。1930 年 4 月，上海商品檢驗局開始出版中英文定期刊物各一種，中文刊物名稱為《國際貿易導報》，可視為上海商品檢驗局的機關刊物，後來在名義上由國際貿易局和上海商品檢驗局合辦，先後有侯厚培和馮和法兩位主編，每月發行一號，六號為一卷，從 1930 年至 1937 年 7 月共發行九卷，以研究檢驗方法、改良國產商品、發展對外貿易為發行主旨，內容分撰述、研究、統計、國內外工商消息、檢政消息等項，提供商檢者和廣大出口商瞭解和借鑒。英文刊物是《出口商品檢驗月刊》（The Export Inspection Bulletin），後更名為《檢政與商業月刊》，內容專載中國商品的消息，宣傳中國商品的優點，讓外國商人和政府對中國商品質量和檢政有客觀準確的認識。除了出版定期刊物，為給各檢驗機關和中外進出口商提供更專業的參考資料、商檢工作人員赴各地宣傳時發放的文印資料，上海商品檢驗局還編譯各種叢刊和淺說，編譯出版的叢刊有棉花、桐油、茶葉、植物病蟲害、人造肥料、化工品及建立公共屠宰場等 15 種，如「農作物檢驗處之棉花檢驗政策、中國棉產狀況、中國棉花貿易情形、劃除棉花摻水積弊之檢驗、美國棉業法規等」；出版的淺說共計有 8 種，如「農作物檢驗處之棉花摻水弊害、畜產檢驗處之蛋之淺說、生絲檢驗處之英文中國蠶絲業狀況」。〔註29〕上海商品檢驗局成立初期，商品檢驗這一國際貿易規範在中國只是剛剛開始，在檢驗方法、技術、專門研究等方面還很奇缺，為此，商檢局一方面組織專家和技術人員致力於調查研究，另一方面還翻譯外國研究名著，如日本學者沖濤治和士逐重藏合著的《最新生絲檢驗論》、細川幸重的《生絲分級與交易方法二》。

關於國內商品檢驗的宣傳方面，重點放在提高出口產品質量上，通過對各受驗商品生產廠商實行勸導的方式促其改進生產。為使社會各界明瞭商檢真相，招待社會各界人士來局參觀，包括商人團體、政府要人、社會名流、

〔註29〕《實業部上海商品檢驗局業務報告（民國十八年一月至二十年三月）》，實業部上海商品檢驗局 1931 年編輯發行，第二篇，第 19 頁。

新聞記者。以棉花檢驗為例，為宣傳棉作改良，謀求棉花摻水摻雜根本革除，上海商品檢驗局派員分赴各棉產區向棉農宣傳棉花摻水摻雜危害：「第一，棉花容易黴爛；第二，和乾燥棉花混合不容易調融；第三，灰塵等容易黏著而難消除；第四，紡紗機等容易受損壞；第五，運到國外查出後就要退回」。〔註30〕為避免這些害處，棉農、軋戶、花行和棉商不要摻水或經營濕花，宣傳的內容還有：「中外棉花品質之比較及含水量之概況、國棉對外貿易下減之原因、中國棉花進出口數量之比較、本局棉花檢驗處烘棉方法之概述、勸棉商勿收潮棉」〔註31〕等。1929 年 8 月到 12 月，「統計經宣傳者十四縣，聽眾五六千人，發出商檢局淺說之一──《棉花摻水的弊害》五千餘本，自今此一度宣傳後，棉花產地之作偽弊情，或當稍微減少也」。1929 年，萬國絲業專門會議在紐約舉行，中國被邀加入，工商部派遣上海商品檢驗局生絲檢驗處黃澄宇、李安和絲業專家出席該會，以瞭解將來國際生絲檢驗及生絲分級的標準，同時也向世界各國表明中國在出口生絲檢驗上將以國際生絲檢驗標準為參照。出口生絲開始檢驗時，為使絲商瞭解生絲檢驗的原理方法及改良制絲，商檢局定期舉辦生絲檢驗演講會，演講內容除生絲檢驗的各種方法原理外，還邀請專家對世界各國生絲貿易情形、中國生絲應改良方面作出分析，參加者有「上海、無錫、杭州各絲廠、各出口商、各地蠶絲合作社各省蠶業改良場」。〔註32〕為積極提倡各地建立公共屠宰場，使歐美各國對中國的畜產品不再有禁令藉口，解決動物產品出口困難，上海商品檢驗局在主要動物產品出口區大力宣傳加速建立公共屠宰場，以利於開展動物檢疫，辦法是先「派員分赴各地調查屠宰場情形，並呈請工商部諮行衛生部轉諮各省市政府，分令沿鐵路各市縣政府，在市縣中心設立新式屠宰場，復刊行《全國各省市縣應建築公共屠宰場理由及辦法大綱》分寄江浙各市縣政府。」〔註33〕在參與改進產品質量上，這些宣傳方式有利於發揮農商積極主動性。

　　歷屆政府向來不注重貿易的對外宣傳，致使我國很多商品未能獲得國外市場的認可，甚至於出現「縱有幾種有歷史性的特產，為海外市場所需求者，亦常因他國的惡意宣傳，市場日漸被其掠奪」的局面，「故促進我國對外貿易，

〔註30〕《棉花摻水的弊害》，工商部上海商品檢驗局淺說第一號，1929 年 8 月。
〔註31〕《國際貿易導報》，第五卷，第七號，1933 年 7 月，第 188 頁。
〔註32〕《實業部上海商品檢驗局業務報告（民國十八年一月至二十年三月）》，實業部上海商品檢驗局 1931 年編輯發行，第二篇，第 75、83 頁。
〔註33〕《民國日報》，1931 年 10 月 22 日，第 88 冊，第 650 頁。

非注重國外宣傳不可」。〔註34〕1929 年上海商品檢驗局成立後，希望通過對中國商品檢驗的宣傳來提高出口商品的信譽度，就派員到各國駐滬領事館進行廣泛宣傳，並將該局成立經過情形及檢驗方針分函與上海有貿易關係的英、美、日、德、法等 20 多個國家，「除報告該局檢驗概況，表明態度，以改進品質即發展國際貿易，期無負主顧外，並請其共同協商，加以指示，冀得各國之同情，而收合作之效益也。」〔註 35〕為確保檢驗證書獲得國際認可，上海商品檢驗局分函國外有關商家瞭解中國商品檢驗方法，1930 年，上海商品檢驗局函至國外進口機構陳述該局自成立一年來的經過事實，如生絲公量檢驗、棉花摻水作弊檢驗、牲畜產品宰前宰後檢驗、桐油不准摻雜作偽檢驗等，目的是促使這些國外進口商相信上海商品檢驗局檢驗證書的合法有效性。在上述努力下，商檢局的檢驗能力和水平得到各國肯定，各國派遣駐滬商務參贊紛紛來局參觀，這些外國代表「對於該局設備工作方面，極為贊許滿意」。〔註 36〕此外，還備文報工商部，請英、美、菲律賓等國對我國出口豬油、火腿、肉類、皮蛋等畜產品取消進口禁令，通過外交途徑宣告中國商檢事實，擴大出口市場。

通過這些宣傳方式，對內向廣大商民傳播了商檢知識，擴大了商檢影響，提高了商民的商檢意識；對外可向與上海有貿易關係的各國傳達中國商檢的真實情況，減少外國對中國商品的歧視，同時也能警告國外不法商人：不合格的蠶種、蜜蜂、糖品、化肥、火酒等中國進口商品將不能隨意再進入中國市場。

〔註34〕 何炳賢：《促進我國對外貿易的幾個先決條件》，《東方雜誌》，第 31 卷，第 1 號，1934 年 1 月，第 40 頁。

〔註35〕 《實業部上海商品檢驗局業務報告（民國十八年一月至二十年三月）》，實業部上海商品檢驗局 1931 年編輯發行，第二篇，第 69 頁。

〔註36〕 《申報》，1931 年 1 月 14 日，第 278 冊，第 153 頁。

第三章　上海商品檢驗局的檢政建設

　　上海商品檢驗局建立後，在鄒秉文、蔡無忌等領導下，在人才技術和檢驗制度上積極進行了一系列檢政建設。人才是事業成敗之關鍵，儀器設備是準確檢驗之保障。鄒秉文任局長時有三不檢驗之規定：「某種商品不需要檢驗則不驗；需要檢驗而無相當之設備則不驗；有需要有設備而無相當之人才則不驗」，「商檢局為技術機關，技術以科學為根基，無科學之設備與科學之人才，則所設技術機關者，亦僅有虛名而已。」〔註1〕上海商品檢驗局初創時，進出口商品的檢驗標準無成例可援，各項檢驗細則的制訂是逐步改進完善提高的過程，最後由國民政府以法規的形式頒布，成為各局檢驗的準繩。

一、人才隊伍的建設

　　「選用專門人才」是鄒秉文確立的工作方針之一，這是因為，商品檢驗是一項系統而專業的工作，需要有掌握相當專業知識和業務技能的專門人員才能完成。上海商品檢驗局創設之際，極力聘用專門人才，局長和局中人員都是相關專業專門人才，鄒秉文在人才任用方面，除考慮個人技術能力外，還注意學校出身和勤勞廉潔，以留學生和政界、商界的優秀人士為局務的管理者、指導者。鄒秉文所邀請的各檢驗處、組的高級職員基本都是外國留學專家，一般情況下，「檢驗處主任是美國留學生，組長是歐洲留學生，技正是日本留學生，國內大學畢業生只能作技術員，大學沒有畢業的則只能擔任檢驗員、事務員之類。」

〔註1〕①實業部上海商品檢驗局編輯：《實業部上海商品檢驗局業務報告》1934 年，中國第二歷史檔案館藏，全宗號：六一七，案卷號：419。

〔註2〕當然也有例外情況，例如茶葉專家吳覺農就是留日學生，在商檢局工作
獲得和留美學生一樣的待遇。吳覺農後來回憶在上海商品檢驗局工作時說，鄒
秉文「用人不問親疏，注重的是這個人的專長，沒有專長的人，寧可把與這個
專長有關的事業暫停或緩辦。茶葉檢驗，原是他計劃中所要辦的一項事業，就
因為我沒有及時到局工作，致把這個工作延擱一年以後才開始進行。」〔註3〕
該局初建時各處職員背景狀況可如圖 3-1 所示，從該圖數據可看出，上海商品
檢驗局以學識淵博的歸國留學生、經驗豐富的政界和商界人士為局務的管理者，
大部分職員是有必要專業知識的業務型人才，在學歷層次上沒有較高要求。這
種人才梯度結構正符合綜合業務型機構發展的需要。

圖 3-1　工商部上海商品檢驗局職員背景分類圖

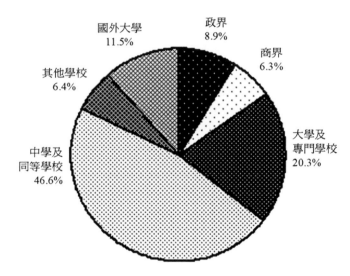

資料來源：工商部上海商品檢驗局編：《工商部上海商品檢驗局概況》，工商部上海商
　　　　　品檢驗局 1930 年 5 月發行。

　　為培養我國檢驗事業人才，鄒秉文、蔡無忌積極奔走呼籲，多方籌劃，
1930 年 9 月，上海商品檢驗局在中華職業教育社的同意下，與上海市衛生局
合作開辦了上海獸醫專科學校，培養具有一定水平的獸醫和食品衛生檢驗人
員。此外，還通過招考形式向社會和學校招收人才，如上海商品檢驗局在籌

〔註2〕馮和法：《漫憶上海商品檢驗局》，《文史資料選輯》第88輯，文史資料出版社
　　　　1983年影印本，第168頁。
〔註3〕吳覺農：《我在上海商品檢驗局搞茶葉工作的回憶》，《文史資料選輯》第88
　　　　輯，文史資料出版社1983年影印本，159頁。

備農作物病蟲害檢驗處期間，為解決人才缺乏問題，1935 年初，通過考核招收了農業專科學校和普通高中畢業生的學生十名為該局練習生，舉辦植物病蟲害檢驗訓練班，講授植物病蟲害專業和病蟲害檢驗等課程，經 4 個月的學習，這批新招收成員即投入植物病蟲害檢驗工作。

　　據統計，至抗戰前夕，上海商品檢驗局「有職員 188 人，以經歷言，除練習生外，計受過高等教育者 58 人，中等教育者 75 人，其餘亦均在工商界服務有年，求人能稱其事。」〔註 4〕筆者根據所搜集的資料整理出上海商品檢驗局從 1929 年開創到 1937 年主要職員背景概況，見表 3-1。

表 3-1　上海商品檢驗局主要職員資歷列表（1929～1937）

姓名	籍貫	職務	履歷
鄒秉文	江蘇吳縣	局長（1929.1～1932.1）	美國康奈爾農科大學學士、碩士；曾任國內東南大學農科主任、金陵大學農科教授、江蘇教育實業行政聯合會總幹事、全國農業討論會執行委員會主任、國民政府工商部技正、農礦部設計委員、中央黨部民食委員會專門委員
費起鶴	河北通縣	副局長（1929.4～1929.9）	協和大學畢業、美國歐伯林大學學士、雅禮大學碩士、直隸高等學校教務長、天津普通中學總教習、北平基督教青年會副總幹事、北平財政商業專門學校校長、後任天津商品檢驗局局長
蔡無忌	浙江紹興	副局長（1930.12～1932.1） 局長（1932.1～1937）	畢業於法國國立格里濃農業學校及法國國立阿爾福獸醫學校，獲農業技師及獸醫師學位；歷任上海乳肉管理所技師、南京中央大學農學院院長、上海農產物檢查所副所長
葉元鼎	浙江鎮海	棉檢處主任	金陵大學農學士、美國喬治亞大學植棉科農學碩士、國立東南大學農科棉作教授、中央大學農科農藝系主任
程幼甫	上海	棉檢處副主任	大陸興記花行總理、南市吉雲堂花業公所總董、棉花檢查所所長、中華棉業聯合會主席委員、上海縣商會執行委員
繆鍾秀	江蘇無錫	絲檢處主任	美國紐約大學法學碩士、上海萬國生絲檢驗所主任

〔註 4〕國民黨中央黨部經濟計劃委員會：《十年來之中國經濟建設》，扶輪日報社，1937年，第 109 頁。

李砥中	江西	絲檢處副主任	美國哥倫比亞大學商學士、曾在美國生絲研究所錢鼎兄弟綢廠及加祥綢廠實習，不久到意大利者利絲廠寶渡國立蠶業試驗場實習，又在意國破納里農林大學蠶科肄業，後赴法國里昂考察，回國後歷任上海景星生絲貿易公司出口部主任，江蘇省立揚州蠶業試驗場場長，建設委員會蠶絲技正、設計委員
陳舜耘	江蘇武進	牲檢處主任	金陵大學農學士、美國密希根省立大學生物化學碩士及獸醫學博士、金陵大學及燕京大學農科教員
張偉如	江蘇吳縣	化驗處主任	美國斯坦福大學理學士，商務印書館、滬寧鐵路局、滬杭鐵路局化驗技師，北平協和醫科大學、南京第一農業學校教員，南京河海工科大學、南通大學教授
張景歐	江蘇金壇	植檢處主任	金陵大學農科學士、美國加利福尼亞州立大學昆蟲學碩士、東南大學教授兼江蘇省昆蟲局技師
吳覺農	浙江上虞	茶葉檢驗負責人	畢業於浙江省中等農業技術學校，後赴日本，在日本東京農業大學大原農業經濟研究所研究經濟和日本國立茶葉試驗場實習，回國後歷任安徽省立第二農校主任教員、浙江農專教員、振華機製茶葉公司經理、上海市政府社會局技士兼市立農事試驗場及市立園林場長、浙省建設廳視察兼合作事業主任
徐右方	浙江平湖	棉檢處監察員	曾任永茂、晉業、三井等廠，南通、浦東棉花採辦主任，浦東六團棉業公會會長，啟泰、裕豐花廠經理，中華棉業聯合會常務委員兼總務主任
程步宵	山西太原	棉檢處技士	銘賢大學預科及燕京大學農科畢業，曾任燕京大學農科農藝部助教
萊恩	美國	絲檢處技師	美國洛威大學畢業，歷任美國紐約大學教員，美國檢驗公所技師，麥威爾綢廠顧問兼技師，上海萬國生絲檢驗所副主任
郭立茂	浙江	絲檢處技師	北平清華大學畢業，美國羅苑爾紡織專科大學紡織工程學士，美國全球繅絲公司德國海石爾工廠實習，曾任華純織造廠總工程師，慎昌洋行紡織工程師
易文治	菲律賓	牲檢處獸醫	菲律賓莫泥剌學校學士，美國加省大學獸醫學博士，曾任菲律賓莫泥剌農務局獸醫及中國淞滬區肉類檢查員

羅清生	廣東	牲檢處獸醫	清華學校畢業，美國甘沙士省立農業大學獸醫學博士，中央大學獸醫學副教授
程紹迥	四川黔江	技正、南京牲畜產品檢驗分處主任、血清製造所所長	美國依阿華州立農工學院獸醫博士，約翰斯·霍普金斯大學公共衛生學院免疫學博士，東北大學教授
黃宗勳	安徽無為	英文秘書	印第安那省立大學政治經濟科學士，伊利諾省立大學法學士、法學博士，曾任青年會全國協會公民教育主任
張企文	上海	中文秘書	曾任南京高等師範學校兼東南大學文牘部主任，中華教育改進社文牘科主任，瞿鉞律師南事務所主辦，上海市特別市陸行區市政委員
侯厚培	湖南長沙	編輯	上海復旦大學商學士，曾任北平清華大學職員，上海法政大學教授
陳翼祖	江蘇丹徒	圖書館主任	美國哥倫比亞大學商學碩士

資料來源：工商部上海商品檢驗局編：《工商部上海商品檢驗局概況》，工商部上海商品檢驗局1930年5月發行；《上海商檢志》編纂委員會編：《上海商檢志》，上海社會科學院出版社1999年版。

從表3-1可知，上海商品檢驗局在初創之時，其主要職員的素質構成有以下特點：

一是有良好的教育背景。比較多的人畢業於海外著名高校，如鄒秉文畢業於美國的康奈爾農科大學，費起鶴畢業於美國的歐伯林大學，蔡無忌畢業於法國國立格里濃農業學校及法國國立阿爾福獸醫學校，葉元鼎畢業於美國喬治亞大學植棉科，繆鍾秀畢業於美國紐約大學，李砥中畢業於美國的哥倫比亞大學，陳舜耘畢業於美國密希根省立大學，張偉如畢業於美國斯坦福大學，張景歐畢業於美國加利福尼亞州立大學，郭立茂畢業於美國羅苑爾紡織專科大學，羅清生畢業於美國甘沙士省立農業大學，程紹迥畢業於美國依阿華州立農工學院和約翰斯·霍普金斯大學公共衛生學院，黃宗勳畢業

上海商品檢驗局長　蔡無忌
（1898～1980）

於美國印第安那省立大學和伊利諾省立大學，陳翼祖畢業美國哥倫比亞大學。這些人中有的是從國內著名高校畢業後，然後出國深造的，如費起鶴出國前就已從協和大學畢業，葉元鼎、張景歐和陳舜耘在出國前也已從金陵大學畢業，而郭立茂和羅清生出國前則是從清華學校畢業的。其 5 人還取得博士學位，如陳舜耘、羅清生和程紹迴為獸醫學博士，黃宗勳為法學博士。即便是外聘人員也有較好的教育背景，萊恩畢業於美國洛威大學，易文治畢業於美國加省大學，取得獸醫學博士學位。

二是學有專長，多為一些領域的專家，較多的業務領導和骨幹都曾經在高校任教。如鄒秉文曾任東南大學農科主任、金陵大學農科教授；蔡無忌歷任上海乳肉管理所技師、南京中央大學農學院院長；葉元鼎曾任東南大學農科棉作教授、中央大學農科農藝系主任；陳舜耘曾任金陵大學和燕京大學農科教員；張偉如曾任北平協和醫科大學、南京第一農業農業教員、南京河海工科大學和南通大學教授；張景歐曾任東南大學教授兼江蘇省昆蟲局技師；吳覺農曾任安徽省立第二農校主任教員和浙江農專教員；程步宵曾任燕京大學農科農藝部助教；郭立茂曾任華純織造廠總工程師、慎昌洋行紡織工程師；羅清生曾任中央大學獸醫學副教授；程紹迴為東北大學教授；侯厚培曾任上海法政大學教授；萊恩亦曾任美國紐約大學教員。

三是有些業務和領導骨幹都曾經有過從事商品檢驗工作或與商品檢驗相關的工作的經歷。如鄒秉文就曾任過農礦部設計委員和國民黨中央黨部民食委員會專門委員；蔡無忌曾任農礦部上海農產物檢查所副所長；程幼甫曾任棉花檢查所所長、中華棉業聯合會主席委員；繆鍾秀曾任上海萬國生絲檢驗所主任；李砥中曾任江蘇省立揚州蠶業試驗場場長、建設委員會蠶絲技正和設計委員；張偉如曾任商務印書館、滬寧鐵路局、滬杭鐵路局化驗技師；吳覺農曾在日本國立茶葉試驗場實習，後任上海市政府社會局技正兼市立農事試驗場及市立園林場長；萊恩為美國檢驗公所技師、麥威爾綢廠顧問兼技師、上海萬國生絲檢驗所副主任；易文治曾任菲律賓馬尼拉農務局獸醫及中國淞滬區肉類檢查員。

四是有些業務領導和骨幹還曾在一些外貿企業或與外貿相關的企業工作，有的曾經從事實業管理的工作，對外貿及其相關的企業有一定瞭解。如鄒秉文曾任江蘇教育實業行政聯合會總幹事、全國農業討論會執行委員會主任；程幼甫曾任大陸興記花行總理、上海南市吉雲堂花業公所總董；李砥中曾在

美國生絲研究所錢鼎兄弟綢廠及加祥綢廠實習，後又在意大利者利絲廠寶渡國立蠶業試驗場實習，再後又赴法國里昂考察，回國後曾任上海景星生絲貿易公司出口部主任；吳覺農曾任振華機製茶葉公司經理；郭立茂曾在美國全球繅絲公司德國海石爾工廠實習，後任華純織造廠總工程師、慎昌洋行紡織工程師。

　　從以上的素質構成來看，上海商品檢驗局主要的業務領導和骨幹構成了良好的人才隊伍，體現了「選用專門人才」的建設要求，上表所列舉出的人物在當時堪稱商檢事業的一流人才，正是他們的努力開拓了近代中國商檢事業的新局面。

二、檢驗技術的探索

　　「用科學方法進行檢驗」，並「注意研究工作」以改進商品質量，這也是鄒秉文確立的工作方針之一，因為商檢技術水平高低與檢測手段的優劣密切相關，而檢測設備則是檢驗手段的物質基礎。商檢局需要檢驗的進出口商品種類繁多，所需儀器設備也複雜多樣，儀器設備的先進和精密程度也隨著商檢業務發展而不斷變化。為謀求商品的改良，以促進出口貿易的發展，進行商品檢驗雖能取締劣質商品的輸出，但要達到發展對外貿易的目的，仍須進一步力求商品如何日臻改善，精益求精，如何適應社會環境之需要，甚至包裝的完備、保藏的周密，如何適應外國人消費心理，這些非得借助研究工作不可。商檢局通過研究來增強檢驗的技術水平，指導改進商品品質作為發展對外貿易的積極方法。為了集中力量開展對商品的研究，1931 年 1 月，上海商品檢驗局設立專門的技術研究會，目的是「希望技術進步及鼓勵研究興趣」〔註5〕，成員由局長、副局長、各檢驗處主任、全局技術人員組成。這樣的人員構成體現了對技術探索的重視。

　　檢驗技術的先進程度往往要依託於一定的先進儀器設備，沒有先進的儀器設備，所謂先進的檢驗技術也無從運用。上海商品檢驗局在儀器設備來源上最初都是通過接收本國或外國商檢機構時直接轉接過來的，或者花重金直接向外國購買，陸續完善，力求先進準確。比如生絲檢驗開始的時候，主要檢驗儀器就是通過接收上海萬國生絲檢驗所的檢驗設備而解決了燃眉之急

〔註 5〕《實業部上海商品檢驗局技術研究會簡章》，載於《實業部上海商品檢驗局業務報告（民國十八年一月至二十年三月）》，實業部上海商品檢驗局 1931 年編輯發行。

（詳細情況可參見第四章有關生絲檢驗的內容）。除了收購和向國外購買外，商檢局還令技術員研製改良檢驗器械，如上海商品檢驗局接收農礦部全國棉花檢驗局所用之烘箱，在其製造基礎上，「悉心研究，多方試驗，另製成新式烘箱，」〔註6〕從而使棉花烘驗結果更加準確。自造紗線撚數檢驗機是商檢局技術人員改良的機器之一，「此機之運用，與舶來品雖無大差異，而其構造，自出心裁，頗多特殊之點，實用上較舶來尤為適宜。」〔註7〕儀器設置上隨著檢驗業務的要求而變化，1932年7月，商檢局內設了農作物、畜產、蠶絲和化工品4大類商品檢驗處，各檢驗處除購置通用儀器以及一般實驗室用具外，還根據各類商品的特點配備了一些專門儀器設備，現將這些檢驗設備中具有代表性的部分用表列出：

表3-2　上海商品檢驗局檢驗各處所用儀器概況

檢驗處名稱	儀器名稱	儀器用途
農作物檢驗處	棉絲長度分析機	分析棉絲長度用
	棉纖維長度測定器	測定纖維長度用
	電力水份測定器	測水份用
牲畜正副產品檢驗處	高壓蒸氣殺菌器	細菌檢驗用
	菌落計算機	同上
	Hobert氏打蛋機	物理檢驗用
	羽毛雜質試驗機	試驗羽毛雜質
	乾蛋白打擦高度檢驗器	試驗乾蛋白之打擦高度
生絲檢驗處	黑板機	搖生絲於黑板上以備檢驗勻淨
	日日式均勻檢驗機	檢驗生絲均勻
	單絲／複絲拉力機	檢驗生絲拉力、堅韌力、伸長力及彈力
	杜潑倫抱合力檢驗機	檢驗抱合力
化工產品檢驗處	分析用精密天平	精密稱量用
	折光指數計	測定折光指數用
	PH值測定計	測定酸價用
	愛氏比色計	測定火酒中變性劑用

〔註6〕《實業部上海商品檢驗局業務報告（民國十八年一月至二十年三月）》，實業部上海商品檢驗局1931年編輯發行，第三篇，第2頁。
〔註7〕《申報》，1931年10月17日，第287冊，第396頁。上海書店1983年影印本。

	薰蒸箱	薰蒸用
植物病蟲害檢驗處	氣體發生器	製造各種氣體以作害蟲呼吸試驗之用
	複溫定溫箱	養蟲
	三接／四接物鏡來史顯微鏡	觀察細菌形態

資料來源：國民黨中央黨部經濟計劃委員會：《十年來之中國經濟建設》，扶輪日報社，1937年，第111～118頁。

　　這些設備在當時來講都是比較先進的，有的是從外國人辦理的檢查所接收過來，有的是直接從國外購買，涵蓋了物理、化學、生物等先進的自然科學檢驗手段，可以保證檢驗結果的準確性和可信性，只有先進的儀器設備檢驗出的結果才能為外國所承認。1937年，「八·一三」事變爆發後，淞滬會戰開始，上海商品檢驗局和天津、青島等地商檢局奉國民政府經濟部訓令：「各該地商品檢驗局均難執行職務，應暫停辦，各該處財產（如儀器、物品及現金等）其尚存在原地者，應仍隨時設法妥密將其重要物品遷運安全地點存藏。」〔註8〕該局的儀器設備一部分在上海租界得到秘密保存，另一部分則向內地安全轉移，這就為抗戰勝利後上海商品檢驗局各項檢驗工作的重新開展提供了基本的物質前提。

　　要進行有效的商品檢驗工作，為社會經濟各部門提供良好的商品檢驗服務，促進地方社會經濟的發展，除了購置先進的設備，還必須加強對商品檢驗技術的研究。上海商品檢驗局成立後除檢驗事務外，注重研究，置備儀器，廣購圖書，聘請專門人才，鼓勵技術人員進行研究工作，並撰寫研究報告，「以冀於消極剷除積弊外，並能指導商人改良商品之製造及推銷；於維持國外信用外，並能提高出口商品之國際地位」。〔註9〕為切實進行研究工作，局設之初，各檢驗處都設有相應的研究股，所有技術人員都要參加研究工作。研究範圍以於檢驗有關的商品，如棉花、生絲、蛋產品。各處技術員先選好研究課題，然後分別進行，研究完成時間短則三兩個月，長則一二年。各項研究成果對商品質量的改進和檢驗技術的進步大有裨益，研究成果以報告形式或刊載於《國際貿易導報》和兩冊業務報告，或單本印行，上海商品檢驗局在這期間的主要研究成果見下表：

〔註8〕《關於天津、上海、青島三商品檢驗局停辦，南京分處結束及有關文書》1937年9月，中國第二歷史檔案館藏，全宗號：六一七，案卷號：5。
〔註9〕《實業部上海商品檢驗局業務報告（民國十八年一月至二十年三月）》，實業部上海商品檢驗局1931年編輯發行；第四篇，第1頁。

表 3-3　上海商品檢驗局各處研究成果一覽表

組　別	研究課題
農作物檢驗處	各地中棉纖維之研究 中國棉花品質之研究 中國棉花品級之研究 試訂棉花品質品級之檢驗標準 中棉撚度檢驗方法之研究 棉花摻雜之研究 茶葉著色研究 茶葉摻假研究 茶葉精製比較研究 劃定產茶區域之研究 茶葉生產技術之研究 茶葉工效之研究
牲畜正副產品檢驗處	增進乾蛋白之擦高度研究 乾蛋白之擦高度是否因浸水過久而減低研究 乾蛋白儲藏與脂肪酸度之關係研究 蛋內細菌之研究 蛋產品磷潔變遷研究 蛋產品化學檢驗法的探討 皮蛋製造研究 腸衣漂白研究 生牛皮消毒研究 抗牛瘟血清研究 上海乳牛流產病之研究 乾蛋黃粉酸度增加之試驗 淨硫酸鈉用於檢驗冰蛋蜜黃之試驗 用 Alkali Blue6B.為指示物之商榷 鮮蛋分析研究 乳品檢驗方法 雞鴨鵝等羽毛之鑒別
生絲檢驗處	生絲分級研究 改良絲質研究 撚數機之改良 烘絲籃之改良 繭質之研究 均勻檢驗標準研究 紅油浸絲品質試驗

化學工業品檢驗處	探求摻偽桐油定性定量之簡易方法
	冰糖製造品及其副產品之用度
	改進油類檢驗方法之研究
	肥料檢驗應注意有效成份研究
	化學工業品裝置運輸商情之研究
	綿糖製造之研究
	採集浙桐之油與籽分析研究
	國產及進口麥粉品質研究
植物病蟲害檢驗處	綠豆象蟲生長與溫濕度之關係
	國外重要果蟲研究
	苦丁茶蛀蟲之形態及習性初步觀察
	病梨及蒜類病害初步研究
	果子縞螟蛾生態的觀察
	椰藍甲分布與氣候之關係
	米粉擬蚊生長與溫濕度之關係
	米粉貯藏方法與害蟲發生之關係

資料來源：①《實業部上海商品檢驗局業務報告（民國十八年一月至二十年三月）》，
實業部上海商品檢驗局 1931 年編輯發行；②《實業部上海商品檢驗局業
務報告 1934 年》，中國第二歷史檔案館藏，全宗號：六一七，案卷號：419。
③實業部上海商品檢驗局、實業部國際貿易局合辦：《國際貿易導報》，2
～9 卷，1931～1937 年。

依據上表可知，研究對象是以上海商品檢驗局實施檢驗的商品為主，研
究的重點是該商品的檢驗標準，借助研究成果可以剷除商品原有的積弊，指
導廠商積極改進商品的生產和銷售，從而能有助於提高商品質量，進而達到
檢驗標準的要求。

在上述各項研究中，以抗牛瘟血清的研製成果最為突出。我國農村農民
耕種土地多用牛耕，經常遇有牛荒之患，多半是由牛瘟所致，「民國二十年來，
牛瘟散佈各地，如甘肅、青海牛羊之死亡者不下百萬；四川之轄區死亡約十
餘萬；浙江之黃崖、杭州；江蘇之丹陽；上海、廣西、湖北、江西等處，皆
來報牛瘟流行，其死亡之總數不下二百萬頭，二十年來牛瘟之損失不下三千
二百萬元」〔註10〕。因當時國內尚無專門製造牛瘟血清的機關，牛瘟出現時，
各牛乳場只能花高價從外國進口，費用昂貴，損失慘重，至於貧窮的農民，

〔註10〕程紹迥：《中國之牛瘟》，載《國際貿易導報》，第六卷，第三號，1934 年 3
月，第 71 頁。

則無力承擔這項費用，只能眼睜睜地看著自己的耕牛死去。而歐美各國以我國獸疫流行為理由，對我國牲畜正副產品的進口加以嚴格限制，要發展國際貿易，「尤宜注重牲畜產品及品質，是以減少牲畜疾病，消滅牲畜疫療，試改進農村經濟，挽回利權之要道也。減少疾病之方，首在預防」〔註11〕鑒於此，「以此項事業，雖不屬檢驗範圍，但各專家注重學術研究，向為該局所提倡，此事有關農業經濟，苟能積極研究，當收宏效。」〔註 12〕商檢局局長鄒秉文決定要在最短的時間內研製出我國自製的牛瘟血清。他一方面督促技術官易文治和技術員壽標加快研究試驗的步伐，一方面為擴大生產，在江灣修建牛瘟血清製造所。1930 年 4 月牛瘟血清研製成功，以服務社會為目的，實行獸醫出診制度，取費廉價，地點不限於上海，兼顧京滬杭鐵路沿線，頗受乳牛界和農民的歡迎。1932 年，上海商品檢驗局牛瘟血清製造所與上海租界工部局及上海市政府衛生局合作，對牛隻注重預防注射，「一年以來，頗收成效，上海得無牛瘟流行，而牛傳染性胸膜肺炎亦不如二十年度之盛行。」〔註 13〕以 1932 年～1933 年血清製造所診治牲畜數目統計圖為例，可見該項研究成果所起作用的。由圖中的曲線從高到低的變化可看出：牛瘟血清研製成功後，不但救治了許多牛隻，且到 1933 年 5 月基本控制了牛瘟流行病，使得該月診治數目降到零。

1932 年 7 月江灣血清製造所新屋落成，任程紹迥為血清製造所所長，擴充血清製造及牲畜醫療工作，免費為上海牛奶棚及郊區農民牛隻注射牛瘟血清。1933 年 7 月，上海商品檢驗局將江灣血清製造所改為「實業部農業實驗所、上海商品檢驗局合辦獸疫防治所」，從事獸疫防治研究，治療各地牲畜；1937 年 7 月又奉令進行改組，併入中央農業所畜牧獸醫系，原有關於血清製造部分儀器和技術人員酌量併入實驗所畜牧獸醫系，以「上海乳牛事業既甚發達，而全國乳牛又多購自該地，乳牛有無疾病，有關食用牛乳和人民健康極大，深覺上海家畜保有事業，與我人口衛生所關甚巨」〔註14〕，故歸併之後，防治所改為家

〔註11〕程紹迥：《實業部中央農業實驗所、上海商品檢驗局合辦上海血清製造所工作報告》，實業部中央農業實驗所 1933 年出版，第 8 頁。全宗號：六一七，案卷號：11，中國第二歷史檔案館藏。

〔註12〕《申報》，1930 年 2 月 28 日，第 267 冊，第 762 頁，上海書店 1983 年影印本。

〔註13〕程紹迥：《實業部中央農業實驗所、上海商品檢驗局合辦上海血清製造所工作報告》，實業部中央農業實驗所。1933 年出版，第 14 頁。全宗號：六一七，案卷號：11，第二歷史檔案館藏。

〔註14〕《申報》，1937 年 5 月 13 日，第 352 冊，第 295 頁，上海書店 1983 年影印本。

畜改進所，專司上海家畜改進事業，由上海商品檢驗局負責辦理。抗牛瘟血清的研究及其運用表明，商品檢驗工作並不是商品市場准入時的把關，而是要向前延伸到生產領域，為社會提供更多的生產優良商品的技術和服務，才能從根本上提高我國商檢工作的水平，促進我國對外貿易的發展。要做到這些，對商品檢驗部門來說，不斷進行技術的探索是極其必要的。上海商品檢驗局所做的一些研究工作在當時的歷史條件下是具有開拓性的。

表 3-4　上海商品檢驗局診治牲畜每月統計圖

資料來源：程紹迥：《實業部中央農業實驗所、上海商品檢驗局合辦上海血清製造所工作報告》，實業部中央農業實驗所 1933 年出版，第 15 頁。全宗號：六一七，案卷號：11，中國第二歷史檔案館藏。

　　由圖中的曲線從高到低的變化可以看出：牛瘟血清研製成功後，不但救治了許多牛隻，且到 1933 年 5 月基本制止了牛瘟流行病，使得該月診治數目降到零。

三、商品檢驗制度的創建

　　現代化組織生產離不開標準化，科學管理也需要標準化，「商檢標準是我國商檢行業對進出口商品的質量、規格、重量、包裝、以及安全衛生進行檢驗、鑒定和監督管理的一項綜合性基礎工作」，〔註15〕「通過以標準為依據對

〔註15〕《上海商檢志》編纂委員會編：《上海商檢志》，上海社會科學院出版社 1999 年版，第 464 頁。

工廠、市場等商品的檢驗、檢查，促使企業嚴格按照標準進行生產，不斷提高產品質量。」〔註 16〕因此開驗一種商品的前提是制定檢驗標準，制訂和修訂檢驗標準成了上海商品檢驗局標準化工作的首要內容，這些檢驗標準經國民政府審核公布後而成為其他各局共同遵照的商品檢驗制度。1929～1937年，國民政府先後釐訂和公布了各類商品檢驗的細則或規程約有 20 種，凡須檢驗的商品進出口時都要以這些細則、規程作為檢驗依據。

（一）檢驗制度創建的依據

1929 年上海商品檢驗局的建立是中國檢政初創階段，對於如何檢驗商品，「在前既無通例可援，而地土廣大，各處的產物環境上有很大的殊異，所以在創辦的起初，一方面只有採取外國的成法；一方面須顧及地方情形，藉求因地制宜，推行盡利的收穫」〔註 17〕，即既要符合國際需要，又要適應國內生產的環境。檢驗標準有關檢政信譽，既不能長期分歧，又不能經常改進，所以國民政府工商部在召開的第一次全國商品檢驗會議上決議，通過組織技術討論會，分組擔任研究工作，使得各類商品檢驗細則制定時都從多個方面作了考慮。

1、法律法規

以國民政府頒布的法律和行政法規為依據，使檢驗制度具有強制性。國家的法律法規具有強制性要求，在法律程序批准的情況下，其合法業務工作才能受到法律保護，也因此具備應有的法律效力。根據《商品檢驗暫行條例》和《商品檢驗法》，實業部在各項商檢細則的基礎上，對各種商品統一制訂了相應的檢驗施行細則，作為商檢法的配套法規。

綜觀抗戰前國民政府公布的各類商品檢驗法規約 20 種，這些法規標準「一方面須符合國際市場情形，一方面更須適應國內生產事業之實際環境」，〔註 18〕是在經各局再三研究後，才由國民政府核准公布，成為各局施行檢政的準繩，現將這些法規細則列表如下：

〔註 16〕李岩，夏玉宇主編：《商品檢驗概論》，化學工業出版社、化學與應用化學出版中心 2003 年版，第 102 頁。

〔註 17〕沈國謹編：《我國商品檢驗的史實》，實業部商業研究室 1934 年 8 月發行，第 37 頁。

〔註 18〕賀闓、徐宗稼《三十年來中國之商品檢驗，第 7 頁，周開慶主編：《三十年來之中國工程》（下），臺北華文書局 1967 年印行。

表 3-5　國民政府公布的各類商品檢驗法規（1928～1937）

法規名稱	公布時間
商品出口檢驗暫行規則	1928 年 12 月 31 日
修正商品出口檢驗局暫行章程	1929 年 6 月 10 日
商品檢驗暫行條例	1930 年 4 月 10 日
商品檢驗法	1932 年 12 月 14 日
植物病蟲害檢驗施行細則	1934 年 10 月 6 日
麥粉檢驗施行細則	1935 年 1 月 16 日
外銷敷麵粉類化驗證明暫行辦法	1935 年 2 月 6 日
茶葉檢驗施行細則 棉花檢驗施行細則 麻類檢驗施行細則 芝麻檢驗施行細則 桂皮桂筒桂子檢驗施行細則 人造肥料檢驗施行細則 蜜蜂檢驗施行細則	1935 年 2 月 19 日
芋葉芋絲檢驗施行細則 豆類檢驗施行細則 花生花生仁檢驗施行細則 核桃核桃仁及杏仁檢驗施行細則 蠶種檢驗施行細則 火酒檢驗施行細則	1935 年 2 月 22 日
人造肥料取締規則	1935 年 3 月 25 日
牲畜檢驗施行細則	1935 年 4 月 11 日
蜂種製造取締規則	1935 年 4 月 21 日
腸衣類檢驗施行細則 肉類檢驗施行細則 骨粉類檢驗施行細則	1935 年 10 月 11 日
取締火酒規則	1936 年 1 月 18 日
生絲檢驗施行細則	1936 年 8 月 22 日

生絲品級標準表	1936 年 12 月 25 日
取締棉花攙水攙雜暫行條例施行細則	1937 年 8 月 2 日

資料來源：蔡無忌著：《十年來之商品檢驗》，載沈雲龍主編：近代中國史料叢刊續編
第九輯，《十年來之中國經濟（1936～1945）》（中），臺灣文海出版社 1976
年版。

這些法律法規賦予商檢工作的法律地位，使之具有法律強制性，是必須
執行的強制性檢驗法律依據。此外，根據實際情形，還通過行政干預來調控
檢驗管理，如依據國民政府第一次全國商品檢驗會議決議，規定施行檢驗商
品的標準是：「攙偽商品歷受訾議者、食用品有毒害危險者、須經化驗方別優
劣者、品量等級須加鑒定者」；〔註 19〕對部分內銷商品還給予免驗，分定兩種
辦法：「一、有應徹底檢驗者，該項物品，無論輸出國外、或由國外輸入、或
集散市場之買賣，得一律實施檢驗；二、有應暫行部分檢驗者，該項物品，
僅對於出國檢驗，其由甲口運至乙口，以及集散市場之買賣，概不檢驗。但
因商人請求，經部核准者，不在此例。」〔註 20〕由部指定的徹底檢驗商品是
桐油棉花兩項，牲畜正副產品、生絲、茶葉、豆類四項屬於部分檢驗。1932
年 6 月，第二次全國商品檢驗會議後，又取消徹底與部分檢驗之分，各項商
品檢驗辦法，依商品檢驗暫行條例第四條之規定」。〔註 21〕

2、傳統商情

為減少與傳統習慣勢力的抵制，使檢驗標準具有循序漸進性。鑒於出口
商品都是農畜土特產品，由於小農經濟，各產地氣候、環境和生產加工的不
同，產品的內在質量存在差異，開始實施強制檢驗，既要適應國際貿易需要，
又要顧及國內生產的實際情況，因此不宜採用較高的標準，只能因地制宜，
從低標準著手，逐步改進提高。開始檢驗出口棉花時，首先要求取締攙水攙
雜，挽回外貿信譽，由於棉花攙水惡習由來已久，非一朝一夕可以根除，因
此對棉花含水量檢驗採取逐年遞減的辦法，1929 年，暫以水分不超過 15%為
合格，每年減少一個百分點，到 1932 年就以不超過 12%為合格標準，推行較
為順利。為了進一步保證棉花質量，解決好棉花攙水攙雜問題後才著手棉花

〔註 19〕 國民黨中央黨部經濟計劃委員會：《十年來之中國經濟建設》，扶輪日報社，
1937 年，第 128 頁。
〔註 20〕 《申報》1930 年 5 月 22 日，第 270 冊，第 558 頁，上海書店 1983 年影印本。
〔註 21〕 《國際貿易導報》，第四卷，第五號，1932 年 10 月，第 176 頁。

的品級和品質檢驗。出口生絲檢驗時，對公量一項執行強制檢驗，後因絲廠商的極力反對，對出口土絲、灰絲等暫免驗。1936 年 7 月起，按照《生絲檢驗施行細則》對生絲品質和公量實施強制檢驗，並對生絲評定等級。出口動物產品的宰前宰後檢驗，由於進口國規定牲畜必須經過宰前宰後檢驗合格，簽發獸醫證書，方准輸入，但因當時的客觀條件限制，難以全面執行。因此，該檢驗規程規定檢驗證書分甲乙兩種，甲種證書「經獸醫宰前宰後之檢驗，證明採自無病牲畜」，乙種證書「雖與衛生無礙，而非經獸醫宰前宰後檢驗」，〔註 22〕不得出口。這些既考慮了國際市場的要求，又照顧了中國商品生產的實際情形。

3、市場調查

制度建設必須面向市場的實際。為瞭解商品生產和銷售的情形，上海商品檢驗局著力對該商品國內外市場情形、產銷狀況、貿易方法等的調查，並撰寫調查報告。現將各機構調查事項用下表列出：

表 3-6　上海商品檢驗局各處調查情況（1929～1937）

調查組別	調查事項
農作物檢驗處	太倉棉業之調查
	餘姚棉產調查
	上海芝麻產銷調查
	上海茶葉調查
	陝豫燕鄂棉區調查
	陝西棉產調查
	最近上海棉市調查
	祁門茶葉衰落原因調查
	安徽西部茶葉調查
	江西修水等縣發茶業調查
	國內茶葉消費每年每人數量之調查

〔註 22〕工商部工商訪問局編輯：《工商半月刊》，第三卷，第十一號，1931 年 6 月。

牲畜正副產品檢驗處	如皋泰興等七縣牲畜產品調查
	中國製腿公司如皋屠宰場調查
	南京鎮江無錫蘇州常州等處公共屠宰場調查
	松江嘉興杭州武康公共屠宰場調查
	如皋火腿廠行調查
	上海罐頭食品公司調查
	上海區域內牛瘟調查
	中國生皮集散市場調查
	上海市屠宰場調查
	上海腸衣業調查
	中國蛋廠調查
	各國鮮蛋品質標準調查
	各國蛋業調查
	我國生皮出口調查
蠶絲檢驗處	上海絲廠業調查
	江蘇蠶絲業調查
	浙江蠶絲業調查
	美國絲業考察
	日本絲業考察
	上海每週生絲出口調查
化工產品檢驗處	臨浦新餘昇油廠調查
	浙江桐樹調查
	江西茶油樹調查
植物病蟲害檢驗處	上海倉庫害蟲之調查
	日本食糧乾燥裝置之調查
	上海水果病害之調查
統計股	上海調味粉業調查
	美亞織綢廠調查
	盛澤紡綢業調查
	環球製帽廠調查

資料來源：1.《實業部上海商品檢驗局業務報告（民國十八年一月至二十年三月）》，實業部上海商品檢驗局1931年編輯發行；2.《實業部上海商品檢驗局業務報告1934年》，中國第二歷史檔案館藏，全宗號：六一七，案卷號：419；3.國民黨中央黨部經濟計劃委員會：《十年來之中國經濟建設》，扶輪日報社，1937年，第120～122頁。

從上表可以看出，調查的地點以上海商品檢驗局的轄區為主，兼顧該商品在全國其他重要產區及國外市場的情況。通過開展國內外市場的調查，有助於上海商品檢驗局在瞭解國內市場的際情況下，制定出各項因地制宜、循序漸進的商品檢驗標準，成為實業部修改和完善商檢細則的依據，還可為商品研究提供必要的調查資料，對商檢的宣傳也能做到有的放矢。

4、國際慣例

遵從國際交往中公認的或約定的習慣做法，使檢驗制度符合國際要求，具有國際公認性。國際公約慣例是「在一定歷史條件下經過長期實踐、積累、總結而產生的，因此都為一般各國共同承認，並遵守的通用的科學產物。」〔註23〕中國商品在國際市場遭受打擊，除了在質量上有摻假作偽的因素外，還有其自身規格不適合外人消費標準的原因。以生絲為例，生絲是價格昂貴的出口商品，其重量與品級的正確測定，直接關係到買賣雙方的結價。日、美兩國很早就對生絲進行分級，並成立了生絲分級委員會，生絲分級法在紐約市場上佔有相當地位。美國絲商拒絕尚未分級的華絲加入紐約生絲交易所，原因是華絲不能迎合美國標準，行銷不廣，不適合用於美國市場。上海商品檢驗局成立後，積極與江浙皖絲繭總公所、上海絲廠協會合作，進行生絲分級工作。為了確保商檢局在提高中國出口商品質量和發展對外貿易中能發揮應有的作用，局設之初，就將商品分級作為一項即行措施，為取法美、日，瞭解它們生絲檢驗的方法和器械，商檢局多次派人赴日本、美國考察，派代表出席國際生絲專門會議，當時國際上還沒有統一的生絲分級標準，中國的生絲分級是以日本的生絲分級為藍本，生絲斷頭檢驗採用「美國式斷頭檢驗和歐洲式斷頭檢驗」。〔註24〕再如在各地建立的公共屠宰場的式樣有德國式、法國式或各國建築式樣結合一起的混合式。這充分遵循了國際市場商品品質慣例，能求得中國商品在國際市場獲得公平待遇。

（二）商品檢驗制度的內容和特點

根據前表細則或規程，可將檢驗內容概括為檢驗範圍和種類、檢驗手續、計費和時間、揀樣與檢驗方法、簽證與放行、獎懲標準。

〔註23〕 王守蘭、鍾儒剛編著：《商檢概論》中國財政經濟出版社 1999 年版，第 109 頁。

〔註24〕 《工商部上海商品檢驗局生絲檢驗處生絲檢驗方法》，上海商品檢驗局 1930 年編輯出版。

1、檢驗範圍和種類

檢驗商品的範圍最初是依據《商品出口檢驗暫行規則》中所規定的 8 類商品，即生絲、棉麻、茶葉、米麥及雜糧、油、豆、牲畜毛革及附屬品和其他貿易商品。隨著檢驗業務的擴展，所有檢驗商品的範圍最後調整為《商品檢驗法》所規定的「有摻偽之情弊者、有毒害之危險者、應鑒定其質量等級者」三類商品。檢驗項目根據受驗商品的不同而有不同規定，大致說來，可如下表所示：

表 3-7　上海商品檢驗局各檢驗商品與檢驗項目一覽表

商品名稱	檢驗項目
棉花	水份、雜質
茶葉	水份、品質、灰質、產地
花生、豆類、麻類	品質、水份、夾雜物、病蟲害
果品、蔬菜	病蟲害
蜜蜂	防止國外劣種輸入及改進國內蜂業
蠶種	取締劣種
生絲、毛織品	公量、品質
火腿、肉類、腸衣	宰前宰後、品質、包裝
牛、羊	傳染病及寄生蟲害
蛋類	品質、包裝
鬃毛、絨羽	雜質、細菌、品質
生牛羊皮	分級、細菌、包裝
油類、麥粉	品質
糖品	品質、分級
人造肥料	確定所報、保證成份
火酒	品質、分類

資料來源：國民黨中央黨部經濟計劃委員會：《十年來之中國經濟建設》，扶輪日報社，1937 年，第 118～120 頁。

由上表可知，商檢施行初期，特別注重成分、等級、使用安全性等商品品質方面的檢驗，而對貨載衡量、商品運輸工具載運條件技術及殘損等的鑒定還沒有出現，說明此時創辦檢政意在解決「吾國貨品不良，製造不精，商人又多

好行巧詐以偽亂真」〔註25〕的問題，在改進商品品質上走出了首要的一步。

檢驗分為強制檢驗和自願檢驗兩大類。自願檢驗的商品較少，1930 年 1 月以前，內銷棉花檢驗採取商人自願的原則。1929 年 3 月上海商品檢驗局成立後，先後設置棉花、牲畜正副產品、生絲、化工品等檢驗處，對主要出口商品和蜜蜂、肥料、蠶種、糖品、火酒等進口商品執行強制檢驗，未經商檢局檢驗或檢驗不合格的重要出口商品不准放行出口，對經檢驗不合格的重要進口商品，有的予以退貨或不准其在中國國內市場銷售。

2、檢驗手續、時間和計費

1929 年，上海商品檢驗局對出口棉花、牲畜正副產品和生絲等商品相繼開始檢驗，應施檢驗的商品在輸出或輸入前需要向所在地商品檢驗局報請檢驗，先填寫報驗單，分別填明商品種類及名稱、數量、重量、商標、出口日期、運載船名、運銷地點、價值等，經核示後再繳費檢驗。對出口棉花檢驗的手續是：「凡上海特別市境內及其附近各地、各紗廠自用之棉花或同業相互買賣之棉花，如願棉驗者，均得向檢驗局請求依法檢驗；商號或商人請求檢驗時，須將商號地或商人住址、商標、包件、品質、產地、數量址堆棧名稱及地點、并起運期、運往何處等，填寫檢驗請求單，連同檢驗費報告到局，擎給收據，派員揀樣檢驗。」至於檢驗時間「檢驗棉花，以接到檢驗請求單先後為序，檢驗手續至遲於揀樣後二日內施行完畢，但遇有星期日及其他放假日，得依次延長之。」〔註26〕對牲畜產品檢驗得手續是：「凡經營牲畜正副產品之出口業商號均須先至檢驗局登記，由檢驗局隨時派遣獸醫至各廠視察指導，並因檢驗上之需，得向各廠採取材料，不付價值，惟採取分量以試驗上之必要，量為限；運貨商號或商人請求檢驗時須先將請求檢驗者姓名或牌號、商人住所或商號地址、貨物種類及質量、商品記號及數目、出口日期、運往地點、受貨者姓名或牌號填寫，檢驗請求單連給收據，派員檢驗，認為合格者即監視裝訂，給予證書；檢驗局檢驗次序以接到檢驗請求單先後為準，檢驗手續至遲須於接到檢驗請求單二日內施行完畢，但遇有星期日及其他放假日，得依次延長之。」〔註27〕1930 年 4

〔註25〕 盧崇容：《商品檢驗之施行與國際貿易之發展》，《商業月刊》第 1 卷，第 1 期，1936 年 5 月。

〔註26〕《民國日報》，1929 年 4 月 3 日，第 79 冊，第 595 頁，人民出版社 1981 年影印本。

〔註27〕《民國日報》，1929 年 7 月 2 日，第 81 冊，第 45 頁，人民出版社 1981 年影印本。

月，生絲公量檢驗開始，其報驗手續也是各商家先向上海商品檢驗局領取請求單，請求單有 3 種，即公量檢驗、品級檢驗、生絲免驗。1931 年，上海商品檢驗局開始對進口蠶種、化肥、糖品和蜜蜂實施檢驗，同年 6 月 25 日公布《實業部上海商品檢驗局蠶種進口檢驗規程》中規定：「凡從國外輸入之蠶種均應向所在地商品檢驗局報請檢驗，」對報請檢驗者之蠶種，要去輸入者預先在 2 個月前填具外國蠶種輸入申請書，進口 10 日前填具外國蠶種檢驗請求書。〔註 28〕進口蜜蜂檢驗，「凡販運蜜蜂及巢脾者，應於進口三日內預向所在地之商品檢驗局呈報，俟進口時即填具檢驗請求單，連同運貨車檢驗費，呈局候驗，其攜有出口國政府檢驗證書者，應一併送請查核。」〔註 29〕

檢驗除了報驗，還包括復驗。復驗是商人或商號對檢驗的結果無論合格與否，均可請求的行為，但時間必須限定在初次檢驗完畢後 3 日內到上海商品檢驗局聲明復驗，僅以一次為限。對於復驗之樣品，由局派員另行揀樣檢驗，不再另收費用。

上海商品檢驗局成立後，隨著業務的開展，規定了開驗商品的檢驗費額以取之於商，用之於商及貨價為收費標準，按商品的重量每擔、每包規定收費額，檢驗局的經費全部來源於檢驗費收入。總體而言，每類檢驗商品收費都是遵從 1932 年《商品檢驗法》第七條之規定「檢驗商品得酌收檢驗費，其費額由實業部就各商品分別定之，但至多不得逾該商品市價千分之三」，收費辦法依據檢驗請求單所載物品、數量等，按照收費定額計算。檢費的收入是商檢局經費支出的主要來源。

3、揀樣與檢驗方法

揀樣即抽樣，「是在整批商品中隨機地抽取一小部分，在質量特性上能代表整批商品的樣品，通過對該樣品的檢驗，據此對整批樣品的質量作出評定估價」，「抽樣是商檢機構接收報驗之後的首要環節，直接關係到檢驗結果的正確與否及出證的質量。」〔註 30〕根據國民政府《商品檢驗暫行條例》之規定「檢驗商品應揀取樣貨，其數量並由工商部就各商品分別定之，樣貨

〔註 28〕實業部工商訪問局編：《工商半月刊》，第三卷，第十五號，第 9 頁，1931 年 8 月。

〔註 29〕《民國日報》，1931 年 4 月 23 日，第 91 冊，第 647 頁，人民出版社 1981 年影印本。

〔註 30〕李岩、夏玉宇主編：《商品檢驗概論》，化學工業出版社、化學與應用化學出版中心 2003 年版，第 20 頁。

由商品檢驗局揀樣，商人不得指定」。〔註31〕檢政初辦，加之檢驗商品種類有限，上海商品檢驗局還未規定出統一系統的抽樣方案，只是依據不同商品的檢驗細則或規程採取相應的抽樣形式，檢驗局接到報驗單後，即派人取樣貨，其辦法也較為科學，抽驗的商品具有代表性，可以保證檢驗結果的準確。以桐油為例，其抽樣方法是：「一、件貨每百件或不及百件，抽提四件，每件採樣油一磅（逾百件時適加），散油上中下艙，各採樣油一磅；二、前款樣油先混合為平均總洋油，再於總洋油中提取四磅，分裝四瓶，由採樣員封固蓋印，除一瓶供檢驗外，一瓶交報驗人收執，二瓶存局以備復驗；三、總樣油裝瓶後，如有剩餘，鬚髮還報驗人；四、採樣時須由採樣員任意揀採，報驗人不能自由指定；五、已經採樣之簍桶，由採樣員蓋印，以資識別。」〔註32〕棉花揀樣時，將所堆棉花分上中下 3 層，「開包扦取，長機包開中段，短機包開上段，均開至 6 寸深取樣，布包於中部及兩端任便開扦，惟須深入包中取出。」〔註33〕商品檢驗方法多由所用器具、原理、條件而定，根據上海商品檢驗局所擁有的儀器設備，可以看出其主要採用的檢驗方法有感官檢驗、物理檢驗、化學檢驗、生物檢驗等。如感官檢驗中的視覺、嗅覺、味覺、觸覺，物理檢驗中的度量衡、熱學、電學、光學，化學檢驗中的定量、定性分析，生物檢驗中顯微鏡觀察法。如出口蛋品檢驗，上海商品檢驗局「至各廠家及號家採取樣品施行物理的化學的及微菌的檢查，惟採取之材料以適合於試驗為準。」〔註34〕

4、簽證與放行

簽證與放行是商檢局對進出口商品進行檢驗、鑒定工作的最後一個環節。根據《商品檢驗法》之規定：「應施檢驗之商品非經檢驗領有證書不得輸入或輸出；應施檢驗之外國商品持有出品國政府檢驗證書者得以相互待遇酌免檢驗，但發現與原證書不符時仍須檢驗。檢驗合格之商品由商品檢驗局發給證書，其不合格者應附抄檢驗單通知原報驗人；證書遺失，報驗人應呈請補發證書，船隻變更或包裝改變致影響於商品之質量者，原報驗人應呈請換發證

〔註31〕《申報》1930 年 4 月 20 日，第 269 冊，第 542 頁。
〔註32〕《民國日報》，1930 年 1 月 24 日，第 84 冊，第 304 頁，人民出版社 1981 年影印本。
〔註33〕《實業部上海商品檢驗局業務報告（民國十八年一月至二十年三月）》，實業部上海商品檢驗局 1931 年編輯發行，第三篇，第 4 頁。
〔註34〕工商部上海商品檢驗局：《牲畜正副產品檢驗處蛋之淺說》，1930 年 2 月。

書，但均應聲敘理由經商檢局之許可。」〔註35〕出口商品證書一般用證書、報關憑單、存根的三聯式，海關憑報關憑單聯核放，證書樣式有 6 種，圖 3-2 為棉花檢驗證書：

圖 3-2　上海商品檢驗局檢驗證書式樣之一

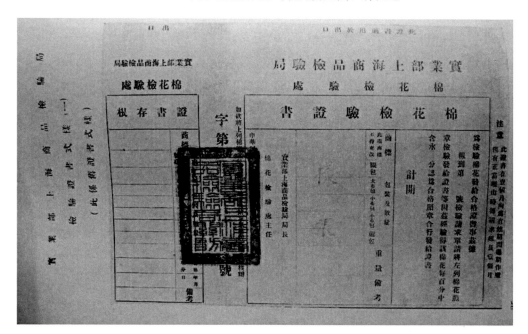

資料來源：《實業部上海商品檢驗局業務報告 1929.1～1931.3》，實業部上海商品檢驗局 1931 年編輯發行。

該證書內容列明了受驗商品名稱、有效期、批次、水分含量、商標、包裝、數量、重量等，便於賣方切實知悉該批次商品的品質，有助於貿易的進行。

出口商品檢驗證書的有效期定為棉花 2 個月，必要時得延長一個月；茶葉 1 年；蛋品 2 個星期為限，超過兩個星期要呈請復驗，但不收檢驗費；鬃毛絨羽 2 個月；生牛皮和山羊皮 3 個月。進口商品證書有效期定為火酒 6 個月；蜜蜂 3 個月。另外，牲畜產品檢驗證書分甲乙兩種，「此類商品，如確經獸醫宰前宰後之檢驗者，得給甲種證書，聲明『該項商品確係採自曾受獸醫宰前宰後檢驗，健康無病之牲畜』；其非經獸醫宰前宰後之檢驗者，則給予乙

〔註35〕沈國謹編：《我國商品檢驗的史實》，實業部商業研究室 1934 年 8 月發行，第 90 頁。

種證書，僅聲明『確與衛生無礙』」，〔註36〕江海關在接受到檢驗合格證書後即放行商品的進口或出口。

5、檢驗標準

考慮國際市場情形和適應國內生產的實際情況，各檢驗標準的制定是在多次研究後才開始訂定。1929～1937 年由國民政府實業部公布的檢驗標準計24 類。現以出口花生花生仁、肉類、進口蠶種的檢驗標準為例，表述於下：

（1）花生花生仁標準

品名	破傷（%）	夾雜物（%）	水份（%）	成實粒（%）
花生	10 以下	1 以下	9 以下（運往日本香港者） 8.5 以下（運往歐美者）	95 以上
花生仁	15 以下	1 以下	8.5 以下	同上

（2）肉類標準

a 鮮肉須宰割整齊，品質鮮美，若有疾病，或色澤青灰，肉質腐敗，放血不全者不得食用，冷藏肉並須冰凍適宜。

b 製過肉須宰割整齊，無酸敗氣味者。

c 肉類包裝，須清潔堅固，塗罐之錫，所含鉛質，不得超過 1%，且須施行蒸氣消毒。

d 肉類所用防腐劑以下列各品為限：一、食鹽；二、糖；三、木煙；四、酒；五、醋；六、硝；七、硝酸鈉；八、辛香品；九、安息酸納（不得超過千分之一）　（筆者注：苯甲酸納）。

（3）蠶種標準

蠶種有下列情事者之一不准進口：

a 未呈送蛾屍或證明書者。

b 證明書格式圖記等不完備，或所列蠶種符號，核與事實不符者。

c 普通蠶種毒率，在 3%以上者。

d 原蠶種毒率，在 1%以上者。

e 卵色夾雜，死卵及不受精卵過多，或發現其他重大缺點者。

f 種紙上或容器上所列產卵年月日，及品種、化性、種別等字樣，任意塗

〔註36〕《實業部上海商品檢驗局業務報告（民國十八年一月至二十年三月）》，實業部上海商品檢驗局 1931 年編輯發行，第三篇，第 24 頁。

改或挖補者。

資料來源：賀閣、徐宗稼《三十年來中國之商品檢驗》，第 8、9、17 頁（周開慶主編：
《三十年來之中國工程》（下），臺北華文書局 1967 年印行）。

　　這些檢驗標準主要涉及商品質量、包裝、安全、健康衛生等內容，成為
商檢局進行具體檢驗時的依據。從標準內容可看出在檢驗技術水平主要是「手
摸眼看」的感觀檢驗，反映了國民政府時期對進出口商品技術質量的管理既
有一定的深度和廣度，也有在檢驗深度和廣度上的不足。

6、監管與獎懲

　　出口商品的監督管理方式有：廠商登記、商品封識、下廠檢查、駐廠監
督、行政處罰等，用不同方法對進出口商品質量進行管理。進口商品在監督
管理上要求進口報驗人向商檢局提供進口貨物到貨時間和貨物情況，對這五
種進口商品在質量、安全、衛生上也提出明確規定，此外還包括商品封識和
行政處罰的方式。

　　以棉花和牲畜產品檢驗監管為例。在棉花檢驗處內特設監查員，「隨時稽
查，以防流弊」，監查員的主要任務可分為對內、對外兩部分，對外工作有扦
樣監查、復驗監查、改包監查，對內工作有視察請求單、查驗疑問棉花、監
視復驗。棉花扦樣完畢後，「於可能時，須將『檢』字棕印加蓋棉包之上，以
資識別」〔註 37〕。牲畜產品檢驗依據該處檢驗細則，對肉類、腸衣類、動物
油脂類、蛋類、皮革類實施強制性檢驗，規定所有報驗廠商號都必須向商檢
局辦理登記，登記表填明廠商地址、負責人姓名、商標等，以備檢驗局隨時
派人至廠查驗；對經商檢局封識的箱桶和罐頭在報關以前「非經本局長官特
許，不得開啟，否則須重行檢驗」，〔註 38〕並按規定照收檢驗費用。對豬油、
腸衣、肉類等出口商品規定其製造廠或商號在開始生產加工時，應先向商檢
局報告，各廠商要將每次採購之原料告知檢驗員，等商檢局派員下廠執行檢
驗時，並將採購發票交檢驗員審核，據以查明豬只是否經過宰前宰後檢驗，
檢驗合格的，分別發給甲種或乙種證書。出口火腿必須用經檢驗合格的肉類
進行加工，「於製造期內，復須受數次定期檢查，至火腿成功為止，以保其日
後裝運出洋至到達彼岸時，雖受外界氣候之變遷，亦不致起任何變化」；在定

〔註37〕《實業部上海商品檢驗局業務報告（民國十八年一月至二十年三月）》，實業
　　　部上海商品檢驗局 1931 年編輯發行，第三篇，第 4 頁。
〔註38〕《民國日報》，1929 年 7 月 2 日，第 81 冊，第 45 頁。

期檢驗時，除用各種方法檢驗肉質外，「復注意其環境之清潔，並禁止有害衛生之防腐劑之應用」和「包裝處理等各項亦注意使適合衛生」〔註39〕。

　　在處罰標準上，《商品檢驗法》要求商人將應實施檢驗的商品在輸出或輸入前向所在地商品檢驗局報請檢驗，對有違反此規定者「科五百元以下之罰款」；對擅自改變檢驗後的商品數量或加入劣質品者「科三百元以下罰款」；對未經商品檢驗局核准，私自改變檢驗證書上包裝者「應重新檢驗」。檢驗人員在揀取樣貨時故意留難商家者，經檢舉後，由商檢局予以懲處。各檢驗施行細則的處罰標準均依據《商品檢驗法》對違反者懲處。如棉花檢驗時對出口商和有關經營部門實施監督管理，《棉花檢驗處檢驗細則》第15條規定：「棉花經檢驗後，如商人有私易物品或變更數量情事，查有實據者，得由局處以三百元以下之罰金。」〔註40〕發現商人賄賂商檢人員、塗改證書或檢驗人員受賄瀆職的「由局交付法院，依法處斷」，商人、商號「如有變更數量混入劣貨，一經查有實據，即處以三百元之下罰金。」〔註41〕進口火酒檢驗時，「經告發以有毒火酒攙和飲料，得有確證，或經官廳察覺者，依刑法205條（為製造販賣或意圖販賣而陳列妨害衛生之物品者，處六月以下有期徒刑拘役，得併科或易科一千元以下罰金），移送法院懲處」〔註42〕。在質量監管上實行下廠檢查、駐廠監督，基本符合現代質量管理科學法，商品檢驗的對象不僅僅是商品成品，還把有些商品檢驗的工作延伸到生產的前期或生產過程中，從而保證該商品的質量。出口商品要求廠商登記，可便於商檢局隨時派員進行監督檢查，或對產品質量進行抽樣查驗。商品封識能夠確保進出口商品在質量、數量、重量等方面與檢驗證書所載一致，做到「貨證相符」，防止商人出現弄虛作假、偷樑換柱調換商品的不法行為。

　　綜觀上述檢驗細則制定的依據和內容，可見中國檢驗政策和制度制定之初就具有一定的特點：首先是實踐性，許多施行細則是按商品類別制定，先在商檢局試行一段時間，根據實踐情況再進行修改，最後由部核定頒布，作為各商檢局共同遵照的檢驗標準，這就能確保檢驗標準具備有效的操作可能性。其次是客觀性，許多商檢專家、商貿界人士、實業界人士借鑒國外商檢

〔註39〕《實業部上海商品檢驗局業務報告（民國十八年一月至二十年三月）》，實業部上海商品檢驗局1931年編輯發行，第三篇，第25頁。
〔註40〕《民國日報》，1929年4月3日，第79冊，第595頁。
〔註41〕《民國日報》，1929年7月2日，第81冊，第45頁。
〔註42〕《國際貿易導報》，第四卷，第七號，1932年12月，第158頁。

法規，同時又根據外貿實際和國內外商品的客觀實際等擬定的，這使得中國商檢法規既符合中國實際情形，與國際商檢標準相比，又不會相差太多。再次是權威性和科學性，1929 年至 1937 年，國民政府先後召開三次全國商品檢驗會議，由實業部內外和各局技術專家會同組織商品檢驗技術委員會，分組研究各項商品檢驗標準。鄒秉文、蔡無忌等都是老一輩商檢開拓者，他們學識淵博，經歷了中國商檢從無到有的發展過程，經驗豐富，由他們參與起草和撰寫的有關商品檢驗法律法規和施行細則必定具備較強的權威性和科學性。

第四章　上海商品檢驗局的檢驗業務

　　商品檢驗在我國尚屬初創，因種類繁多，而經驗、人才、經費、設備又不充裕，所有需檢驗之商品只能逐步施行。依據商品檢驗的三項任務，上海商品檢驗局循序漸進地執行各項商檢任務。出口檢驗方面：1、由上海、寧波出口棉花及廠用棉花的水分、摻雜、品級的檢驗；2、由南京、上海出口的牲畜產品如火腿、豬油、凍肉、罐頭肉類、蛋類及蛋產品、鹽漬乾製腸衣等的細菌及品質檢驗，出口生牛皮的細菌及分級檢驗；3、中國製腿公司江蘇如皋屠宰場的宰前宰後檢驗；4、由上海出口生絲的公量、品質、等級和毛絨織物品質檢驗，桐油的品質、摻雜檢驗；5、由上海出口茶葉豆類及其他農作物產品的品質等級檢驗；進口檢驗方面：由國外進口人造肥料、糖品的品質檢驗，進口蠶種及南京、上海兩市自製蠶種的品質檢驗，進口蜜蜂的檢驗。進出口均須檢驗的是由國外進口和在上海出口各種農產品的植物病蟲害檢驗，最後是局內外各種物品的化驗。〔註1〕

一、各類商品的開驗

　　上海商品檢驗局對法定檢驗商品實施強制檢驗，保證了進出口商品質量使用的安全可靠性，對外增加了中國在對外貿易中的信譽，對內維護了本國消費者的利益。上海商品檢驗局所出具的證書成為對外貿易成交時結價的依據，「合法標準檢驗證書以為貨品保障，藉可免除一切爭執與損失」，〔註2〕其

〔註1〕蔡無忌：《解放前的上海商品檢驗局工作概略》，《文史資料選輯》第88輯，文史資料出版社1983年影印本，第122頁。
〔註2〕《申報》1936年3月30日，第338冊，第703頁。

中尤以生絲品級證書最具有不可懷疑的權威性，根據封識，還能對不合格商品實行有效管理，減少爭議。自 1929 年 4 月 1 日起到 1936 年 3 月 16 日止，先後開辦的檢驗商品及其開驗日期如表 4-2，從該表統計可知歷年開驗商品的種數如下：1929 年 6 種，1930 年 3 種，1931 年 7 種，1932 年 2 種，1933 年 2 種，1934 年僅 1 種，1935 年 8 種，1936 年 1 種，1937 年 1 種（參見後文）。因此，各種商品的開驗時間主要集中在 1929～1931 年和 1935 年，其餘幾年開驗的商品則很少。為什麼會出現這種情況呢？其原因主要有四點：第一，商檢局成立前，上海口岸出口的棉花、生絲、牲畜產品品質問題突出，對出口貿易影響甚大，上海商品檢驗局正式建立後首先著手對這些商品的檢驗，在準備和籌備上比較充分，所以開驗商品較多；第二，1929～1933 年，資本主義世界爆發了經濟大危機，一方面工廠生產過剩，另一方面人們的購買力及其低下，資本主義各國實行貿易保護主義，減少進口、擴大出口來減輕危機帶來的壓力。中國出口貿易在這樣的形勢下，只能以質取勝，提高商品質量才是佔領國際市場的根本途徑；第三，為發展進出口貿易，1929 年，國民政府頒布《特種工業獎勵法》對重要工業品的出口及先進引進給予減免稅等獎勵性待遇。關稅自主權恢復後，制定了一系列新的進出口稅則，1931 年 6 月出臺了《海關出口新稅則》，規定出口商品從價從量並徵，對一些工業製成品不增加稅，大致維持值百抽三的稅率，同時規定對茶葉、蠶繭、棉紗、罐頭果品等傳統貨物出口一律免稅，出口稅的降低有利於出口貿易的發展；第四，1935 年，國民政府對出口稅則又加以修改，各種農副產品、紡織品都獲得免稅。1932 年，日本帝國主義在上海點起戰火，一二八事變的爆發，擾亂了上海經濟局勢，1935 年華北事變後，中日民族危機進一步加深，外敵入侵，不但阻擾了商檢局的檢驗計劃，也最終打斷了檢驗進程。

表 4-2　1929.4.1～1936.3.16 檢驗商品情況

檢驗部門	檢驗商品名稱	開驗日期
農作物檢驗處	棉花	1929.04.01.
	茶葉	1931.07.08.
	豆類	1932.01.01.
	芝麻	1934.10.10
	麻類	1935.07.20
	蜂蜜	1932.04.16

	火腿、罐頭、肉類	1929.05.01
牲畜正副產品檢驗處	腸衣	1929.07.01
	蛋類、生牛皮	1929.07.15
	生牛羊皮分級檢驗	1931.11.23
	鬃毛、絨羽	1933.10.20
	進口牛羊檢驗	1935.08.01
蠶絲檢驗處	生絲	1929.11.01
	毛織品	1929.11.01
	生絲公量檢驗	1930.04.01
	絲織品鑒定	1930.11.01
	外國蠶種	1931.01.05
	本國蠶種	1931.06.01
化工產品檢驗處	內外銷桐油	1930.11.22
	植物油類	1931.12.04
	糖品	1931.09.01
	肥料	1931.03.31
	火酒	1933.05.01
	麥粉	1935.09.01
	柏油	1936.01.06
植物病蟲害檢驗處	種子、苗木、水果、蔬菜、蜜蜂	1935.04.20

資料來源：《上海商檢志》編纂委員會編：《上海商檢志》，上海社會科學院出版社 1999
年版，第 528～529 頁，筆者略有修改。

二、出口商品的檢驗（上）：棉花

根據國民政府工商部公布的《商品出口檢驗暫行規則》中的第三條規定應
實施檢驗的商品種類，上海商品檢驗局成立後根據上海口岸貿易實際情況，首
先開始棉花出口檢驗，在上海商品檢驗局先設立棉花檢驗處，考慮的因素是在
此之前，日本和其他一些歐美國家曾在上海設立過各形各色的棉花檢驗機構，
不管它們的性質如何，成敗如何，總有一些經驗值得借鑒。鄒秉文聘請棉業專
家葉元鼎、程幼甫為正副主任，先是辦理出口棉花檢驗，規定自 1929 年 4 月 1
日開始檢驗，「凡棉商運棉出口，須經本局棉花檢驗處檢驗認為合格，給予證
書，方得報關」，若無商檢局棉花檢驗證書，均不許報關繳稅，並且要求「所

有販運出口，至以前中外商人在上海所辦之非正式檢驗機關填發證書即於同日起停止效力」〔註3〕，自此，出口棉花檢驗權由我國商檢機構獨立行使。

　　對於內銷棉花「凡上海特別市境內及其附近各地各紗廠自用棉花或棉花同業相互買賣之棉花，如願棉驗者，均得向檢驗局請求依法檢驗。」〔註4〕後因上海紡織廠林立，「每年用棉約在四百萬擔之上，然因紡織廠購進原棉為積習所限，與棉商所訂之棉花水分標準過寬，以致棉商攙水之風靡有底止」〔註5〕，為求徹底解決積弊，1930年1月15日起，上海商品檢驗局開始檢驗廠用棉花，凡商檢局「附近各紗廠自用之棉花、無論棉商或紗廠自購，均應遵規定，請求依法檢驗」〔註6〕。為統一檢政，國民政府行政院規定「各省市政府在通商口岸地點不得設立於中央法令牴觸之任何檢驗機關，既已設立者亦應一律取消」，加之「寧波為浙棉集中之地，每年出口棉花約萬擔，大半直接出洋其弊除攙水外，並有攙雜石灰及於包上塗附灰漿、泥漿等」〔註7〕，孔祥熙遂令上海商品檢驗局接收浙江省立棉花檢驗所，於9月20日成立棉花檢驗寧波分處。

表4-1　棉花檢驗統計圖 1929.4～1930.12

資料來源：實業部上海商品檢驗局等編：《實業部上海商品檢驗局、中央農業實驗所、漢口商品檢驗局合辦茶葉改良場成立一年來之工作概況（1933年4月～1934年3月）》，實業部上海商品檢驗局（出版年代不詳），第1章，第13頁。

　　由上表可看出，棉花檢驗第一年內上海商品檢驗局主要檢驗的是出口棉花，1930年前，廠用棉花檢驗遵循自願原則，所以與出口檢驗數量相比較少，

〔註3〕《申報》，1929年3月30日，第256冊，第862頁，上海書店1983年影印本。
〔註4〕《民國日報》，1929年4月3日，第79冊，第595頁，人民出版社1981年影印本。
〔註5〕《國際貿易導報》，第五卷，第七號，1933年7月，第191頁。
〔註6〕《申報》，1930年1月23日，第266冊，第559頁，上海書店1983年影印本。
〔註7〕工商部上海商品檢驗局編：《工商部上海商品檢驗局概況》，第12頁，1930年5月。

月平均數量變化基本不大。強制檢驗實行後，出口和內銷棉花檢驗月平均數量大抵相當，取得顯著效果。

　　針對由來已久的棉花摻水作偽惡習，為杜絕這種積弊，維護市場信用，為商人謀利益，上海商品檢驗局在制訂的棉花檢驗細則中規定「檢驗棉花所含水分暫定 12%為標準，15%為合格，如濕度超過 15%或摻有其他種物質者，認為不合格。」〔註8〕但由於這一陋習積弊太深，積重難返，商檢局邀請上海棉紗兩業商界領袖通過開會討論，最後主張採取漸進主義，由檢驗局擬定了 5 年以內根本剷除江浙皖三省棉產區域及其市場所銷之棉花摻水計劃，辦法是：「（甲）水分標準，自 14%逐年遞減至 12%止，第一期民國 19 年 1 月 1 日起，規定為 12%至 14%；第二期 20 年 1 月 1 日起，規定為 12%至 13%；第三期 21 年 1 月 1 日起，規定為 12%；凡超過以上逐年規定標準者，不准出口，並不准在蘇浙皖三省市場自由貿易。（乙）檢驗範圍，自棉花之出口檢驗起，逐年擴大工作，至產地宣傳止。第一步，出口棉花檢驗自民國 18 年 4 月 1 日起施行，繼續至摻水棉花絕跡於市場止；第二步，紗廠用花檢驗自民國 19 年 2 月 1 日起，先在上海施行強迫檢驗，自（民國）19 年 7 月起，逐漸推廣至寧波、南通、無錫、蕪湖等處，至摻水棉花絕跡於市場止；第三步，棉花產地宣傳及軋戶登記。」〔註9〕為更好地推行這種計劃，商檢局編述出版了《棉花檢驗政策》一書，內容是：「棉販作偽影響於棉花之弊害，設立棉花檢驗處之重要，以及各種檢驗方法等」〔註10〕，此外還派專員分赴各棉產地切實宣傳上海商品檢驗局對於棉花摻水積弊「取締極嚴，一經烘驗，倘水分超過規定標準，不給證書，不准出口」〔註11〕，計劃等這種摻水陋習剷除後，才「可致力於棉花品級標準於夫品質鑒定，研究推行，使我國棉花出口數量日多，世界棉業市場之信用日增。」〔註12〕自實施檢驗後，水分含量有所降低，但內地各產棉區棉花水分仍難控制。1933 年 10 月，全國經濟委員會成立，1934 年設立棉業統制委員會，7 月公布取締棉花摻水摻雜暫行條例，棉花內銷檢驗

〔註8〕《民國日報》，1929 年 4 月 3 日，第 79 冊，第 595 頁，人民出版社 1981 年影印本。

〔註9〕《申報》，1930 年 1 月 16 日，第 266 冊，第 382 頁，上海書店 1983 年影印本。

〔註10〕《民國日報》，1929 年 11 月 9 日，第 83 冊，第 146 頁，人民出版社 1981 年影印本。

〔註11〕《申報》，1929 年 9 月 21 日，第 262 冊，第 622 頁，上海書店 1983 年影印本。

〔註12〕《申報》，1930 年 1 月 16 日，第 266 冊，第 382 頁，上海書店 1983 年影印本。

任務自 1937 年 7 月 1 日移交該委員會在上海設立的中央棉花摻水摻雜取締所主持辦理，「其工作可為檢驗局之輔助，並不重複」。〔註 13〕1936 年，棉業製統會修正《取締棉花摻水摻雜暫行條例》，規定本國棉花，以含水分 11%、含雜質 0.5%為法定標準，以含水分 12%，含雜質 2%為最高限度。

為提高棉花品質，便利買賣手續和增進國際信譽，上海商品檢驗局在實施棉花水分檢驗的同時，為達到剷除所有積弊，採取了治本之計，開展對棉花品質及分級的檢驗。1930 年 4 月，建立棉花分級研究會，開始對棉花品質性狀及分級進行研究。品質指棉花的纖維長短、粗細、整齊、強度等。棉花品級的高低決定其價格的貴賤，品級標準是根據當時棉產情況，制定品級實物標準，分憂、上、中、下、平 5 個品級；長度標準是將棉花纖維長度標準分為 5 級，以英寸表示，並以長度分析機測定的主體長度為準，分上、中、下 3 等；棉纖維強度檢驗標準以單纖維應用纖維強度測定器經過至少 50 次測定後的平均強度為準，分甲、乙、丙 3 等。這些嚴密的檢驗方法作用有：「一則以防止奸商頑農作物攙雜之弊害；二則以提高棉花之品質，使棉花之優劣均得有相當之代價；三則以保障各方之信用，而免除貿易上之糾紛」〔註 14〕。全國經濟委員會成立後，認為棉花分級有普遍執行之必要，於 1934 年在上海商品檢驗局設棉花分級室，擬訂棉花分級標準及製造品級、長度等實物標準，刊印分級標準說明書，訓練分級人員和開展調查宣傳，並在各重要棉區試行分級檢驗。1937 年 7 月棉花監理處成立，該處任務為「檢驗國內市場銷售之棉花，對於運銷國外之棉花，仍由商品檢驗局檢驗，故雙方任務並無衝突」〔註 15〕，除以往實施的方針屬行取締摻水摻雜外，還將於棉區推行分級檢驗，正擬實施之際，因抗戰爆發而終止。

三、出口商品的檢驗（中）：生絲

1929 年上海商品檢驗局建局之初，籌設的第三檢驗處是生絲檢驗處。1933 年 7 月，生絲檢驗處改稱為蠶絲檢驗處，主要進行生絲、蠶種和紡織品的檢驗工作。

世界生絲檢驗設立專門檢驗機構始於意大利，19 世紀歐洲各國也相繼成

〔註 13〕 《申報》，1935 年 4 月 25 日，第 327 冊，第 691 頁，上海書店 1983 年影印本。
〔註 14〕 《國際貿易導報》，第五卷，第七號，1933 年 7 月，第 195 頁。
〔註 15〕 《申報》，1937 年 6 月 25 日，第 353 冊，第 642 頁，上海書店 1983 年影印本。

立了檢驗所、組織研究會，以改進生絲檢驗方法及檢驗設備。20 世紀初，美國為世界用絲大國，日本為世界產絲大國，兩國對歐洲改進的生絲檢驗方法詳加研究，增加匀度、淨度等檢驗項目，進而實施生絲分級並規定生絲各等級標準，日、美兩國先後在橫濱、紐約召開討論會，使生絲分級辦法逐漸統一。此時，上海的出口生絲由中美絲商合辦的萬國生絲檢驗所代辦檢驗，中國政府尚無正式機關檢查指導。1929 年 2 月，上海商品檢驗局呈部請「屬專門非得學有專長及絲業領袖與富有經驗」〔註16〕的黃晉臣、繆鍾秀、陳灝泉、吳申伯、程炳若、李佐仁等 8 人為生絲檢驗處籌備委員，開始籌備生絲檢驗，工商部從蘇省乾繭特捐中撥 10 萬元作為籌備費用。他們本著「為商人服務之素旨，欲謀商人之便利，並以充分發表意見之機會」，〔註17〕分函至江浙皖絲繭總公所、上海絲廠協會、洋商絲公會徵求意見，籌備會多次開會後通過了生絲檢驗細則 20 條，1929 年 7 月 1 日，生絲檢驗處正式成立，工商部委任繆鍾秀為主任。11 月 1 日，交涉收回萬國生絲檢驗所，初步解決了開驗初期的部分檢驗人員和檢驗設備問題，生絲檢驗處開始工作，「所有生絲及其他毛織布匹等之檢驗，即由該處負責辦理，組織暫分品質股、分量股、事務股。」〔註18〕12 月增加檢驗毛絨線、棉織品、絲織品、人造絲等。鑒於蠶種的優劣與否對絲業影響甚大，工商部與農礦部合併後，實業部令上海商品檢驗局接收蠶種檢查所，繼續辦理蠶種檢驗，「由國外輸入蠶種，早由該局函知江海關，須經檢驗給證，方准進口，」至於國內蠶種，各蠶種製造廠，「先後呈請核示辦場蠶種檢查事宜，應歸上海商品檢驗局辦理」〔註19〕。1933 年 7 月，生絲檢驗處改稱為蠶絲檢驗處，主要進行生絲、蠶種和紡織品的檢驗工作。

　　生絲檢驗在當時的中國尚屬創舉，對檢驗方法和器械知之不多。為實際瞭解生絲檢驗的方法和應用的器械，1929 年 10 月，鄒秉文與繆鍾秀前往日本進行實地考察，用了半個月的時間參觀考察了日本橫濱生絲檢查所的規模和檢驗方法，作為上海商品檢驗局進行商品檢驗的參考。回國後，他們考慮到在全部開驗後，原有設備不敷應用，尤其是公量烘絲儀器急需添置，就擬訂

〔註16〕　《上海商品檢驗局人事任免 1929 年 1 月～6 月》，中國第二歷史檔案館藏，全
　　　　　宗號：六一三，案卷號：97。
〔註17〕　《申報》，1929 年 8 月 4 日，第 261 冊，第 96 頁，上海書店 1983 年影印本。
〔註18〕　《申報》，1929 年 11 月 9 日，第 264 冊，第 231 頁。上海書店 1983 年影印本。
〔註19〕　《民國日報》，1931 年 3 月 18 日，第 91 冊，第 214 頁，人民出版社 1981 年
　　　　　影印本。

了一個購備生絲檢驗器械的預算，約銀洋 3 萬元，但呈請工商部審批未果，最後幸得以低利息從上海商業儲蓄銀行貸得這筆費用，當即向日、美、德及瑞士等國分別訂購了全部的生絲檢驗儀器設備。當時「向瑞士一次購買當時最先進的標準式電氣烘絲爐 40 臺，此後，為進行品級檢驗，於 1935 年又由日本購進大批品質檢驗儀器，」〔註 20〕加上接收上海萬國生絲檢驗所時購買的該所全部儀器設備，生絲檢驗在器械上趨於完善。生絲檢驗中主要實行公量檢驗和品級檢驗兩種，依據品級檢驗結果，評定生絲等級。

（一）公量檢驗。按國際貿易慣例，以生絲乾量加乾量11%的公定回潮率為計算生絲質量之依據，叫公量。遠在 1648 年，意皇頒布命令通諭各絲商：生絲貿易應以正確分量計核絲價，因當時尚無烘絲器械，檢取公量以全部生絲置於攝氏 20 至 25 度之空室中歷時一夜，然後秤得分量即為公量。1724 年意大利商人設公共烘絲所，法商於 1779 年至 1805 年間先後設立烘絲所 4 處開始公量檢驗，後歐洲產絲之國對於出口生絲都均用公量制計值。日本政府為維持貿易之公正，1927 年 7 月 1 日也開始實行強制公量檢驗，「兩年以來，絲廠商與出口商均蒙其利。」〔註 21〕可見，生絲檢驗實行公量制已是世界生絲貿易一大趨勢。上海商品檢驗局生絲檢驗處成立後在檢驗地點和設備上為實行生絲公量檢驗作準備，1930 年 1 月上海商品檢驗局生絲檢驗細則經部核准後向中外絲商公布，規定生絲檢驗項目有公量檢驗和品質檢驗。自 2 月 1 日起，「凡在上海出口之生絲，非報經本局驗取公量，給予證書，概不准報關出口。」〔註 22〕上海商品檢驗局還召集蘇、浙、滬三省市絲業同業公會、絲商、廠商開會，提出並解釋了商檢局同時全面實施生絲公量和品質檢驗，但遭到各地絲商的反對，原因多種，或烘分制損失太大；或公量檢驗費由華商承擔不合情理；或以色澤著稱的輯裏絲、土絲不適合烘驗等。最後，國民政府工商部、上海商品檢驗局和上海各絲廠商經過多次商定，所有出口生絲包括輯裏絲、川鄂魯廠絲，自 4 月 1 日起都要求施行公量檢驗，包裝上統一改用帆布袋，可以免驗的生絲只有雙宮絲、灰絲、灰經及浙皖等省的土絲，出口時可給予免驗證書。儘管中國生絲出口檢驗剛剛引進公量制，關於這一檢驗政策的利弊問題，絲廠業和商檢局發生

〔註 20〕 蔡無忌：《解放前的上海商品檢驗局工作概略》，《文史資料選輯》第 88 輯，文史資料出版社 1983 年影印本，138 頁。

〔註 21〕 《申報》，1930 年 2 月 8 日，第 267 冊，第 181 頁，上海書店 1983 年影印本。

〔註 22〕 《申報》，1930 年 1 月 18 日，第 266 冊，第 433 頁，上海書店 1983 年影印本。

了很多次爭論，但由於公量檢驗是國際形勢所趨，它有利於中國絲商在世界生絲貿易中獲得公平待遇，上海商品檢驗局最終還是促成了這一檢驗制度的實施和確定。在實施公量檢驗後，所有由上海出口的外銷廠絲必須於出口前申報公量檢驗，由該局發給公量檢驗證書和出口證書，海關憑證書查驗放行，品質檢驗由絲商、廠商根據需要申報委託檢驗。從此，上海外銷生絲在國內外均以公量檢驗的結果為計算重量之依據。

　　（二）品級檢驗。中國生絲貿易向無等級，等級高低以各絲廠的牌號為定價準則。由於實施生絲品級檢驗也是提高產品質量的措施之一，為維護傳統蠶絲出口事業，1930 年 10 月上海商品檢驗局積極籌備生絲品級檢驗，生絲檢驗處主任繆鍾秀邀請中外絲商代表組織華絲分級討論委員會，專門研究中國生絲分級及檢驗方法，並添置品質檢驗儀器、培訓檢驗人員。為求各絲廠充分利用該處設備和瞭解生絲品質檢驗方法，商檢局函至滬錫絲廠同業公會「凡由絲廠請求檢驗生絲品質（均勻、清潔、潔淨、條分、斷頭等）暫不收費，」〔註23〕品級檢驗完畢後，由生絲檢驗處填發證書，連同剩餘樣絲由請驗人領取。為瞭解日本絲業情況，上海商品檢驗局派生絲檢驗處主任繆鍾秀多次東渡日本考察生絲生產及檢驗分級等情況，1932 年 1 月，日本強迫實施品級檢驗，「凡輸出生絲，須經政府檢查所檢驗品質，詳定等級，生絲貿易即以檢查所評定之等級為依據，絲廠及出口商不得過問」〔註24〕。1932 年秋，繆鍾秀赴美國考察，瞭解美國絲織業用絲情況和質量要求。在此基礎上，上海商品檢驗局參考美、日分級標準的內容，制訂了中國生絲分級標準。1935 年 6 月間，由檢驗局召開絲商、廠商商討生絲品級檢驗會議。認為要適應國外市場需要和挽回生絲外銷固有之地位，生絲品級檢驗大勢所趨，絲商、廠商也一致同意實施。但以當時尚有部分絲廠缺乏相應設備和技術人員，當決定於 1936 年 8 月 1 日起實行品級檢驗，「標準須與日絲相仿」，〔註25〕商檢局發給的檢驗證書「注明均勻分數、平均條分、均勻最低分數、條分偏差、潔淨分數、條分差度、清潔分數、拉力公分、歐式切斷、伸長度、抱合力等，」〔註26〕注明等級為特、超、優、甲、乙、丙、丁、戊、己、庚十等。品級檢驗實施後，「得中外絲商信任，國外絲

〔註23〕　《申報》，1931 年 6 月 11 日，第 283 冊，第 281 頁，上海書店 1983 年影印本。
〔註24〕　《國際貿易導報》，第八卷，第五號，1936 年 5 月，第 218 頁。
〔註25〕　《國際貿易導報》，第八卷，第六號，1936 年 6 月，第 337～338 頁。
〔註26〕　《申報》，1936 年 8 月 2 日，第 343 冊，第 45 頁，上海書店 1983 年影印本。

商團體迭次致書該局，讚美檢驗準確，生絲貿易，有憑該局證書為準者，前途殊可樂觀。」〔註27〕至於品質檢驗，上海商品檢驗局通告上海、浙江、無錫三地絲廠同業公會於1937年2月1日起實施，「品級檢驗實施後，關於品質檢驗，包括在品級檢驗以內，不再另行檢驗」，「各絲廠業公會和經營生絲出口地洋行對於生絲品級檢驗，表示一致擁護，認為實施之後，華絲國外市場之信譽益佳外商採辦華絲，均依檢驗所定等級辦理。」〔註28〕

四、出口商品的檢驗（下）：其他商品

（一）動物產品的檢驗

中國每年有大量牲畜產品在上海出口，上海商品檢驗局在實施棉花檢驗後，繼即籌備進行牲畜正副產品檢驗，將一切牲畜正副產品用科學方法檢驗後再行出口，來補救中國出口畜產品的信譽。1929年5月1日，牲畜正副產品檢驗處正式成立，同時接收了上海市衛生局出口肉類檢查所和上海市社會局牲腸出口檢驗所。為博得對內對外信用，鄒秉文聘請獸醫學博士陳舜耘為畜檢處主任，前上海牲腸檢驗所所長董克仁、菲律賓籍獸醫易文治為畜檢處副主任。由於當時國內缺乏獸醫技術人員與檢驗儀器設備，只得先選擇出口火腿、豬油、罐頭肉類實施檢驗。6月，籌設兩個實驗室，化學試驗和細菌試驗兩室，前者專為分析畜產品成分，並檢查其有無毒質；後者專以檢驗畜產品細菌數和是否有毒質。各出口畜產品在此兩處檢驗後，售往到各銷貨場時無須再經別項檢驗。7月，腸衣、蛋類、蛋產品和生牛皮檢驗開始，蛋品化學檢驗推至12月實施。根據《牲畜正副產品檢驗處細則》，上海商品檢驗局對出口腸衣在長度、口徑、色味、雜質等作出明確要求，鹽豬腸衣12.25釐米為一紮，三節或四節合成，口徑分26、28、30、32、34、36及以上6種，色味以乳白或淡紅色並無腐敗氣味者為合格，乾製腸衣以淡黃色帶有香味者為合格，雜質上以無損傷與妨礙衛生為合格；〔註29〕南京下關英商和記洋行辦蛋廠，收售蛋類製造蛋產品及其他牲畜正副產品，販運出洋為數頗巨，「國人自營之牲畜正副產品出口已由本局加以檢驗，則外人所營之牲畜正副產品出口

〔註27〕 《申報》，1936年12月6日，第347冊，第150頁，上海書店1983年影印本。
〔註28〕 《申報》，1937年2月1日，第349冊，第20頁，上海書店1983年影印本。
〔註29〕 賀闓、徐宗稼《三十年來中國之商品檢驗》，第13頁，（周開慶主編：《三十年來之中國工程》（下），臺北華文書局1967年印行）。

時自宜一體加以檢驗，庶檢政周密而亦足以昭公允」，〔註30〕上海商品檢驗局
10 月在南京成立檢驗分處，就地檢驗該廠蛋品，委任程紹迥為主任，檢驗辦
法依據上海商品檢驗局牲畜正副產品檢驗細則。後來該廠因經營不善而停業，
無出口蛋品即無貨檢驗，1930 年 7 月，南京檢驗分處暫告停業。1933 年，和
記洋行在浦口開設利環公司經營蛋品，上海商品檢驗局遂決定於該年 11 月 1
日起將南京分處恢復，職員均在上海商品檢驗局現有人員中抽調，主任改由
技正陳舜耘兼任，抗戰爆發後該處停辦。

　　在出口生水牛皮與生黃牛皮檢驗要求上力求整潔，不得有惡劣臭味和病
菌。1931 年 3 月，開始進行生牛羊皮分級檢驗，聘請在華從事皮張貿易事業
30 餘年的美國皮張專家勃立門為技術官，開始檢驗生牛羊皮，其日常主要工
作是：鑒定生皮之品級；檢驗生皮及指導生皮檢驗事宜；用科學方法研究改
良生皮之製造；訓練及指導生皮檢驗人才。〔註31〕「查我國禽鳥羽毛出口，
行銷海外，為數殊多，惟普通商人因不明各國海關檢驗標準，時有藉口，不
合衛生，不准進口，被迫原船退回，因此所受損失甚大，」〔註32〕1933 年 10
月，上海商品檢驗局增加檢驗鬃、毛、絨、羽類商品，這已經超出了牲畜產
品的檢驗範圍。

　　牲畜正副產品檢驗中另一項業務是牲畜宰前宰後的檢驗和病菌檢疫工作。
是鑒於多次發生外國禁止中國牲畜品進口的事件，「欲發展我國牲畜產品對外
貿易，當首先祛除英美諸國藉口之由，而牲畜之宰前宰後檢驗，乃迫不容緩」
〔註33〕。為維護畜產品海外貿易，上海商品檢驗局召集向來經營火腿出口至
菲律賓的商人從速設立新式屠宰場，以作為畜產品宰前宰後的有力證明，1930
年 3 月，派吳德銘赴江蘇省如皋縣中國製腿公司加工廠，駐廠執行生豬宰前
宰後檢驗工作，「所有赴菲火腿均須製自曾經宰前宰後檢驗之豬腿，以免菲政
府官吏有所藉口，且可設法使美國亦取消禁令」〔註34〕，開創了中國最早的
出口動物產品檢疫工作。5 月，工商部請衛生部轉請各省市縣從速建立新式屠

〔註30〕工商部上海商品檢驗局編：《工商部上海商品檢驗局概況》，第 13 頁，1930
　　　　年 5 月。
〔註31〕《國際貿易導報》，第 2 卷，第 7 號，1931 年 7 月 1 日。
〔註32〕《申報》，1933 年 6 月 28 日，第 305 冊，第 290 頁，上海書店 1983 年影印本。
〔註33〕《實業部上海商品檢驗局業務報告（民國十八年一月至二十年三月）》，實業
　　　　部上海商品檢驗局 1931 年編輯發行；第二篇，第 75 頁。
〔註34〕《申報》，1930 年 4 月 1 日，第 269 冊，第 14 頁，上海書店 1983 年影印本。

宰場並執行牲畜宰前宰後檢驗，並諮行在設有農學院的各大學培養獸醫專才。8 月，訓令上海商品檢驗局將檢驗豬油狀況分函駐各國領事館，商檢局函稱：「上海出口豬油均採自上海市內滬南閘北兩區，暨公共租界及中國製腿公司在如皋設立之屠宰場各處，曾經獸醫宰前宰後檢驗豬隻，其製造豬油之廠並由該局派遣在菲政府註冊之菲藉獸醫易文治前往檢驗指導，認為合格者，始行給證出口，並無不和衛生之處，菲政府實無可以禁止進口之理由」〔註35〕，連同該局牲畜產品對外貿易宣言、檢驗細則、該局概況、上海市衛生局宰牲檢驗規則等一起分函至駐菲總領事館，美公使館和駐加拿大領事館，請向駐在國交涉撤銷禁止我國畜產品輸入令，並將我國檢驗局獸醫名單送去各該國登記。從 1936 年起，上海商品檢驗局要求上海出口鬃毛絨羽不得有污物疫菌虱卵等存在，裝箱前應修理整齊，並施行適當消毒手續。

（二）茶葉等商品的檢驗

1、茶葉的檢驗

茶葉在我國有數千年栽培歷史，是我國大宗出口傳統商品，在上海出口商品中所佔比重最大，對外貿易產品中佔有重要地位。上海商品檢驗局為了逐步提高出口茶葉品質，減少運輸過程中包裝的破損，爭取恢復和鞏固華茶的國際信譽，達到增加茶葉輸出的目的，在農作物檢驗處積極籌備茶葉檢驗。1930 年，吳覺農到檢驗局工作，負責在農作物檢驗處設置茶葉檢驗課。1930 年 7 月，上海商品檢驗局正式開始了出口茶葉的檢驗工作，根據茶葉檢驗規程和細則，出口茶葉主要進行了品質檢驗、著色檢驗和產地檢驗。鑒於茶葉是中國最重要的傳統出口商品之一，曾一度創各種商品出口量之最。關於茶檢的詳細情況，請參見第五章。

2、植物油類、豆類和麻類的檢驗

「中國出口貨很多需要化驗的，中國各大通商口岸，都有外國人設立的化驗室，專營這種業務的。但他們是沒有政府的承認，故他們證書的效力不能徹底，況且尚有很多貨物，中國無化驗處，往往令商人出虧不少。」〔註36〕上海商品檢驗局成立初時，在牲畜正副產品檢驗處內設化驗室，執行對農畜

〔註35〕《申報》，1930 年 8 月 21 日，第 273 冊，第 498 頁，上海書店 1983 年影印本。
〔註36〕《民國日報》，1928 年 6 月 4 日，第 74 冊，第 553 頁，人民出版社 1981 年影印本。

產品化學項目的檢驗。隨著業務的發展，以「化驗事業與各檢驗處存在密切關係，有獨立及擴充之必要，」〔註37〕乃將化驗室從牲畜正副產品檢驗處分出，擴充成立為化驗處，調派牲畜正副產品檢驗處副主任張偉如充任主任，對出口植物油類實行強制檢驗。

　　植物油類包括桐油、柏油、花生油、豆油等，其中以桐油為最。桐油為我國特產，每年銷售歐美各國為數甚巨，年達 100 萬擔，執世界桐油業之牛耳，上海油類貿易以桐油為大宗。由於桐油在生產和製作上不講究，「一、焙植方法極不講求，榨戶收買後，復隨意貯藏，不免發生腐爛，榨油方法亦屬陳腐，故品欠佳，色彩深淺不勻，夾雜物未能去淨，油腳過重，酸性太高；二、榨油墨守舊法，故榨油率極低；三、運銷手續極繁，間有商人混摻雜油，以圖厚利，品質因以變劣，影響對外信用。」〔註38〕為了促進提高品質，督促改進焙植壓榨方法，防止摻假作弊以鞏固發展對外貿易，必須實施嚴格檢驗。

　　上海商品檢驗局呈請工商部於 1930 年 2 月 1 日起，將上海出口桐油加以檢驗，內銷桐油若有必要，一體加以檢驗。12 月，為統一桐油檢驗，工商部制定了桐油檢驗規程，對外銷桐油規定檢驗色狀、清濁度、比重、折光指數、酸價、鹼化價、碘價、白郎氏熱試驗和華司脫試驗等項目，後又增加水分與雜質檢驗，兩項總量不得高於千分之四。經檢驗合格者發給白色運銷國外證書，檢驗不合格者不准出口。1931 年 1 月 1 日又增加內銷桐油檢驗。檢驗項目按外銷檢驗項目，但不進行熱試驗和水分雜質檢驗，另增加一項礦物油試驗，經檢驗合格者，發給藍色運銷國內證書，凡摻混有礦物油或其他不乾性油的桐油一律取締，不准在國內行銷。

　　1931 年 12 月，上海商品檢驗局制訂了《豆類檢驗暫行細則》和《植物油類檢驗暫行細則》，規定自 1932 年 1 月起開始檢驗，「凡出口和轉口運銷國外之豆類及植物油類，須先遵照細則所定各項辦法報請本局檢驗，認為合格，給予證書，方准報關出口或轉口運銷國外。」〔註39〕其他外銷植物油檢驗有柏油、花生油、茶油、豆油等，檢驗目的同樣是防止摻入雜油，保證良好品質，擴大出口。

〔註37〕　《申報》，1930 年 1 月 21 日，第 266 冊，第 506 頁，上海書店 1983 年影印本。
〔註38〕　《申報》，1936 年 2 月 3 日，第 337 冊，第 73 頁。
〔註39〕　《民國日報》1931 年 12 月 29 日，第 95 冊，第 715 頁，人民出版社 1981 年影印本。

中國出口豆類包括有：花生、大豆、豌豆、紅豆、綠豆、扁豆、豇豆等，油籽主要有芝麻、油菜籽、棉籽、蓖麻籽等，大部分銷往日本和南洋一帶。上海商品檢驗局對各種豆類都制定了嚴格的檢驗標準，分項說來主要是關於豆類的水分、病蟲害和夾雜物三項檢驗。通過這樣的嚴格檢驗，對出口豆類質量的提高確實起到成效，根據《上海商檢志》統計，開驗時出口數量很少，至 1948 年，出口量已達餘萬公擔。

我國麻類出產豐富，據 1935 年的《申報》載，當時「每年運銷國外約在 35 萬公擔以上，於我國出口貨中占重要地位。近年各國對於此項原料，日見需要，實為發展對外貿易之良機，惟出口麻類品質不無欠純，等級亦多不齊，為促進改良起見，亟應施以檢驗」〔註40〕。1935 年 7 月 20 日，上海商品檢驗局正式公告出口麻類檢驗，規定「凡由上海輸出麻類，非經本局檢驗合格，不准報關出口。」〔註41〕抗戰爆發後，該項檢驗隨即停辦。

3、植物病蟲害的檢驗

實業部決定植物病蟲害檢驗由上海商品檢驗局首先舉辦，對進出口植物和植物產品進行病蟲害檢驗，其目的在於「（一）防止國外植物病蟲害，特別是國內尚未發現或分布未廣的植物病蟲害借植物或植物產品的進口而傳入國內，為害我國農林業生產;（二）防止國內植物病蟲害隨同農產品出口，遭致國外拒收，藉以維護國際信譽，促進出口貿易。」〔註42〕1932 年 10 月，上海商品檢驗局請專家著手籌備，籌備期間在農作物檢驗處內設立一個課，由張景歐任課長。張氏專程赴美國、日本和東南亞各國調查瞭解國外的植物病蟲害檢驗制度、植物病蟲害種類及為害情況和檢驗方法，回國後又去東北、河北、湖南等出口農產品主要產地調查瞭解病蟲害情況，對我國植物病蟲害檢驗範圍、檢驗程序及檢驗中的監督管理均作了具體規定。因調查、設備、人才等的關係，直到 1935 年 4 月，該檢驗籌備工作基本就緒，遂擴大成立植物病蟲害檢驗處，委任張景歐為主任。上海商品檢驗局將檢驗細則呈部備案，並送至江海關請其查照協助。4 月 20 日正式開始植物病蟲害檢驗，同時致函上海市商會，抄送植物病蟲害檢驗施行細則、應施檢驗果品蔬菜種類表和檢驗費額表，「嗣後表列進出口果品蔬

〔註40〕 《申報》，1935 年 7 月 20 日，第 330 冊，第 514 頁，上海書店 1983 年影印本。
〔註41〕 《申報》，1935 年 7 月 16 日，第 330 冊，第 411 頁，上海書店 1983 年影印本。
〔註42〕 蔡無忌：《解放前的上海商品檢驗局工作概略》，《文史資料選輯》第 88 輯，文史資料出版社 1983 年影印本，131 頁。

菜由上海輸入者，須照章報由本局檢驗合格，方准報關進口或出口，」〔註43〕
《檢驗施行細則》所規定檢驗的植物及其產品有 5 種：「植物全株或一部之能供
植培用者、果品、蔬菜、種子之能供繁殖用者、已死植物全株或一部之作食品
燃料或其他用途者」〔註44〕。上海商品檢驗局植物病蟲害檢驗處是我國第一個
植物檢疫專業機構，在主任張景歐的主持下，設有 4 個實驗室分別執行各項檢
驗任務和有關試驗研究工作，後來又在上海郊區江灣路設置養蟲室和薰蒸室，
分別作害蟲生活史觀察以及薰蒸除蟲工作。為改良國產果品，1937 年 5 月，實
業部在上海商品檢驗局內設立了果品產地檢驗監理處，公布了《果品產地檢驗
規程》及《監理處暫行章程》，由張景歐擔任處長。張奉令後即赴福建、廣東考
察各地生產情形，後因戰爭得爆發而受阻。

五、進口商品的檢驗

在上海商品檢驗局成立前，上海口岸的進口商品不經任何檢驗，致使劣
質商品充斥市場。上海商品檢驗局成立後，為保護農副業生產和消費者健康
起見，防止偽劣商品和有毒物質輸入，不合格者禁止運銷內地投入生產，局
設之初就實施進口商品檢驗，但進口商品檢驗種類很少，先後檢驗的僅僅是
蜜蜂、牲畜、糖品、人造肥料、火酒、蠶種等。

1931 年 2 月，上海商品檢驗局開始檢驗進口蜜蜂，規定經檢驗合格方准
發給證書，若發現有傳染病或含危險性蟲害的，要酌情施行消毒或禁止進口，
或下令燒毀，旨在防止國外劣種和病蟲害傳入以保護還處於萌芽狀態的養蜂
事業。在進口蜜蜂檢驗上，上海商品檢驗局根據國民政府 1931 年 4 月 16 日
公布的《實業部商品檢驗局蜜蜂進口檢驗規程》，對販運蜜蜂、蜂王、巢脾等
執行進口檢驗，要求報驗人「應於進口 3 天前預向所在地之商品商檢局呈報」，
進口時填寫檢驗請求單報請檢驗，「其攜有出國政府檢驗證書者，應一併送請
查核」；檢驗時「如認有傳染病菌或含其他危險性之病蟲害者，得酌量情形，
施行消毒、或禁止進口或燒毀」〔註45〕。經檢驗符合規定和沒有病蟲害的，
評定合格，發給證書，方准運銷內地。1934 年 4 月 21 日，國民政府實業部又
公布《蜂種製造取締規則》，規定國內蜂種製造業者和蜂種製造場所應向所在

〔註43〕《申報》，1935 年 4 月 20 日，第 327 冊，第 560 頁，上海書店 1983 年影印本。
〔註44〕《國際貿易導報》，第七卷，第四號，1935 年 7 月，第 172 頁。
〔註45〕實業部工商訪問局編：《工商半月刊》，第三卷第十號，1931 年 5 月。

地商檢局呈報，經檢驗合格發給證書，方准銷售，把進口檢驗擴大到國內自製蜂種檢驗管理。

上海商品檢驗局在接管上海農產物檢查所的蠶種檢查處後，於 1931 年 1 月繼續辦理進口蠶種檢驗。5 月 9 日，《實業部蠶種製造取締規則》公布，規定進口蠶種和國內自製蠶種都「應呈請所在地商品檢驗局，轉呈實業部核發許可證書」〔註 46〕。同年 6 月 25 日，又公布《實業部上海商品檢驗局蠶種進口檢驗規程》，規定進口蠶種應由輸入者於進口 2 個月前先填報外國蠶種輸入申請書，進口 10 天前，填具外國蠶種檢驗請求書報請檢驗，同時應先提蛾屍送局檢驗，「其攜有確實證明書送局查核相符者，得免提屍蛾」，屍蛾提送時間「春種以製種後 5 個月內，秋種以製種後一個月內以。」〔註 47〕蠶種經檢驗合格方准進口；檢驗不合格的，通知報驗人將該種打包加印退回國外製造者。對國內自製蠶種的營業者，都應呈請所在地商檢局轉呈實業部核發許可證書。進口蠶種和國內自製蠶種經檢驗合格的，都應在蠶紙或容器上逐一加蓋商檢局印章並黏貼合格證，無合格證或未加蓋印章者，不准出售或讓與。

化肥檢驗最早開始在農礦部上海農產物檢查所，1930 年 12 月 20 日，實業部派上海商品檢驗局接收農產物檢查所，上海商品檢驗局將進口肥料檢驗工作劃歸化驗處辦理。1931 年 4 月，上海商品檢驗局按國民政府實業部公布的《人造肥料檢驗規程》之規定，對進口或國產之人造肥料實施強制檢驗和監督檢查，凡進口人造肥料都必須向商檢局報驗，經檢驗合格發給證書後方可輸入和銷售，經檢驗不合格的肥料，不發證件，禁止運銷內地。封識辦法是「進口肥料於必要時，得於採樣後先發給進口憑單，檢驗後換給證書；檢驗請求單上須由報驗人填寫最低保證成份，凡貨品、名稱、商標相同之肥料，其所報之保證成份不得差異；檢驗合格之肥料，應有檢驗局發給附有化驗單之合格證書正副本各一份，及檢驗執照一份，並按包發給檢驗證，黏貼包裝上；」〔註 48〕所發的檢驗執照上注明商標、肥料名稱和保證成份，由報驗人攝影成圖片分送各銷售點懸掛，以便農民在購買時有所選擇。肥料檢驗後，上海商品檢驗局將隨時派員赴售棧及各地分銷處抽驗，發現可疑情節時，還要委託當地政府或其他機關查驗並照章處罰。

〔註 46〕實業部工商訪問局編：《工商半月刊》，第三卷第十二號，1931 年 6 月。
〔註 47〕實業部工商訪問局編：《工商半月刊》，第三卷第十五號，1931 年 8 月。
〔註 48〕實業部工商訪問局編：《工商半月刊》，第三卷第九號，1931 年 5 月。

　　舊中國製糖工業十分落後，人民日常所用糖品，除少量供應來自廣東和福建，大部分來自國外。上海是進口糖的重要口岸之一，當時行銷市場的糖品，對於品質漫無限制，商人和廣大人民群眾評定糖品品質，一般僅以顏色為準，憑眼睛判斷定其優劣，沒有科學根據。遇到奸商就摻假作弊，謀取厚利，在進口糖品中摻入雜質、色素或有害物質。鑒於「糖品為輸入食品，有關人民健康」〔註49〕，實行糖品檢驗勢在必行，實業部聘兩位糖業專家、留美工程碩士周大瑤、吳卓為糖品檢驗技術官。1931 年 8 月 1 進口糖品檢驗開始，檢驗項目有色澤、旋光度、水份、酸度、鹼度、灰分及不衛生雜質等，1932 年進口檢驗數量是 1897318 擔，1933 年是 1632085 擔，1937 年停止了進口。〔註50〕

　　火酒即酒精，在工業、醫藥、科研和國防上都有很大用途，但是如果被放入飲料中，對人體健康有很大危害。當時歐美各國對火酒的用法限制很嚴，「凡報稱燃燒用或工業用之火酒，均須摻入有毒物質，並在包裝顯著之處詳細標明，庶購用者一目了然，不敢充分飲料」〔註51〕。鑒於我國還沒有對火酒使用有類似的限制，1932 年 12 月對進口火酒實施檢驗，「凡在上海進口火酒及向在九江、蕪湖、南京、鎮江蘇州、杭州等口岸進口之火酒均須先遵照規程所定各項辦法報請本局檢驗，認為合格，給予證書，方准報關進口」〔註52〕，同時要求進口火酒均須在報驗單上填明火酒成分、用途和來源。檢驗按燃燒用、工業用和普通用三類用途，檢驗其所含酒精、木精、石油等的含量，合乎規定標準者，發給合格證書，並按件數發給檢驗證。在進口火酒檢驗方面，1932 年 7 月 8 日，國民政府行政院發布《取締火酒規則》，禁止有毒火酒摻水混充飲料酒，並規定「進口火酒除奉令特准進口者外，由實業部商品檢驗局依所訂標準檢驗之，未經檢驗或檢驗不合規定者，不許進口」〔註53〕。同年 10 月 12 日，實業部公布《實業部商品檢驗局火酒進口檢驗規程》，上海商品檢驗局於 12 月 1 日開始執行進口火酒檢驗，按照規定，報驗人應在檢驗請求單上填明火酒成份及有毒無

〔註49〕《民國日報》，1930 年 12 月 13 日，第 89 冊，第 516 頁，人民出版社 1981年影印本。

〔註50〕《上海商檢志》編纂委員會主編：《上海商檢志》，上海社會科學院出版社 1999年出版。第 262 頁。

〔註51〕《國際貿易導報》，第四卷，第七號，1932 年 12 月，第 156 頁。

〔註52〕《申報》，1932 年 11 月 28 日，第 298 冊，第 744 頁，上海書店 1983 年影印本。

〔註53〕《國際貿易導報》，第四卷，第七號，1932 年 12 月，第 158 頁。

毒字樣，並注明其用途及來源等。經檢驗合格的火酒，「應有檢驗局發給附有化驗成績之合格證書正副本各一份，並按件發給檢驗證黏貼包裝上」〔註54〕，方准銷售。

為阻止未經檢驗的進口牲畜傳入的各種獸病，也展開了對進口牲畜的檢驗，先從上海進口乳牛入手，然後逐漸推及其他牲畜。1935 年 8 月 1 日開驗，凡國外運來之牛羊只有經上海商品檢驗局檢驗合格後才能報關進口；此外，「緣各國對於進口牲畜檢驗頗嚴，因許多傳染病菌輸自海外，而以牲畜尤甚，且檢驗牲畜病菌，短期間內殊難臆斷，必須經過相當隔離時間，方可確定」〔註55〕，商檢局還在江灣建築牲畜隔離所，1936 年年 5 月，江灣牲畜隔離所新屋落成，規定發現進口牲畜凡帶有傳染病時即送入該所隔離，「畜病則必須待治療痊癒後方准運走，其有嚴重傳染病經醫治無效者，得立即屠殺銷毀。」〔註56〕

總體說來，當時受驗商品種類和數量很少，出口方面僅棉花、茶葉、肉、蛋、皮革、豬鬃、桐油、生絲等一些傳統的農畜副產品，甚至到 1949 年，「出口檢驗不過 5408 批，33381 噸」〔註57〕。進口商品檢驗方面，先後檢驗的是蜂蜜、糖品、人造肥料、火酒、蠶種等，其進口數量也很少，每年檢驗僅幾十批。

中國檢政剛剛起步，必然存在其歷史的客觀侷限性，從進出口商檢的商品類別可看出近代中國早期實施檢驗的商品種類和檢驗項目都十分有限，在人才和技術上無法與外國相比。出口檢驗的均是一些初級農畜產品和僅經過粗加工的生產原料，這說明中國仍是資本主義國家原料產地，進口檢驗對於耳熟能詳的洋布、洋油、洋煙等「洋」字號商品，雖是人們日常需求最多的，卻幾乎未有過檢驗，對充斥中國市場的外國洋貨並未起到應有的約束和管制作用。但從上海商品檢驗局檢驗各部門的設置可以看出它在維護主權、工作範圍、管理權限等方面明確堅持了一條商檢原始的基本行為宗旨：「提高商品信譽、增進對外輸出、督促生產改良、保障人民食用」〔註58〕。「單從商檢經

〔註54〕《實業公報》，第九十三、九十四期合刊，1932 年 10 月，實業部總務司印行。

〔註55〕《國際貿易導報》，第九卷，第四號，1937 年 7 月，第 154 頁。

〔註56〕蔡無忌：《解放前的上海商品檢驗局工作概略》，《文史資料選輯》第 88 輯，文史資料出版社 1983 年影印本，第 137 頁。

〔註57〕《上海商檢志》編纂委員會編：《上海商檢志》，上海社會科學院出版社 1999 年版，第 54 頁。

〔註58〕沈國謹編：《我國商品檢驗的史實》，實業部商業研究室 1934 年 8 月發行，第 5 頁。

濟發展的角度來看，此時僅僅是我國是商檢經濟目標的萌芽。當然還談不上
所謂商檢戰略。但我們不得不對此時成立的商檢局的舉動給予歷史的肯定。」
〔註59〕

〔註59〕周天華、熊國忠、舒先林等著：《中國商檢經濟學》，人民出版社 1997 年版，
　　　　第 185 頁。

第五章　上海商品檢驗局與對外貿易
——以出口茶葉檢驗為考察中心

　　上海商品檢驗局作為中國近代第一個具有權威性並獲得國內外認可的官方檢驗機構，它的設立和各項檢驗業務認真切實的開展，規範了中國進出口商品的貿易程序，在改善進出口商品質量的同時，也提升了中國商品的國際聲譽，對我國各項對外貿易事業的發展產生了積極的影響。本章擬以出口茶葉檢驗為例，深入考察和評估上海商品檢驗局的商品檢驗對於貿易各方利益關係的影響及在對促進對外貿易所起到的重要作用。

一、上海商品檢驗局成立前的茶葉貿易與檢驗狀況

　　中國的茶葉生產和貿易，歷史悠久，源遠流長。茶葉也是重要出口物資，歷史上中國曾是世界最大的茶葉生產國和輸出國。商品茶葉最早出現在四川的產地市場，公元 2 世紀飲茶風氣傳入中原地區，國內茶葉貿易隨之興起。到 6 世紀時，茶葉貿易已由長江流域繁延到東部沿海各地。9 世紀時，茶葉貿易範圍更加擴大，成為一般商人最好牟利的商品，每到茶季，各地商人雲集茶區販茶，有詩為證：「商人重利輕離別，前月浮梁買茶去。」（白居易《琵琶行》）至於茶葉對外貿易，「劉宋劉昱元徽時（473～477 年），土耳其商人至我國西北邊境以物易茶，才開始陸路對外貿易。」〔註1〕唐時，自廣州至波斯灣，中國商船獨佔運輸業，唐政府設市舶使管理商務，當時茶葉是商買商賣，商人必然大量輸出。宋朝時，茶葉成為主要輸出品之一，尤其是福建的泉州

〔註1〕陳椽編著：《茶業通史》，農業出版社 1984 年版，第 467 頁。

港，每年運銷大量茶葉到南洋、日本等地。這時還出現了對茶葉品質優劣、真偽鑒別的著述，如茶聖陸羽的《茶經》、蔡襄的《茶錄》、黃儒的《品茶要錄》的等都對茶葉審評作了描述和總結。但宋、及後來的元、明兩朝都在對外貿易中設市舶司，專管商船來往貿易，茶葉貿易遂由政府專營。

　　1506 年，葡萄牙人侵入中國，開始學習飲茶，並將飲茶習俗傳入西方。隨著飲茶風氣在歐洲的流行，中國茶葉對外貿易也逐漸繁榮，出口茶葉以紅茶為主，通過澳門、印度等西方殖民地銷往歐洲。「自從 17 世紀歐洲各國經常性地開展對華貿易後，中國壟斷世界茶葉供應達 200 多年」〔註 2〕，中國始終是世界茶葉市場上唯一供應國，18 世紀末至 19 世紀，中國茶葉已行銷歐洲、美洲、亞洲、非洲和大洋洲，成為對外貿易的重要出口商品。其中，1885～1889 年茶葉輸出統計達 227 萬多擔，〔註3〕創茶葉出口歷史最高記錄。但是此後茶葉出口量逐年減少，「1893 年中國茶的輸出量尚占世界總輸出量一半以上，但到 1930 年則僅為十分之一」〔註4〕。換言之，「由 1896 年至 1930 年，茶之出口，中國減少三分之二，而印度與錫蘭，反各增一倍以上，爪哇且增至十八倍有奇」〔註5〕。究其原因，除了外受印度、錫蘭、日本等新興產茶國的激烈競爭外，華茶內部自身栽製方法日益退化，對外推銷墨守成規，不知力圖改善，且多著色攙假，貪圖近利。茶農種植茶樹極不規範，「皆零星散處，此處一二株茶樹，彼處三兩株茶樹」〔註6〕，「如遇茶價高漲，則利用農閒，略施墾土除草等工作」〔註7〕；在經營管理上任其自生自滅，導致「漿汁遂亦不能濃厚，香味亦淡」〔註8〕；採摘時「粗葉連枝一併採取」〔註9〕；茶商在茶葉貿易時「裝箱之時，其殘敗之葉，不能減去，致

〔註 2〕嚴中平主編：《中國近代經濟史（1840～1894）》下冊，人民出版社 1989 年版，第 1033 頁。

〔註 3〕嚴中平主編：《中國近代經濟史（1840～1894）》下冊，人民出版社 1989 年版，第 1199 頁。

〔註 4〕嚴中平：《中國近代經濟史統計資料選輯》，科學出版社 1955 年 8 月版，第 78 頁。

〔註 5〕章有義：《中國近代農業史資料（1927～1937）》，第三輯，三聯書店 1957 年版，第 410 頁。

〔註 6〕姚賢鎬：《中國近代對外貿易史資料》（二），中華書局 1962 年版，第 1210 頁。

〔註 7〕吳覺農：《改良中國茶葉芻議》，《國際貿易導報》，第二卷，第 5 號，1931 年 5 月，第 7 頁。

〔註 8〕姚賢鎬：《中國近代對外貿易史資料》（二），中華書局 1962 年版，第 1209 頁。

〔註 9〕姚賢鎬：《中國近代對外貿易史資料》（三），中華書局 1962 年版，第 1464 頁。

與茶葉同有污染之味，並茶末太多，又有他項之葉攙雜再在內」，或把不同地區地茶混合裝箱，導致「純粹一種香味地茶很少」〔註10〕；製作時，「製者對於選擇茶葉分定等第等事，無統一之方法，各個自為風氣，既無人以善法指導之，又無人以機器焙製之」〔註11〕，如此生產和銷售出的茶葉因「攙和假借多方作偽，以至茶之斤兩雖重而色香味三者無一不變，西人見之，無不攢眉」〔註12〕。更有甚者，以出口英國的茶葉為例，「設小廠於倫敦城外，私將染色柳葉雜茶葉中，冒充嫩茶又用化學品薰香茶葉，加礦料以增重量」〔註13〕。這種偽劣茶嚴重降低了茶質，敗壞了華茶聲譽，加上捐稅過重，成本增加，到了19世紀末20世紀初，中國茶葉出口數量大有江河日下之勢，急需採取措施加以控制。

中國茶葉品質的下降在國外反響強烈，生產、製作和銷售中盛行摻假作偽之風，促使進口各國政府紛紛立法禁止摻雜摻假茶葉輸入。1725年，英國政府率先頒布禁止茶葉摻雜的法令；1766年又增加「違者監禁處分」的條例。繼荷蘭之後，英國壟斷中國茶葉貿易達200多年，美國茶葉進口早期主要由英國轉口。19世紀末，大量著色茶及粗製摻雜茶葉輸入紐約和波斯頓。在茶商的請求下，1883年美國議會首次通過取締摻偽茶葉輸入的法令，主要目的是限制中國茶葉輸入；1897年美國議會又規定進口茶葉須由茶師驗明後分准進口；1911年5月1日開始禁止著色茶輸入，「若不守之，則此著色茶輸入美國時，遭美國官吏之檢查，必認為不合格。」〔註14〕翌年，設立茶葉審查監理人專門檢查輸入的中國茶葉。這一連串的法律措施對華茶輸美是致命的打擊。中國綠茶向來以美國為最大市場，美國著色茶進口禁令使中國綠茶在美國的銷路遭受莫大影響，而紅茶銷路又因印度、錫蘭等茶葉的爭奪，中國茶葉被迫推出美國市場。現以綠茶跌幅為例，管窺華茶在美國市場的命運：

〔註10〕 姚賢鎬：《中國近代對外貿易史資料》（二），中華書局1962年版，第1206頁。

〔註11〕 《茶葉貿易之比較》，《東方雜誌》，第16卷，第3號，1919年3月。

〔註12〕 《申報》，1886年2月28日，第28冊，第305頁。

〔註13〕 馮國福：《中國茶與英國貿易沿革史》，《東方雜誌》，第10卷，第3號，1913年9月。

〔註14〕 傖父：《著色茶之禁止》，載《東方雜誌》，第8卷，第3號，第18頁，1911年4月。

表 5-1　歷年綠茶輸往美國數量及比重

年代	數量（單位：擔）	比重（%）
1879	123,019	66.6
1883	110,994	58.1
1899	119,184	50.6
1905	116,884	48.3
1910	92,550	31.3
1915	87,747	28.6
1922	67,173	23.7
1929	37,800	10.8

資料來源：吳覺農、胡浩川：《中國茶葉復興計劃》，商務印書館 1935 發行，第 93～
　　　　　96 頁。

　　資料表明，從 1879 年到 1929 年整整 50 年間，綠茶輸美量減少了 70%，比重也減少了 50%以上，由綠茶可觀華茶在國外市場銷售日蹶，有一落千丈之勢。而與此同時，日茶則博得了美國市場的青睞，儘管「以茶質言，日茶實未較華茶為優」，但華茶的銷售不但沒有新進步，反而還失去舊有市場，原因則「不能不歸罪於中國種茶者、製茶者與業茶者之無遠慮」，「以次茶混充於市，只圖近利，不務遠謀」〔註 15〕。

　　面對這種嚴峻的茶葉出口形勢，茶商和地方政府聯合採取了相應措施挽救，清政府令產茶各省設立茶務講習所，1897 年底，溫州、平陽地方政府接連發出 3 道《整飭茶務告示》，指出：「現在美國新例，茶師考驗極嚴，嗣後焙製各茶，務須盡心講求，力圖精美，不准攙和雜質，或多加渲染，欺詐洋商」〔註 16〕；「1898 年以後，外國商人來上海購買綠茶時，均提取樣品做化學試驗，如遇有用滑石粉對茶葉加以粉飾的行為，即將該茶號的茶葉全數充公，並處以重罰」〔註 17〕；為加強對著色茶出口的控制，浙江寧波府奉化縣發出布告，曰：「一、茶商若販賣回籠假茶，一旦查獲，沒收並燒卻。二、查處著色茶，沒收並給予處罰。」〔註 18〕為改良製茶，「1905 年，兩江

〔註 15〕　《茶葉貿易之比較》，《東方雜誌》，第 16 卷，第 3 號，第 188 頁，1919 年 3月。
〔註 16〕　徐鑒：《商檢局成立以前的茶葉檢驗》，《中國檢驗檢疫》，2002 年第 7 期。
〔註 17〕　陳祖規：《中國茶葉歷史資料選輯》，農業出版社 1981 年版，第 198 頁。
〔註 18〕　《通商匯纂》，第 30 號附錄，第 5 頁。轉引自：王力《清末茶葉對外貿易衰退後的挽救措施》，《中國社會經濟史研究》，2005 年第 4 期。

總督（周馥：筆者注）派鄭世璜率領著委員、外國技師及製茶工人到印度及南洋作實地考察，第二年歸國，即在南京的紫金山從事新法種植，並準備試用機器製造」，初具規模後由於辛亥革命的爆發而「與滿清同時斷絕運命」〔註19〕。1915 年，北洋政府農商總長周自齊在祁門創設茶葉試驗場，獎勵改良，不遺餘力，「研究種法制法，又在附近設分場約四十處，凡種種出力而敏慧者，且予以補助金，一方既著成效，乃推而之他處」〔註20〕，終因內亂不已，北洋政府未能貫徹始終。同年，浙江省溫州自發性成立民間檢驗機構——永嘉茶葉檢驗處，主要查驗溫州地區出口茶葉中的攙雜作偽問題，由於缺少政府的支持，無法起到對外法定作用。1916 年，該茶葉檢驗處改由甌海茶葉公會接辦，但終因溫州茶葉出口路徑的改變，公會無法控制，檢驗工作被迫停止。

　　1924年9月在全國實業代表會上，各茶商會紛紛提出要求改良華茶出口，「以吾國絲茶之出口者不加檢查，每多次劣之品為外人所詬病，絲茶前途可謂極危」〔註21〕，因「不諳茶務者，而粗劣之貨，攙偽之弊」多由茶號出，請求北洋政府對內「限製茶號」，規定章程要求各茶號由地方官轉呈在農商部註冊，「此為化店鋪式之茶號而成公司式之營業，……在商人可絕攙偽自殺之弊竇」〔註22〕。但是改善出口華茶中的質量問題只是在「政府討論會」上說說，真正徹底的措施沒有採取。直到 1929 年，上海、漢口商品檢驗局成立後，國民政府才將出口茶葉檢驗付諸實際行動。

二、上海商品檢驗局的茶葉檢驗新政

（一）上海商品檢驗局茶葉檢驗的開始

　　1929 年上海商品檢驗局成立後，為了逐步提高出口茶葉的品質，爭取恢復和鞏固華茶的國際信譽，達到增加茶葉輸出的目的，決定盡速成立茶葉檢驗科。農作物檢驗處負責籌備工作，工商部委任吳覺農為上海商品檢驗局茶

〔註19〕吳覺農、胡浩川著：《中國茶葉復興計劃》，商務印書館 1935 發行，第 127～128 頁。
〔註20〕《中國茶葉恢復之時機》，《東方雜誌》，第 16 卷，第 9 號，第 181 頁，1919 年 9 月。
〔註21〕中國第二歷史檔案館編：《中華民國史檔案資料彙編》，第三輯農商（二），江蘇古籍出版社 1991 年版，第 1314 頁。
〔註22〕中國第二歷史檔案館編：《中華民國史檔案資料彙編》，第三輯農商（二），江蘇古籍出版社 1991 年版，第 1319 頁。

葉檢驗籌備員，吳覺農因工資待遇問題而未能及時到局工作，〔註23〕在茶葉科未成立之前，分函美國農部、日本茶葉合作社中央會、臺灣總督府植產局、印度、錫蘭等國各主管機構索取有關茶葉檢驗章則，以供參考；分函各消費國主要商會，徵求對華茶品質和推銷等方面的意見，如德國柏林商會及不來梅商會等對於華茶在裝箱、品質上就提出了中肯的批評性建議，歐戰後，「其他各國除俄國外，對於紅茶，已不樂購用，但綠茶之銷路則較勝此，此中調換口味之原因，實因紅茶每況愈下，以視印度、錫蘭等處所植之茶，或因栽培得法及製作精良，較優於紅茶，亦可未料，因華茶類多、墨守成規、不知改良，故相形見拙。」〔註24〕此外還撰述茶葉宣傳文字、派員調查國內各地茶葉產銷情況。經過這些準備後，到1930年茶葉檢驗雖未正式開始，但各方準備已基本就緒。1930年底，吳覺農到上海商品檢驗局工作，負責農作物檢驗處茶葉檢驗科工作，開始擬定茶葉檢驗計劃，購置各項儀器設備，通過公開招考、擇優錄取的辦法尋求茶葉檢驗的專業人才。為「在去其糟粕，存其精華，而恢復我國襄昔之地位」〔註25〕，1931年7月，新茶上市，上海商品檢驗局出口茶葉檢驗正式開始。

以往出口茶葉攙假作弊方法層出不窮，貽害多端，在生產製作中，「利用黏質物使強硬之粗葉作成細茶，混入黑沙，以增加重量；利用墨鉛煤煙綠礬紅礬白石灰等，以增加色澤；利用假葉及已泡用之茶葉，以混入良茶；更如腐敗黴爛焦臭及攙雜粉末乾等之劣茶，或混合販賣，或單獨出售；此不僅有關對外貿易之信用，即以之供各地需要，亦有妨害人體之衛生。又因製造時之不加注意，以致綠茶發酵葉過多，紅茶之發酵方法不良，以及綠茶之以日光乾燥，水分含量過多等。」在茶葉裝箱上也有礙茶質，「國內所用茶箱茶罐亦多惡劣不堅，運銷外洋，常使茶葉受潮破損，外商亦多有煩言。」〔註26〕針對這些情況，上海商品檢驗局對於茶葉各項檢驗採取漸進辦法，如對利用黏質物質的攙雜茶葉，絕對禁止運銷歐美各國，在出口茶商書面請求下，考慮到「對於貿易前途不致發生影響，承銷商人有逐漸改善之餘地」，〔註27〕運

〔註23〕 吳覺農：《我在上海商品檢驗局搞茶葉工作的回憶》，《文史資料選輯》第88輯，文史資料出版社1983年影印本，第159～160頁。
〔註24〕 《民國日報》，1930年5月11日，第86冊，第34頁。
〔註25〕 《申報》，1931年6月29日，第283冊，第784頁。
〔註26〕 《實業部上海商品檢驗局業務報告（民國十八年一月至二十年三月）》，實業部上海商品檢驗局1931年編輯發行，第三篇，第23頁。
〔註27〕 《實業部上海商品檢驗局業務報告（民國十八年一月至二十年三月）》，實業部上海商品檢驗局1931年編輯發行，第三篇，第24頁。

輸到非洲屬地可暫准通融，在茶葉檢驗標準制定上，出口茶的標準由商檢局會同茶商領袖、中外重要出口茶商共同商定。先頒布各種最低標準，如凡輸出茶葉不能低於原定的最低標準，否則視為不及格。在包裝上，仿照印度、錫蘭箱辦法，防止搬運時發生破損受潮等情況而影響茶葉品質和價格。

　　1931 年 6 月 20 日，「為廓清茶葉積弊，督促改良，並增進國際貿易信用」〔註 28〕，國民政府實業部制訂了中國第一個出口茶葉檢驗標準——《出口茶葉檢驗規程》，依據該規程，出口茶類有「綠茶、紅茶、花薰茶、紅磚茶及綠磚茶、毛茶、茶片、茶末、茶梗等」，「包裝茶葉之箱籠袋皮等應收檢驗必須經商檢局檢驗」，「扦過樣茶之包件，採樣員應逐加印識，並發給採樣憑單」，出現下列 7 種情況視為不合格：「一、品質低於標準茶者；二、著色及利用黏質物製造者；三、摻入雜葉、纖維、礦質或粉飾物質；四、有蒸薰煙臭或腐敗品者；五、綠茶、紅茶、花薰茶篩出粉末超過百分之五者；六、同號貨物品質參差不勻或混有尾箱者；七、包裝不良或有破損者。」〔註 29〕7 月 7 日公布《茶葉檢驗施行細則》，隨即一面諮行財政部轉務江海關遵照，一面令知上海商品檢驗局遵照實施檢驗。7 月 8 日，上海商品檢驗局開始檢驗出口茶葉，「凡出口或轉口運銷國外茶葉，須先遵照規程所定各項辦法，報請該局檢驗，認為合格，給予證書，方准報關出口，或轉口運銷海外。」〔註 30〕依據該標準，主要檢驗茶葉的形狀、色澤、水色、香氣、滋味、莖杆混合量等品質，用的方法是「立特」式顯微鏡檢驗和化學檢驗；包裝用的板箱錫罐，不得破壞及陳舊。為消除上海茶葉外商、各茶棧、安徽祁門及婺源等各處茶商的疑慮，上海商品檢驗局邀集一部分茶商代表到商檢局談話，對商人關於檢驗細則中洋商退茶、扦取樣茶、著色茶禁止出口等項詳加解釋，「除說明檢驗政策對於對於華茶改良之前途外，並希望茶商切實團結，俾便協同改良內地品質，擴充對外貿易及革除外商種種留難刻薄行為」〔註 31〕。對於一些洋莊茶商的反對，商檢局通過勸說，使他們明白茶葉檢驗主旨「直接制止茶葉之著色摻雜，間接督促茶葉之改良製造，以堅消費者之信仰，而圖競爭於國際市場」〔註 32〕。

〔註 28〕《申報》，1931 年 7 月 7 日，第 284 冊，第 184 頁。
〔註 29〕《實業部商品檢驗局茶葉檢驗規程》，載《工商半月刊》，第三卷，第十五號，1931 年 8 月。
〔註 30〕《申報》，1931 年 7 月 7 日，第 284 冊，第 184 頁。
〔註 31〕《申報》，1931 年 7 月 29 日，第 284 冊，第 756 頁。
〔註 32〕《申報》，1931 年 9 月 27 日，第 286 冊，第 749 頁。

（二）茶葉檢驗標準制定的循序漸進性——以著色茶檢驗標準為例

我國出口茶葉種類較多，品質差距較大，各國市場需求又不同，在著色茶上，美國、法國禁止進口，而非洲等國則習慣於銷售色茶，因此制訂茶葉檢驗時，考慮到要適應不同國家消費的需要，也兼顧國內生產的發展。檢驗標準通過實踐後，1931 年由吳覺農等人草擬了《出口茶葉檢驗規程》，經茶葉標準審委會通過，報實業部批准公布。首先由上海商品檢驗局對出口茶葉執行檢驗。為保證我國出口茶葉質量，國民政府分別於 1934 年、1936 年、1937 年三次對檢驗標準不斷調整和注進新的內容，使茶葉在品質、著色、水分、灰分、粉末、包裝等項上的檢驗標準有了更加明確的規定。以著色茶為例，根據標準，上海商品檢驗局不斷調整出口著色茶的檢驗要求，以期能初步取締著色茶。

中國出口茶葉，以上海為最多，上海「出口茶葉，綠茶占十之八，而著色茶又占十之七」〔註 33〕，著色茶所用色素有些是有毒物質，對人體有害，因此遭到不少歐美國家進口禁令。但因「我國開辦伊始，如即採取嚴厲方針，恐於本年貿易發生重大影響」，上海商品檢驗局為體恤商情，最後採取折衷辦法，「除積極取締劣茶、潮茶，及混用漿糊與土沙等茶葉外，此外得視其習慣與需要，由直接出口商人，申述理由後，得暫准通融出口」〔註 34〕，每年制定著色標準樣茶，逐年適當降低著色濃度，「以綠茶著色陋習已深，一旦欲其革除，深恐不易」〔註 35〕，又因為「一為茶商與茶棧互相推委；二為著色料之不易確定；三為著色茶之製造，大部分係由上海各炒茶棧所為，欲謀切實取締，須在根本上作種種準備，以免來年茶商等仍蹈故轍」〔註 36〕等原因，對著色茶採用逐漸禁絕的辦法，經部同意後，暫准「著色茶除不得運銷合眾國外，其他各處經茶商根據該地習慣，請求准予運銷時，得有本局酌定年限，呈部核准，暫准出口」〔註 37〕，同時，「擬充分研究茶葉自然之色澤與香味，派員赴歐非一帶，自動宣傳，改換其他非著色茶之樣品」〔註 38〕。1932 年，上海商品檢驗局就取締綠茶著色問題進行研究，根據法國於該年 7 月頒布的

〔註 33〕 《國際貿易導報》，1933 年 9 月，第五卷，第九號，第 203 頁。
〔註 34〕 《國際貿易導報》，1931 年 5 月，第二卷，第五號。
〔註 35〕 《國際貿易導報》，1933 年 9 月，第五卷，第九號，第 203 頁。
〔註 36〕 《國際貿易導報》，1932 年 11 月，第五卷，第十一號，第 297 頁。
〔註 37〕 《申報》，1931 年 7 月 7 日，第 284 冊，第 184 頁。
〔註 38〕 《申報》，1931 年 8 月 3 日，第 285 冊，第 71 頁。

《著色茶運入法屬地方規程》第 12 條「各種茶混合而成者，及用靛青薑黃滑石或石膏等色料著色之綠茶，不在禁銷之列」〔註 39〕，搜集著色茶習慣用的色料從事化驗，創製了無毒改良色料，由上海中外茶商先行試用，並派員赴安徽各縣及浙江紹興、溫州等地宣傳使用無毒色料。自 1933 年新茶上市起，茶葉檢驗項目除最低品質標準、水分、灰分等外，加訂有毒著色茶取締。為了規範著色茶使用的色料，「一方面制定茶葉著色標準。逐年減低色度，達到全不著色為止，一方面規定製茶著色，應概用改良色料，其舊用不良色料，應嚴屬禁止」，由上海製茶同業公會設廠製造商檢局發明的改良黃色色料，各地茶商一律使用，「該項色料，定價甚為低廉，過渡時代，得此解決，誠為我國茶葉上之一大佳音」，試用效果頗佳。〔註 40〕

　　1934 年 4 月，茶葉檢驗標準經過修訂，5 月 1 日正式實施，該項標準是由上海商品檢驗局和漢口商檢局召集富有茶葉學識經驗者所組成的茶葉標準審查委員會共同擬定。在標準較 1932 年有了提高，著色茶標準濃度較上年略輕，禁止用有毒色料製茶，採用可用改良色料著色。具體取締辦法是：「一、凡商人報驗著色茶，驗所用之色料；二、茶葉著色過濃，與制定之著色標準相同，或更重者，禁止出口；三、凡使用含有鉛、銅、砒、鉻、鋇、鎘等金屬（如習用之淡黃、三魚黃、義記黃及砂綠等）及其他無機或有機質之有毒色料者，禁止出口」。從該年起，「如茶商不得已須將茶葉著色，應一律改用改良無毒黃色料，其舊用不良色料，絕對禁止再用，倘有故違，一經驗出，當嚴屬禁止出口。」〔註 41〕1936 年修訂的茶葉檢驗標準，重點規定了茶箱取締辦法，「茶箱要加釘拐角，箱內鉛箱上表糊厚紙，使茶葉與鉛質不致接觸，箱上標明茶葉品名、產地、重量、採製日期。」〔註 42〕在著色茶取締辦法上與 1934 年的標準相比，不同點在於要求茶商報驗時，「須將所著色料之名稱，詳細填明，必要時，得令呈驗所用之色料」〔註 43〕，為積極採用改良黃色色料，「必要時，擬於當地政府合作，一面訓練檢驗人員若干，分赴各地指導」〔註 44〕。1937 年在新茶登場時，為利於茶葉在國外得推銷，此次修訂標準主

〔註 39〕　《國際貿易導報》，1933 年 11 月，第五卷，第十一號，第 297 頁。
〔註 40〕　《申報》，1934 年 4 月 11 日，第 315 冊，第 305 頁。
〔註 41〕　《申報》，1934 年 4 月 19 日，第 315 冊，第 549 頁。
〔註 42〕　《申報》，1936 年 2 月 11 日，第 337 冊，第 285 頁。
〔註 43〕　《申報》，1936 年 4 月 1 日，第 339 冊，第 13 頁。
〔註 44〕　《申報》，1936 年 4 月 2 日，第 339 冊，第 44 頁。

要明確規定茶葉在品質、水分、灰分、裝箱等方面的要求，著色茶要求與上年標準相比未作調整。

由於茶葉檢驗標準制訂的循序漸進性、因地制宜性，在取締有毒著色茶上也漸收效果，「著色茶最高標準，經數年來取締結果，極濃之著色茶，已見減少」〔註45〕華茶對外貿易銷量不致一路下滑，「1936 年華茶由上海出口（包括漢口茶由滬轉口在內）總數為 29,717,476 擔，雖較 1934 年尚遠差 73000 餘擔，但較 1935 年則增加 6800 餘擔，足見華茶對外輸出已轉向蘇醒之途。至就各種茶葉之輸出狀況而言，紅綠茶及其他之茶之出口，均較 1935 年增加，尤以綠茶增數為最多」。其中綠茶輸出地以非洲為最旺，非洲「在近日固為在中國綠茶唯一稍納市場，觀其開展，亦正方興而未艾」〔註46〕。

（三）建立提高茶葉品質的監督管理部門

上海商品檢驗局在屬行出口茶葉檢驗的同時，為進一步提高茶葉品質，積極提倡茶葉產地檢驗，加強對產地茶廠加工過程的監督和技術指導，把出口檢驗與產地檢驗聯成一個系統，並開展調查考察和科學研究。1932 年 9 月，上海商品檢驗局聯絡湖南省立茶葉試驗場、安徽省立茶葉改良場分別擔任各項紅綠茶的改良工作，並與實業部中央農業實驗所、漢口商品檢驗局聯合將江西修水振植茶場收買，改設公立茶葉改良場，「以圖製品之改進，為挽救華茶之先決問題。」〔註47〕該改良場注重從生產上提高茶葉品質，通過一系列試驗、調查來研究改良種植和科學的製焙方法，並切實指導茶農，督促改進。以茶葉品質比較試驗為例，對大葉、尖葉、圓葉、柳葉四個品種在形狀、光澤、水色、香氣、滋味等方面明確品質高低，有利於茶農能及時採摘到相應品種的高品質茶葉。在茶葉調查報告中最具有參考和指導意義的是吳覺農、胡浩川編寫的《中國茶葉復興計劃》（商務印書館 1935 年發行）一書，該書是根據吳覺農等在安徽、浙江、福建、江西等省調查的茶葉生產資料編寫而成，對當時茶葉改革和發展提供了比較可靠的依據。

出口茶葉檢驗提高了華茶在國際市場上的聲響，但檢驗是在茶葉出口前實行的，僅與出口茶商發生直接關係，對於還要經過六七層中間人的內地生

〔註45〕 《申報》，1936 年 6 月 16 日，第 341 冊，第 411 頁。
〔註46〕 《申報》，1937 年 2 月 19 日，第 349 冊，第 361 頁。
〔註47〕 《實業部上海商品檢驗局、中央農業實驗所、漢口商品檢驗局合辦茶業改良場成立一年來之工作概況》，上海商品檢驗局等編輯出版，1934 年。

產者而言，卻還不明白出口茶葉檢驗的原因和標準。等到出口檢驗時，遇有品質、包裝、著色等不合標準者被禁止後，損失只能由出口茶商承擔。鑒於此，茶葉出口商要求實施茶葉產地檢驗，「良以產地檢驗實施後，不但可補出口檢驗之不足，且可就近指導茶農茶廠之採製，俾品質得以提高、包裝得以改良、著色得以取締、粗製濫造攙雜攙偽之風得以除滅。」〔註48〕1936 年 5 月，實業部為改良國產起見，組織成立國產檢驗委員會，該會成立後即著令上海商品檢驗局辦理茶葉產地檢驗，成立茶區產地檢驗委員會，由吳覺農負責，「此種茶區產地檢驗在國內尚屬創舉」〔註49〕，這不只是產地和出口檢驗結合，而是使檢驗由消極檢查變為對茶葉生產的一種積極推動和指導。上海商品檢驗局派技術人員首先在安徽祁門紅茶區和屯溪綠茶區先行試辦，檢驗項目以包裝著色為主，品質攙雜為副，合格者給予產地檢驗證書，不合格者除了不給證書外，還通令皖贛紅茶運銷委員會不予裝運。祁紅區 5 月開始，6 月完成；屯綠區 7 月開始，9 月中旬完成，在上海商品檢驗局工作人員和當地相關機構的合作指導下，此次茶葉產地檢驗取得了圓滿結果。同年 12 月，國產檢驗委員會為監理茶葉產地檢驗事務，在上海成立茶葉產地檢驗監理處，上海商品檢驗局局長蔡無忌兼任處長，技正吳覺農兼任副處長，擇定在安徽、江西、浙江、福建及上海市重要產茶製茶區域各設辦事處辦理產地檢驗事務。1937 年 1 月，先後在浙江的平水、溫州，安徽的祁門、屯溪、至德，江西修水、婺源，福建省福州、福鼎等主要茶區設置茶葉產地檢驗辦事處，檢驗不收任何費用，檢驗經費「除由部撥專款外，餘由委員會經費內撥支」〔註50〕，檢驗方針是「綠茶區暫以改良包裝及取締著色為主；紅茶區則除包裝外，又施行水分檢驗及品質檢驗」〔註51〕。檢驗的茶葉採取標識加封印記區別，「凡已經產地檢驗合格之茶葉輸出國外時，應檢同原領產地檢驗合格證書報請輸出口岸，實業部商品檢驗局依法驗發出口證書」〔註52〕「產地驗訖」，有效期為 6 個月。在產地檢驗初見成效後，上海商品檢驗局以「肇端既始，雛形已

〔註48〕《申報》，1937 年 4 月 8 日，第 351 冊，第 189 頁。
〔註49〕《申報》，1936 年 6 月 17 日，第 341 冊，第 439 頁。
〔註50〕《茶葉產地檢驗監理處暫行章程》，1937 年 1 月。全宗號：四二二，案卷號：1，目錄號：9，中國第二歷史檔案館藏。
〔註51〕《申報》，1937 年 4 月 8 日，第 351 冊，第 189 頁。
〔註52〕《茶葉產地檢驗規程草案及施行細則》，1937 年 3 月。全宗號：四二二，案卷號：3，目錄號：9，中國第二歷史檔案館藏。

具，今後循序而進，推及其他重要商品，當不難順利著手」〔註53〕，計劃對
其他檢驗商品也實行這種檢驗制度。1937 年上海淪陷後，上海商品檢驗局被
迫停辦，茶葉出口檢驗和產地檢驗工作無法繼續進行，監理處也即告結束。

　　產地檢驗與出口檢驗不同在於：出口檢驗依據檢驗標準，合格者給予報
關出口，不合格者禁止出口，只准運銷國內；產地檢驗則不管出口還是內銷，
所有茶葉一律須經過檢驗後才准自由出售，範圍包括了出口和內銷的茶葉。
這種檢驗方式在茶葉焙製和生產過程中依據標準檢驗，能有效制止劣質茶葉
的銷售，也能有效增強對茶葉生產和製作的監督和管理。

三、茶檢新政對茶葉貿易的影響

　　十九世紀上半葉，華茶在世界茶葉市場雖然處獨一無二的地位，但其國
際貿易實際被英國操縱，中國出口茶葉不但在國外貿易不能自主，甚至在上
海、漢口等國內各通商口岸的交易也由外人把持，「凡品茶評價，悉聽外人任
意操縱，我國茶商不敢稍有左右」〔註54〕，中國茶商由內地運茶至通商口岸
售與洋行，再由洋船轉運至外國銷售，在這中間充當的只不過是販茶經紀人
的角色。華茶在國外市場銷售之前，就算出現「至於攙雜劣茶，其弊實出於
洋商，非出於華商」的事實，也只能悲哀地歡息，而當外人「反斥華茶有害
衛生，所謂作賊之人誣人為賊」時，華茶也無力作出反抗，只能以犧牲部分
市場為代價。〔註55〕

　　在上海商品檢驗局實施檢驗之初曾發函歐美各國，尋求他們對中國商品
的意見，德國商會對於中國茶葉的看法是：「從五十年與中國貿易經驗上看起
來，可以曉得此項交易，雙方都受很大損失，可惜中國商人很不重視，我們
很引為缺憾的，實因中國商人善用其欺詐手段，假如對於這樣弊病能夠注意
改革滿，那麼中國對外貿易一定可以很發達了。」〔註56〕可見商人在茶葉銷
售中的攙雜作偽行為損害了華茶國際聲譽，影響了中國茶葉的對外貿易。「夫
一國舉辦檢政之目的，直接所以提高商品之品質，間接即所以促進國際貿易

〔註53〕《國際貿易導報》，1937 年 1 月，第九卷，第一號。
〔註54〕吳覺農：《改良中國茶葉芻議》，《國際貿易導報》，第二卷，第 5 號，1931 年
　　　　5 月，第 14 頁。
〔註55〕《安徽茶商單致中改良華茶說略》，《東方雜誌》，第 6 卷，第 10 號，1909 年
　　　　9 月。
〔註56〕《民國日報》，1930 年 2 月 4 日，第 84 冊，第 426 頁。

之發展」〔註 57〕，看來要提高茶葉質量，促進華茶的國際貿易，挽回華茶聲譽，必須得實施出口茶葉檢驗。上海商品檢驗局實施茶葉檢驗後，嚴厲禁止劣質茶出口，只有經檢驗合格的茶葉才能運銷國外，隨後為從根本上制止劣質茶產生的根源，在主要產茶區辦理茶葉產地檢驗，與其他部門合作辦理茶葉改良試驗場，儘管由於諸多因素的影響，「自 1918 年至 1933 年止，是華茶對外貿易之衰頹時期」〔註 58〕，二十世紀二十年代以後的華茶出口貿易直至解放前再也沒有恢復昔日的光彩，但上海商品檢驗局的茶葉檢驗對華茶出口貿易的復興還是作了努力和探索的。

（一）茶葉檢驗對於茶葉貿易各方的影響

首先看茶葉檢驗對茶農的影響。茶農是茶葉的種植者，以自耕農為多，耕種田地是他們的主業，植茶則為副業，對茶樹培植，只在莊稼餘暇為之，由於技術生產的落後和意識的狹隘，不知改良種植管理方法，無法提供優良之鮮葉原料。茶葉檢驗開始後，上海商品檢驗局在檢驗各產茶區與中央茶葉試驗場合作研究，指導茶農茶商改善焙製方法；為從根本上制止茶葉生產中的不良行為，又辦理茶葉產地檢驗，產地檢驗實施前，雖有對各產地的茶葉產製情況作了調查，但調查資料大都由當地茶葉界人士提供，對於所存在的積弊問題，並不能詳盡闡述，如上海市茶價先高後抑，「內地茶號有搶做惡習，致茶農所出餿、酸、潮濕、煙薰曬胚等貨，只須趕先，都有茶號搶收，而品質優良之高山貨及身份乾燥之毛胚，往往因出芽較遲，不及開秤售出，反不能得善價而沽，品質於是日劣」。產地檢驗實施後，「與茶農發生直接關係，經長時間之接觸，從多方之探討所知較詳」〔註 59〕。原來那種「雖經政府三令五申，警告茶號不得故意殺價，但茶號置若罔聞，嗣後經軍政二方施行壓力，茶號始共議公買。對於毛茶品質則故意排剔，亦不予全部收買，故茶農作集茶號門前，爭先恐後，其狀至慘」的現象，〔註 60〕經產地檢驗處派員監視，對毛茶品質及乾濕度作仲裁評判後，茶號惶恐之風才得以平息；而茶箱也由產地檢驗員依法採樣檢驗，茶號亦有所警惕，不敢放肆。對茶農的生產

〔註57〕國民黨中央黨部經濟計劃委員會：《十年來之中國經濟建設》，扶輪日報社，1937 年，第 130 頁。
〔註58〕吳覺農、胡浩川著：《中國茶葉復興計劃》，商務印書館 1935 發行，第 78 頁。
〔註59〕《國際貿易導報》，第八卷，第九號，1936 年 9 月，第 182 頁。
〔註60〕《國際貿易導報》，第八卷，第五號，1936 年 5 月，第 222 頁。

指導和產地檢驗，一方面有利於製茶品質的改進，且有殊大之收效，另一方面，減少了茶農在賣茶過程中受到的盤剝，維護了茶農的利益。

其次看茶葉檢驗對茶商的影響。茶商包括茶販、茶莊商人即茶號、出口茶商，「茶號主持者大抵為當地略有資望之鄉紳，或為小資產階級之地主，及知識階級之小學教師，平時或另有職業，或無所事事，在茶季開始前，即行活躍，憑其資望，設法貸款，開始營業，其對茶農茶工為剝削者，是為茶號之普遍立場，其從事茶業，含有投機性質者居多，確有茶葉經驗而能職業化者，實屬少數，故每年茶號有極大之變更。」〔註61〕由於茶號無固定形式，大都臨時合資設立，多少有些投機性質，「掌號者又都不諳茶之優劣，毫無製茶常識，只需經濟大權在握，便可為所欲為，循致人心不齊」，〔註62〕因種種不良制度與傳統習慣，茶號和茶農間，竟視若水火，茶號方以大秤、殺價、陋規等方法剝削茶農，茶農以粗枝老葉潮茶搪塞茶號。茶葉產地檢驗實施後先以茶號為對象，「努力使良好原料，不因製茶之疏忽而變劣，並檢驗工廠設備，防患於茶未製之前，監督均堆，阻止有酸劣雜末攙入茶內。改良包裝，使合堅固原則，登記烘茶師傅，以為獎罰訓練之初步，採樣泡驗，以繩出口標準，測驗水分，免在海運中發生黴壞。」〔註63〕上海商品檢驗局對出口茶葉的生產指導和檢驗，必然限制了一些不法商販的狡詐行為，改良了茶葉品質，從長遠眼光上看，能增加國際市場對中國茶葉的品質認可度，為華茶前途的革新帶來了希望，茶葉對外貿易銷路有了推廣對茶商來說無疑是好事。

最後是茶葉檢驗對消費者的影響。消費者包括國內消費者和國外消費者，雖然茶葉檢驗主要是針對出口茶葉，但由於產地檢驗從生產和加工過程中即限制了劣質茶的出現，可以想像到國內消費者購買到劣質茶的機率必大大降低。考慮到國外對著色茶的禁止和取締著色華茶非能一蹴而就的因素，上海商品檢驗局先取締有毒著色茶，令研究人員發明無毒黃色色料，代替有毒色料，由茶商集資承辦，受上海商品檢驗局指導和監督，「奈近來內地茶商仍陽奉陰違」，商檢局即召集茶商會議，議定黃粉推銷辦法，要求茶商一致使用，「是後，如有違令，仍用有毒色料者，一經查出，亦將不令出口」〔註64〕，這保證了出口著色茶飲用的安全性。總體而言，任何一種商品質量在嚴格檢

〔註61〕《國際貿易導報》，第八卷，第十一號，1936 年 11 月，第 123 頁。
〔註62〕《國際貿易導報》，第八卷，第九號，1936 年 9 月，第 182 頁。
〔註63〕《國際貿易導報》，第八卷，第十一號，1936 年 11 月，第 121 頁。
〔註64〕《申報》，1936 年 4 月 1 日，第 339 冊，第 13 頁。

驗後被消費者使用，對消費者來說必是勿庸置疑的好事，茶葉也是如此。

（二）茶葉檢驗對華茶外貿的作用

「商品檢驗與國際貿易關係甚為重要，必須國內商品改進，而後有發展國際貿易可言，是以國際貿易事業能否發展，當視商品檢驗局之發展為其基礎」〔註65〕，上海商品檢驗局茶葉檢驗為這一時期華茶外貿作出了重要作用。

1、為華茶復興提供了機遇。第一次世界大戰後，華茶外有印度、錫蘭茶葉的競爭和日本對華茶外蒙古和蘇聯市場的蠶食，加之茶農茶商不知改良，致「國外購者，常有煩言」〔註66〕，到 20 世紀 20 年代，華茶已經失去了昔日光彩。上海商品檢驗局針對「華茶失敗的原因在茶農商不知改良及銷茶國不明華茶優點」〔註67〕，通過調查研究，在產茶區作促進茶農茶商改良茶質的宣傳，辦理茶葉產地檢驗、茶葉改良試驗場，與國際貿易局等單位聯合，在歐美各國作華茶優點和改革的宣傳，這些為華茶的復興創造了條件。

2、增強了華茶國際認可度，促進了茶葉外貿的發展。上海商品檢驗局自成立後，對出口商品檢驗素極謹嚴，而對於出口茶葉檢驗更為重視，非經檢驗合格，不予出口，故華茶品質得逐漸改善。據駐美惠靈頓領事館報告：「輸往紐約絲綸茶葉，向由該地衛生局檢驗，認為合格者，始准出賣，否則，不准出售，並罰款繳費一鎊一先令，即准發賣，亦只限定售於華人飲用。我僑商以此種辦法，於我國茶葉對外貿易遭受莫大損失，且足使以往華茶聲譽低落，際此我國推廣國際貿易時，此項苛例，自難容其繼續存在。以我國茶葉既經政府設局檢驗合格，始准出口，來紐華茶實無再行檢驗必要，經與紐政府交涉，請將入口華茶，免予檢驗，並准自由發賣，不受特別限制，已經紐政府函覆，嗣後入口華茶，凡經我檢驗合格，持有證書可憑者，免予檢驗，並不再限售於華人。」〔註68〕紐約政府對進口華茶予以免驗，證實茶葉檢驗的效果和有效性已取得了一定成績，「1934 年茶葉出口數量為萬擔，曾一度又在全國出口總值中躍居首位」〔註69〕，這裡雖然有其他因素的作用，但如果沒有出口茶葉的檢驗，很難保證還會有這樣的成績。

〔註65〕《申報》，1936 年 3 月 31 日，第 338 冊，第 775 頁。
〔註64〕《國際貿易導報》，第八卷，第九號，1936 年 9 月，第 182 頁。
〔註67〕吳覺農：《改良中國茶葉芻議》，《國際貿易導報》，第二卷，第 5 號，1931 年 5 月，第 14 頁。
〔註68〕《國際貿易導報》，第八卷，第九號，1936 年 9 月，第 183 頁。
〔註69〕陳椽：《茶業通史》，農業出版社 1984 年版，第 485 頁。

　　雖然茶葉檢驗有利於華茶外銷，但由於是在 20 世紀 30 年代這樣一個特殊的歷史時期，國內外環境發生重大變化，國內正遭受外敵入侵，日本帝國主義發動的侵華戰爭，控制了中國大部分地區，動亂的戰爭局勢擾亂了經濟發展的環境。國外資本主義各國剛剛走出經濟大危機的困擾，又捲入德意法西斯反動戰爭的漩渦。華茶的世界市場極不平靜，有戰爭的阻礙，也有別國茶葉的劇烈競爭，許多國家採取貿易統制政策限制入口，對華茶入口的關稅的提高足以影響華茶銷路，如 1934 年 3 月法國公布了修改茶葉關稅，「新舊稅率比較，單位每百公斤進口稅為舊制三百五十三法郎，新制七百七十五法郎，附加稅舊制為值百抽七，總計舊制為七百餘法郎，而新制則增至一千一百法郎以上」〔註 70〕，致使包括茶葉在內的中國出口商品貿易總值一直處於入超地位。

〔註 70〕章有義：《中國近代農業史資料（1927～1937）》，第三輯，三聯書店 1957 年版，第 399 頁。

結語：上海商品檢驗局在中國商檢史上的地位

　　上海商品檢驗局是在鄒秉文、蔡無忌等一些有識之士為促進中國的出口貿易，增強中國在世界上的競爭能力而多方呼籲和奔走之下，於 1929 年初正式設立起來的，是中國第一家進出口商品綜合性品質管制機構。自此，中國人自己可以對進出口商品進行檢驗，這在中國是開創性的工作，它標誌著中國商檢事業的開端。

　　作為近代中國由政府組織設立的權威性的商檢機構，上海商品檢驗局起碼有四個方面的「最」：1、成立時間最早。1929 年 3 月正式成立，4 月 1 日開始對出口棉花進行檢驗。而漢口、青島、天津、廣州四局成立的時間則晚些，分別是 1929 年 6 月、7 月、8 月和 1930 年 6 月。2、規模最大。檢驗業務上以上海商品檢驗局檢驗商品種類最多，有 30 項之多；相比較而言，漢口、青島、天津、廣州四商檢局檢驗商品種類都不超過 20 項。在檢驗監管的範圍上，上海商品檢驗局主要負責除上海外，還包括江蘇、浙江、安徽、江西等，其他四局所負責的轄區都不及它。在承擔的研究任務上也超過其餘四局。3、人才技術制度等方面最為一流。由於它在成立時間上的超前性和所處地理位置的重要性，受到國民政府的充分重視，聚集了鄒秉文、蔡無忌、繆鍾秀、吳覺農、陳舜耘、張景歐、程紹迥等當時國內一流人才，這些人後來都成為各自研究領域裏的權威專家，正式他們填補了中國早期商檢事業在制度法規上的空白，成就了商檢業務工作真實有效的實施和開展，為新中國的商檢事業做了必要前提和準備。4、組織最為穩定。上海商品檢驗局內部組織在抗戰前基本沒發生變

化，在業務內容不斷增加和豐富的基礎上形成了五大檢驗部門，人事上以局長為例，僅換過一任，其他四局除漢局外，局長寶座三易乃至四易其主。這些特點決定了上海商品檢驗局的建立有著重要的歷史意義和現實意義。

第一，上海商品檢驗局的建立，首先打破了外國人創辦和控制中國檢驗機構的局面，初步建立了中國商檢事業的基本體系和制度鴉片戰爭後中國被迫門戶開放，對外貿易方式已不可能恢復為傳統的朝貢貿易，中國成為資本主義各國進行國際貿易爭相角逐的市場。作為現代國際貿易中不可或缺的重要環節，為了確保進出口貿易的正常進行，許多外國檢驗鑒定公司專職化驗員和外國輪船公司在中國建立各種檢驗鑒定機構，以上海最早和最多，這些外國公證行在中國辦理業務時往往偏袒外商，加之他們所控制的海關權，中國商人在對外貿易中的合法利益很難得到維護。為了保護自身的利益，一些地方官員和華商在上海辦理了各種專門的商檢機構，但由於處在特殊的時代背景，這些華商商檢機構最終無法很好地完成歷史使命。維護中國對外貿易權利歸根到底還需要國家政府的出力，南京國民政府在形式上統一全國後開始致力於經濟建設，在一些有識之士的呼籲和奔走下，由中央政府組織建立的中國近代第一個國家性質的商檢機構於 1929 年在上海正式建立，和隨後成立的漢口商檢局、青島商檢局、天津商檢局、廣州商檢局共同填補了中國商檢事業在制度、法規、業務管理等方面的空白。

其一，在領導體制上，建立了中華民國中央政府直接領導和主管的管理體制。中央政府下設以上海商品檢驗局為首要的五大商品檢驗局，辦理商檢業務，有了比較嚴格統一的組織結構，形成中央集權的領導體制。同時，根據「全國各省市及通商口岸，不得私自設立或地方政府設立與中央法令牴觸的檢驗機關」〔註1〕的規定，取消和停辦了一些私立或地方政府設立的檢驗機構，維護了領導管理體制的統一性、獨立性。上海商品檢驗局成立後相繼接收了上海棉花檢驗所、萬國生絲檢驗所、國立牲腸出口檢查所、出口肉類檢驗所等，這有利於中央政府統一領導管理商品檢驗局面的形成。

其二，在法規體系上，南京國民政府先後於 1928 年 12 月和 1932 年 12 月頒布了《商品出口檢驗暫行規則》和《商品檢驗法》，各項檢驗開始後在實踐的基礎上改進和完善各項商品檢驗的細則條例，從法律的角度規定了中國商檢的

〔註1〕沈國謹編：《我國商品檢驗的史實》，實業部商業研究室 1934 年 8 月發行，第 25 頁。

目的、任務、性質、職責範圍和各類商品檢驗的具體規定，在法律法規上逐漸完備，使各商檢局有了全國統一的法律準繩和檢驗標準。上海商品檢驗局在提供法規完善和細則制定上發揮了重要作用，如《上海商品檢驗局棉花檢驗細則》、《上海商品檢驗局生絲檢驗細則》、《上海商品檢驗局牲畜正副產品檢驗細則》等都是國民政府在公布這些商品檢驗法定細則時的主要參考來源。雖然法律體系不很完善，但當時還是起到了一定的指導作用，促進了對外貿易的發展。

其三，在業務管理上，各商檢局基本上都是綜合性的檢驗機構，商檢局本著「應商業化而非官僚化」的辦事方式，做到官商無隔閡，力求「志在為商人謀福利，不當以官自居，致導舊時機關之陋習。」〔註2〕體現了商檢局體恤商民苦衷的精神。在工作性質上不僅僅侷限於管轄範圍內進出口商品的檢驗，它的業務拓展性比較廣，有調查、研究、宣傳、培養人才等，以上海商品檢驗局最具特點，如上海商品檢驗局與有關單位合辦的獸醫專科學校，合辦茶葉改良場等。血清製造方面，繼上海商品檢驗局創建了血清製造所後，全國各地陸續建立了一批獸醫生物藥品製造機構，如1936年的成都四川家畜保育所血清製造室、1937年的南京中央農業實驗所抗豬瘟血清製造室等等，都是在蔡無忌、程紹迥等獸醫專家的組織和指導下實現的，這些都說明了中國現代畜牧獸醫事業開始起步，同時又推動了我國獸醫生物藥品製造事業的發展，更培養了一批生產技術人才。檢驗的商品從出口商品逐步發展到種畜、種禽、蜂種、蠶種，以及化肥、酒精，食糖等進口產品，雖然這一時期的商檢規模和整體功能都比較弱小，但為維護我國出口商品的聲譽和經濟權益做出了貢獻，也為新中國商檢事業的建立和發展在體系和制度上奠定了基礎。

第二，上海商品檢驗局的商檢工作有助於提高中國商品出口能力，維護中國對外貿易中的合法權益，一定程度上能增強了我國商品在國際市場的競爭力。

1929年以前，上海口岸進出口貿易商品檢驗權利主要操縱在外國公證行，即賣方手中，他們主要是為最大程度向中國輸入本國工業品和從中國輸出原材料服務，而中國工業製成品、半製成品因傳統生產製作中的不良行為及沒有專門法定檢驗機構出具的檢驗證書，很難獲得國際市場認可，結果使中國陷入對外貿易入超泥潭越來越深。1928年，南京國民政府決定在各通商口岸設立商品檢驗機構，由中央政府組織領導商品檢驗工作。1929年，上海、漢

〔註2〕工商部商業司通商科編輯：《全國商品檢驗會議彙編》，1930年6月，第15頁。

口、青島、天津等口岸商檢局相繼成立，其所頒發的商檢證書讓中國商品能夠順利通過海關檢查而打入國際市場，這有助於提高中國商品出口能力。實踐證明，中國商檢工作開始後，那些頒布禁止中國商品進口的國家紛紛解除了禁令。儘管由於所處時代的侷限性，中國對外貿易一直處於入超地位的狀態沒有發生根本改變，但因商品檢驗而給中國商品在國際貿易所發生的變化是可以想像的到的。

首先，在有通關作用的商檢證書證明下，外國不能再有禁止中國商品進口的藉口，上海商品檢驗局出具的檢驗證書首先發揮了這一歷史作用。其次，上海商品檢驗局在屬行檢驗工作的時候，要求商人必須在商品輸入或輸出之前，向商檢局報驗，經檢驗合格者，發給檢驗證書，不合格者嚴格限制輸入或輸出，它所開創的產地檢驗和檢驗監理處，把對出口商品的品質把關延伸到生產的源頭，這無疑有助於提高了出口商品品質和使用安全。再次，保護了中國商人的合法權益。商檢局建立前，經常發生中國商人運銷商品到外國後，被要求接受檢驗，往往要支付龐大檢驗費額，更有甚者，遇到絕對禁止銷售的情況，商人要承受巨大人力物力損失。商檢局成立後，「至多不得逾該商品市價千分之三」〔註3〕的規定，向廣大商民傳達了檢驗局重檢驗不重稅收的宗旨，檢驗局顧名思義當以認真檢驗為唯一目的，其主要職責是通過檢驗使各種商品都能依據標準輸入各國，增加中國商品在國際市場上的信譽，至於徵收檢驗費「僅以對於檢驗技術用費，聊資補助之意，並非國家徵收物稅可比故。」〔註4〕上海商品檢驗局在檢費收取上嚴格遵循「市價千分之三」標準，大大減輕了商人的負擔，保護了商民的利益。最後，國民政府在制訂各項檢驗細則前，先組織專門商檢人才在結合外國法規標準、貿易實際和傳統習慣的基礎上草擬的，並在實踐過程中不斷修改完善，這樣法規標準檢驗出的商品必然符合外國消費者的消費需求，從而增強了出口商品的市場競爭力。上海商品檢驗局在國民政府制定檢驗細則時提供了主要的人才來源和決策依據，如鄒秉文、蔡無忌是中國早期商檢立法的主要參與者，上海商品檢驗局通過廣泛的調查把獲取的國際國內貿易商情提供給國民政府，這就能保證檢驗細則的切實可行性。

〔註3〕沈國謹編：《我國商品檢驗的史實》，實業部商業研究室1934年8月發行，第89頁。

〔註4〕工商部商業司通商科編輯：《全國商品檢驗會議彙編》，1930年6月，第15頁。

第三，上海商品檢驗局的建立在制度上初步實現了中國檢驗檢疫事業與國際接軌，為中國商檢事業的起步奠定了基礎。

上海商品檢驗局的建立首先實現了中國檢驗檢疫事業與國際的接軌。自16 世紀法國建立了世界上第一個商品檢驗機構後，許多資本主義國家都成立了進出口商品檢驗機構，頒布檢驗法令，對進出口商品的質量提出了嚴格要求。鴉片戰爭失敗後，隨著資本主義的入侵，外國檢驗檢疫工作也傳入中國。到中華國民時期，南京國民政府為形勢所迫，開始重視進出口商品的檢驗工作。無論檢驗標準，檢驗技術還是管理措施都積極取法於外國，這使得中國檢驗檢疫業務工作在很大程度上一開始就和國際接軌，在實際情形下也必須和國際接軌，符合國際需要，符合國際通行規則。原因很簡單，商品的檢驗如果不按照進口國的標準和合同要求檢驗，根本不可能出口的。在檢政建設中，上海商品檢驗局充分考慮到檢驗事業如何與國際接軌，從人才、技術設備、標準制定可看出這一點。

抗日戰爭爆發前近十年雖是中國商檢事業的開始起步階段，但因為有政府的支持和鼓勵，在一批有識之士人才的努力下，中國商檢事業初具形態和規模，可以說就是這近十年的商檢實踐奠定了新中國商檢工作的基礎。因為抗戰勝利後，由於日本侵華戰爭的破壞，大部分檢驗儀器設備和文件檔案損失嚴重，加上國民政府忙於內戰，混亂的經濟秩序和政治秩序使得整個商檢事業從抗戰勝利到全國解放幾乎沒有任何進展，甚至還出現了倒退，檢驗品種和能力大為減少。但新中國成立後，商檢事業很快得到恢復和發展，其有利條件是通過接收了國民政府舊商檢局實現的，一大批優秀的商檢人才開始投入到新中國商檢事業的懷抱。上海解放後，蔡無忌繼續被任命為上海商品檢驗局局長，1949～1966 年，先後擔任華東局貿易部上海商品檢驗局局長、對外貿易部商品檢驗總局副局長。1953 年，由蔡無忌主持起草了《中華人民共和國輸出輸入商品檢驗暫行條例》，使我國逐步在國際貿易界樹立了中國商檢的信譽，維護了我國的主權，促進了外貿的發展。這說明解放前的商檢工作為新中國商檢事業的發展從規章制度、人才培養、對外貿易業務等方面奠定了基礎。

第四，上海商品檢驗局的建立為新中國商檢事業的發展提供了經驗和教訓。

首先，大量外國私營公證行的存在，阻撓了上海商品檢驗局獨立行使檢

驗權。在半殖民地半封建的舊中國，上海口岸洋行林立，外國檢驗鑒定機構一直沒有停止公證鑒定業務工作，直至 1949 年解放前，上海有各類外商公證行達 15 家之多。在外國人控制主要對外行政機關的情況下，上海商品檢驗局檢驗的法律地位正統但不主流，無法行使獨立完整的檢驗鑒定權力，「檢驗證書只能在國內市場和出口通關時使用，始終未能在國際市場中發揮應有的作用，」〔註5〕這說明沒有國家和民族的獨立，獨立有效的行使法律權力是很難實現。

其次是檢驗的種類、範圍、技術都有限。上海商品檢驗局的開創對中國商檢事業有篳路藍縷之功，但作為一種新的經濟制度，它還處於起步創製階段，有許多不完善之處：一、檢驗種類和範圍十分有限，以檢驗出口商品為主，內銷商品的檢驗僅限於棉花和桐油兩項，由此出現的缺點是側重外銷，忽略內銷；檢驗工作多限於取締摻雜作偽；出口檢驗均是一些初級農畜產品和經過粗加工的生產原料和半製成品，進口商品檢驗種類除了對植物產品的檢疫以外，其他侷限於化肥、糖品、火酒等少數產品，檢驗範圍上除了茶葉等少數商品有產地檢驗外，絕大多數主要是品質和簡單的包裝檢驗，檢驗管理和監督檢查做的不夠，還沒有形成系統理論的檢驗程序和方法；二、檢驗技術上，設局之初，雖然從國外購置了當時最先進的檢驗儀器，引進了一批高素質人才，但由於缺少自主研發檢驗設備的中堅力量，加上人才的流失，這期間技術水平總的說來並沒有完全脫離「眼看、手摸、鼻聞、口嘗」的感觀檢驗階段。

再次是外敵入侵打斷了檢驗進程。1937 年「八一三」事變後，上海淪陷，沒有安定的政治和經濟環境，上海商品檢驗局發展中的商檢事業被迫停止，工作人員撤離到外地，各處物資也轉移到租界隱藏起來，直到抗戰勝利後才復局。1929 年到 1937 年是上海商品檢驗局初創時期，儘管由於時代和階級的侷限性，它在檢驗業務開展上沒有完成「工業生產的發達」、「國際商業的鬥爭」、「公共事業的發展」的使命，但它的建立和發展，卻標誌著近代中國商檢事業的開端。

在這短短 8 年時間內，上海商品檢驗局使中國商檢事業經歷了從空白到起步，再到初步發展的進程，展現了在資本主義時代背景下，中國各項制度

〔註5〕《上海商檢志》編纂委員會編：《上海商檢志》，上海社會科學院出版社 1999 年版，第 492 頁。

建設與國際接軌的必然性。雖然中國建立了對外貿易管理中必要的商品檢驗制度，但由於身處半殖民地半封建的國家環境中，商品檢驗對改變中國外貿入超狀況並沒有發揮多大實際作用。上海商品檢驗局早期建立情形啟示我們：商品檢驗是當今國際貿易普遍法則，作為貿易第三方身份的商檢局是聯繫買賣雙方的公證人，商檢作為國際貿易的必然產物，其權威性必然受到國家綜合國力的影響。因此，獨立、富強的國家地位，集中、統一的商檢體系，完備適時的規章制度和檢驗標準、井然有序的國際貿易秩序，優秀、專業的商檢人才，有效的貿易管制體制是發揮中國商檢法律作用的必要條件。這對於我國加入世界貿易組織後開展國際經貿活動，遏制貿易技術壁壘，參與國際貿易競爭與合作，是值得借鑒的寶貴歷史經驗。

下編：上海商品檢驗局重要研究
資料簡編（1929～1937）

一、中國第二歷史檔案館館藏有關上海商品檢驗局檔案摘抄

（一）工商部商品檢驗局組織條例附商品檢驗條例案

1929 年 2 月

為提倡事。查一國商品之良窳，每與國際貿易信用及商品價值有深切之關係。本部職掌工商行政，凡能增進工商利益之事，無不銳意舉辦，期其發揚興盛，故對於出口商品一項，曾根據本部組織法第九條第四款之規定，擬具商品出口檢驗條例暫行規則、商品出口檢驗局印章程。

鈞部第一六七號指令准予備案，當經派員籌備，惟是檢驗土貨，固可保護國產，推廣銷場，而洋貨進口種類繁多，其屬於消耗及蕃殖共忌，未必全屬優良莠，不防微杜漸，則影響國民健康，病害及於植物殊非淺鮮。故進口商品須酌擇數種實施檢驗。本部遠師各國成規。近察社會要求，並據籌備經驗所得，認為前項規則確有根本修訂之必要。爰斟酌事實，擬具商品檢驗條例八條，益根據此項條例，擬就商品檢驗局組織條例十條。

（中國第二歷史檔案館全宗號六一三，案卷號 37）

（二）工商部辦理商品檢驗事項之文書

1930 年

軼歐先生司長賜鑒：

……絲檢近在積極籌劃，需款甚殷。乾繭特捐發十萬，昨得蘇財廳函部

前呈請由滬會同絲檢籌備會直接具領一文，請設法早時批示，以便持與蘇財廳接洽。國立牲腸檢驗所承辦商人解約一事，聞市政府已存公文諮部，內容如何請煩。

示知植物油類不但生油係由上海出口者為數甚多，即桐油一次由上海直接出口亦不少。據熟悉桐油業者言，湘鄂桐油因長江水淺，噸位較重，一輪船不能駛進之故，均裝散艙運滬，到滬後再行裝桶出洋，漢口方面檢驗甚為不便，上海方面植物油類檢驗處似亦有設立之必要。弟現正從各方面詳細調查，如果需要設立，當俟絲檢籌備署有頭緒，即行著手究意如何，俟調查後再行奉。

聞部設各檢驗局檢驗範圍除各洋商品外，間有檢驗運至國內各口岸商品者。弟意設檢驗局為數有限，而各地自用商品到處皆是，以至少之檢驗局範圍至廣數量至多，之商品在勢萬難徹底以後本部所設檢驗局低不如專意注重對外貿易，除各洋商品外，概不強制檢驗效果既宏且可與其他各局工作避免重複。

再聞牲畜正副產品由漢口直接出洋者甚多。漢局亦有設立牲畜檢驗處之必要。惟檢驗項如滬局所規定只限於由漢經運出洋者，所有運至國內各口岸者，漢局均不檢驗，則目無衝突重複之病。

鄒秉文

十八年七・十一

（中國第二歷史檔案館全宗號六一三，案卷號 530）

（三）關於天津、上海、青島商品檢驗局
停辦南京分處結束及有關文書

經濟部訓令

上海商品檢驗局局長蔡無忌

查天津、上海及青島三埠現在淪入戰區，各該地商品檢驗局均難執行職務，應暫停辦。各該處財產（如儀器、物品及現金等）其尚存在原地者應仍隨時妥密設法將其重要物品遷運安全地點存藏，存現金應全數解部文卷（如檔案、清冊，及單據等）應以全部運出為原則，倘必不得已，則一部分重要文卷須設法遷運，妥為存置，餘普通檔得就地寄藏或經手銷毀，並抄卷宗目錄一份送部備查，印信應由局長負責送部保存，備局職員應視事實必要或酌

留少數辦理結束暨保管對象或即全數暫予疏散，由各該局局長斟酌情形，呈部備案至局務結束，應予照本部本年一月廿四日經字第一一三號訓令，所頒奉令改組，各附屬機關辦理交代應行注意事項，辦理除分令外，令行令仰遵□並將工作停止日期及經過情形先行呈報，以便轉呈備案。

　　令前上海商品檢驗局局長蔡無忌：

　　查該局家畜改進所停辦，所有牛隻，早前本部於上年六月十八日以川會字號第五九二〇號令飭出售，又據呈請拍賣存滬，舊有汽車及辦公木器家具以命保管費等情，亦於上年十一月三日以川令字第一三〇四號令准照。

　　　　　　　　　　（中國第二歷史檔案館全宗號六一七，案卷號 5）

（四）實業部國產檢驗委員會茶葉產地檢驗監理處暫行章程

民國二十五年十二月二十六日

第一條　實業部國產檢驗委員會為監理茶葉產地檢驗事務，設茶葉產地檢驗監理處於上海並得在茶葉上市期間呈准實業部於各茶葉重要產銷地酌設辦事處執行產地檢驗事務。

第二條　監理處掌理下列各事項

　　　　一關於茶葉產地檢驗之設計實施及督察事項。

　　　　二關於茶葉之質量包裝及著色等之指導及取締事項。

　　　　三關於茶葉產地檢驗技術人員之訓練及管理事項。

　　　　四關於茶葉產製方法及宣傳改良事項。

第三條　監理處設處長一人，商承委員會綜理監理處一切事務，副處長一人至二人，輔助處長辦理處務。處長、副處長均由委員會呈請實業部派至之。

第四條　監理處設技術員四人至二十人，事務員二人至八人，分別承辦處內事務，均有委員會遴員，呈請實業部派至之。

第五條　監理處得酌設雇員及練習生，其名額由委員會呈部核准。

第六條　各辦事處設主任一人，以監理處技術員充任之，檢驗員二人至十五人，事務員一人至四人，均有監理處就練習生及雇員中調用或就地臨時雇用之。

第七條　監理處應定期編製茶葉產地檢驗進行計劃及工作報告送由委員會呈部備案。

茶葉產地檢驗經費除由部撥專款外，餘由委員會經費內撥支，其所有經費用途應由監理處於每度之始至各分別列造預算決算送由委員會彙編呈部。

（中國第二歷史檔案館全宗號四二二，案卷號1）

（五）棉花分級檢驗辦法草案

1936 年 11 月

實業部商品檢驗局分級檢驗試行辦法草案

第一條　本辦法依據棉花檢驗施行細則第六條暨國產檢驗委員會第二次會議檢驗部之決議案四訂之。

第二條　在試辦分級檢驗期間，凡本埠買賣棉花除水分及雜質，檢驗處並須經過分級檢驗，其有單獨請求分級檢驗者聽之。

第三條　凡出口棉花請求檢驗水雜等，除應向所在地商品檢驗局填寫報驗單外，並應注明是否須經過分級檢驗，其單獨請求分級檢驗者須另填分級檢驗請求單，依法檢驗給予檢驗記錄。

第四條　檢驗局接到報驗單，應先揀樣，其揀樣手續分甲、乙兩種辦法。

（甲）報驗人送樣，每批報驗棉花不拘數量多寡，應小於小樣一代，重一市斤，該項小樣以能代表所請報驗棉花之全部為合格，其地樣方法之執行由後列二項辦理之。

1. 由買賣雙方共同負責地樣，納入紙袋，眼同封固，並簽字蓋章，呈驗。檢驗局依法檢驗後給結果記錄，並抽還原樣四分之一封袋蓋戳交報驗人收執，以資左證。

2. 由申請報驗人單獨扦樣封固，呈檢驗局憑樣檢驗後給結果記錄，並抽還原樣四分之一封袋蓋戳及供研究及試驗工作之參考，對於報驗棉花分級結果有異議時，在兩星期內得將抽還封袋原樣申請復驗一次。

（說明）按各國棉花分級檢驗取樣辦法須逐包揀樣檢驗，在我國棉商心理均不願多開棉包，以免損失，若依棉檢細則第三條辦理，取樣太少，所檢結果不能代表全體。棉花如遇買賣雙方對於分級結果記錄有多爭執是，檢驗局所負責任太大，當產地檢驗未施行之前，只得暫用公認棉花保證辦法。

　　（乙）派員扦樣，如檢驗局查核所送棉樣以為不能代表時，得由局派員扦樣，其辦法依二十四年二月新頒棉檢細則第三條辦理，所揀棉樣買賣兩方簽字，固封攜局依法施行檢驗。

第五條　報驗棉花已經產地施行分級檢驗者，檢驗局應即派員扦樣，其辦法照二十四年二月新頒棉檢細則第三條辦理。第六條檢驗次序以報驗者先後為準，其手續限交樣後兩日內施行完畢。

　　　　　　　　　（中國第二歷史檔案館全宗號四二二，案卷號 2）

（六）茶葉產地檢驗規程草案及施行細則

1937 年 3 月

（1）實業部茶葉產地檢驗規程草案

……

第五條　凡經產地檢驗合格之茶葉輸出國外時，應檢同原領產地檢驗合格證書報請輸出口岸，實業部商品檢驗局依法驗發出口證書。

第六條　茶葉產地檢驗不收任何費用。

（2）實業部國產檢驗委員會茶葉產地檢驗監理處茶葉產地檢驗施行細則草案

第一條　……

第二條　凡在設立茶葉產地檢驗辦事處管轄區內之茶廠或茶莊，應於茶葉製成或運抵該處所在地時報請檢驗。

第三條　茶葉產地檢驗監理處因事實上之需要，得派員分赴各茶葉生產地點巡迴查驗及指導。

第四條　檢驗時，每批每一商標在五十件或五十件以內者，抽開兩件以後，每增加三十件加開一件，未滿三十件者作三十件論。各件取樣由檢驗員注意選擇，報驗人不得指定檢驗員於抽開各件中每件揀取樣茶半市斤充分混合後揀樣一同，計半市斤提供檢驗餘樣，當場發還，其提供檢驗之樣茶待檢驗完竣後發還之。

第五條　檢驗合格之茶葉辦事處應於其包裝外面逐件加記。

第六條　合格證書有效期間自給之日起滿六個月為止。

　　　　　檢驗不合格之茶葉，報驗人應自行重加整理，連同原發不合格通知

單報請復驗，但其整理工作不良或不聽從辦事處之勸告者，辦事處拒絕復驗。

（中國第二歷史檔案館全宗號四二二，案卷號3）

（七）上海商品檢驗局棉花檢驗處修正取締棉花摻水摻雜暫行條例

第一條　本國棉花以含水分百分之十一，含雜質百分之零點五為法定標準。

第二條　本國棉花在市場買賣，以含水分百分之十二，含雜質百分之二為最高限度，但各省因地理氣溫之關係，所產棉花，原含水分不多者，得以法定標準為最高。

第三條　本國棉花所含水分雜質，超過最高限度者禁止買賣，但黃花、紅花、腳花及廢花，原含雜質較多而不合整理者，不在此限。

第四條　意圖不法利益，於棉花內摻水或摻雜質者，處三年以下有期徒刑、拘役或一千元以下罰金。

第五條　紗廠、花行或其他棉商，收買含有水分或雜質超過最高限度之棉花者，停止其使用或專賣，並得處一千元以下罰金，打包商、運輸商等承接前項棉花而處理之者，得處一千元以下罰金。

第六條　鄉廠購買棉花，遇有所含水分超過法定標準者，應依其超過之量，照價扣除，其不滿法定標準者，應照價補償。

第七條　紗廠購買棉花遇有所含雜質超過法定標準值者，其在百分之一點五以內，應依其超過量照價扣除，逾百分之一點五者，加倍扣除，其不滿法定標準者，應照價賠償。

第八條　棉花所含雜質以棉子、子棉、碎葉、棉枝、鈐片、泥土六種為限，如有其他雜質，依第四條處罰之。

第九條　意圖不法利益，將中棉種與美棉種混雜軋花或以粗絨摻入細絨，或以莚花、紅花、腳花或者廢花摻入白花者，處一千元以下罰金。

第十條　棉商經辦或者買賣棉花，應在包外加蓋廠名或行名，及棉花名稱標記，違者停止其運銷單得處三百元以下罰金。

第十一條　棉商均應登記，其未遵章登記者，停止其營業，或者=處三百元以下罰金。

第十二條　摻水摻雜取締機關有派員至棉業行廠查驗之權。

第十三條　主管或查驗人員，如串通舞弊或故意挑剔留難情事，除應負刑事

　　責任外，其因為損害營業人利益者，並應賠償之責。

第十四條　出口棉花依商品檢驗法辦理之。

第十五條　頒布之日起施行。

　　　　　　　　　（中國第二歷史檔案館全宗號六一七，案卷號323）

　　（筆者按：以上檔案資料均係筆者手抄於中國第二歷史檔案館，若讀者徵引，請仔細核對原檔）

二、民國商品檢驗法規與商品檢驗組織條例彙編

（一）商品檢驗法

中華民國二十一年十二月十四日，國民政府公布《商品檢驗法》如左：

第一條　凡輸出輸入商品有左列情形之一者，依本法檢驗之：

一、有羼偽之情弊者。

二、有毒害之危險者。

三、應鑒定其質量等級者。

第二條　應施檢驗之商品種類，由實業部定之。

第三條　商品之檢驗應於輸出國外或由國外輸入之地點行之，但有特殊情形，經所在地商會之請求，得就集散市場行之。

第四條　應於檢驗之商品，非經檢驗領有證書，不得輸出或輸入。

第五條　應於檢驗之外國商品，持有出品國政府檢驗證書者，得以相互待遇酌免檢驗，但發見與原證書不符時，仍須檢驗。

第六條　各種商品之合格標準，由實業部定之。

第七條　檢驗商品得酌收檢驗費，其費額由實業部就各商品分別定之，但至多不得逾該商品市價千分之三。

第八條　實業部應就商品檢驗之地點，呈准行政院設立商品檢驗局，執行檢驗事務。

第九條　應施檢驗之商品，由商人於輸出或輸入前，向所在地之商品檢驗局

報請檢驗。

第十條　檢驗商品有應揀取樣貨者，其數量由實業部就各商品分別定之。

第十一條　檢驗合格之商品，由商品檢驗局發給證書，其不合格者，應附抄檢驗單，通知原報驗人。前項證書有應規定有效期間者，由實業部就各商品分別定之。

第十二條　已經檢驗之商品於有效期間內，得因原報驗人之請求，准予復驗一次，不另收費。

第十三條　證書遺失報驗人，應呈請補發證書，船隻變更或包裝改變，致影響於商品之質量者，原報驗人，應呈請換發證書，但均應聲敘理由，經商品檢驗局之許可。

第十四條　違反本法第九條之規定者，科五百元以下之罰鍰。

第十五條　商品檢驗後有擅改數量或混入劣品者，科三百元以下罰鍰。

第十六條　商品檢驗給證後，如未經商品檢驗局核准，私自變更包裝者，應重行檢驗。

第十七條　執行檢驗人員揀取樣貨，有逾規定數量或檢驗時，故意留難者，經舉發後，由商品檢驗局予以懲處。

第十八條　本法施行細則，由實業部定之。

第十九條　本法自公布爾日施行。

（載《中華民國史事紀要（初稿）：中華民國二十一年七月至十二月》，
中華民國史料研究中心 1987 年 5 月出版）

（二）實業部商品檢驗局組織條例

中華民國二十一年十二月十四日，國民政府公布《實業部商品檢驗局組織條例》如左：

第一條　商品檢驗局由實業部呈准行政院，於對外貿易之主要商埠設立之，依商品檢驗法執行檢驗事務。

第二條　商品檢驗局設事務處與檢驗處。

第三條　事務處掌文牘、會計、庶務、統計編輯及不屬於檢驗處之事項。

第四條　檢驗處得分設各組，分掌商品檢驗之技術事項。

第五條　有商品檢驗第三條但書規定之情事時，經商品檢驗局，呈由實業部轉請行政院核准後，得設檢驗分處。

第六條　商品檢驗局設局長一人，承實業部之命，總理全局事務，並監督所屬職員。

第七條　商品檢驗局設處主任二人，承局長之命，掌理各該處事務。

第八條　商品檢驗局設事務員十人至二十人，承長官之命，分任事務。

第九條　商品檢驗局設技正二人至二十人，技士四人至十四人，技佐七人至二十人，承長官之命，辦理技術事務。

第十條　檢驗分處設主任一人，由技正兼任，承局長之命，掌理分處一切事務。

第十一條　檢驗分處設技正一人，技士一人或二人，技佐一人至三人，事務員二人至四人，承長官之命，分任各項事務。

第十二條　技正技士技佐事務員之名額，由各該局長按事務之繁簡，分別擬訂，呈請實業部核定之。

第十三條　商品檢驗局局長薦任或簡任，主任技正薦任，技士技佐事務員委任。

第十四條　商品檢驗局得酌用雇員，並得收練習生。

第十五條　本條例自公布爾日施行。

（載《中華民國史事紀要（初稿）：中華民國二十一年七月至十二月》，

中華民國史料研究中心 1987 年 5 月出版）

（三）工商部商品檢驗局組織章程

民國十九年五月十六日公布

第一條　商品檢驗局依商品檢驗條例執行檢驗事務就設局地點定名為某地商品檢驗局。

第二條　商品檢驗局設左列各處

　　（一）事務處。

　　（二）檢驗處。

第三條　事務處掌文牘會計庶務統計編輯及不屬於檢驗處之事項。

第四條　檢驗處掌管商品檢驗之技術事項。

第五條　前條檢驗處依商品種類分別設立或數種商品合併設立由各局呈工商部定之。

第六條　商品檢驗局得因必要呈准工商部於附近輸入輸出地點或集散市場設立檢驗分處。

第七條　商品檢驗局得因必要呈准工商部特設化驗處。

第八條　商品檢驗局設局長一人，承工商部之命總理全局事務並監督所屬職
　　　　員。

第九條　商品檢驗局得因必要設副局長一人輔助局長處理局務。

第十條　商品檢驗局得因必要設秘書一人至二人。

第十一條　事務處檢驗處各設主任一人承局長之命掌理本處事務檢驗檢驗處
　　　　　主任應以技術官兼領並得設副主任一人。

第十二條　事務處設事務員若干人承長官之命分理本處事務。

第十三條　檢驗處設技術官技術員各若干人承長官之命辦理技術事務。

第十四條　檢驗分處設主任一人承局長之命掌理分處一切事務。

第十五條　檢驗分處設技術官事務員技術員各若干人承長官之命分掌各項事
　　　　　務。

第十六條　商品檢驗局得設助理員並酌用雇員。

第十七條　商品檢驗局得酌收練習生。

第十八條　化驗處之組織備用本章程關於檢驗處各條之規定。

第十九條　商品檢驗局長副局長由工商部委派秘書主任副主任技術官由局長
　　　　　遴請工商部派充事務員技術員助理員由局長派充呈工商部備案。

第二十條　技術官事務員技術員助理員之名額由局長呈工商部定之。

第廿一條　商品檢驗局技術人員之任免薪金考核悉依商品檢驗局技術人員任
　　　　　用章程之規定。

第廿二條　商品檢驗局得因必要聘請專門人員為名譽顧問。

第廿三條　本章程自公布之日施行。

（《中華民國史事紀要（初稿）：中華民國二十一年七月至十二月》，
中華民國史料研究中心 1987 年 5 月出版）

（四）實業部商品檢驗技術研究委員會章程

實業部商品檢驗技術研究委員會章程，業經本年九月十三日部令公布，
茲照錄如下。

第一條　實業部為研究商品檢驗之標準及方法，設商品檢驗技術研究委員會
　　　　（以下簡稱研究委員會）。

第二條　研究委員會暫分下列各組，（一）棉花組，（二）茶葉組，（三）糖品

組，（四）肥料組，（五）豆類組，（六）油類組，（七）蛋品組，（八）皮毛組，（九）肉脂組，（十）植物病蟲害組，（十一）生絲組，（十二）獸醫組。

第三條　研究委員會委員由部長就本部及各商品檢驗局技術人員中遴派，並酌聘各地技術專家充任之。

第四條　委員分組由各委員自行認定之。委員得兼組研究，但每人至多以三組為限。

第五條　研究委員會設主任副主任各一人，主持全會事務，由部長就委員中指定之，分組設常務委員一人，主持分組事務，由各分組委員分別推定之。

第六條　研究委員會研究之範圍如左：

（甲）本部交會研究者。

（乙）商品檢驗局送會研究者。

（丙）委員提會研究者。

第七條　研究委員會研究辦法由各分組自定之。

第八條　研究委員會大會每半年舉行一次。分組開會時期，由各分組自定之，必要時得開聯繫會議。

第九條　研究委員會及分組研究結果，均由會隨時送部核准。

第十條　本章程自公布之日施行。

（五）實業部國產檢驗委員會果品產地檢驗監理處暫行章程

第一條　實業部國產檢驗委員會（以下簡稱委員會）為監理果品產地檢驗，設果品產地檢驗監理處（以下簡稱監理處）於上海，並得呈准實業部，於各果品重要產區及運輸集中地點，酌設辦事處，執行檢驗事務。

第二條　監理處掌左列事項：

關於果品產地檢驗之設計實施及督察事項。

關於果品分級包裝之指導及取締事項。

關於果品儲藏運輸方法之研究指導宣傳事項。

關於果品產地檢驗技術人員之訓練及管理事項。

關於果品產銷方法之宣傳改良事項。

關於果品產銷之調查事項。

第三條　監理處設處長一人，商承委員會，綜理全處事物，並監管所屬職員，副處長一人，輔助處長，辦理處務，處長副處長，均由委員會呈請實業部派充之。

第四條　監理處設技術員四人至二十人，事務員二人至八人，分別承辦處內事務，均由監理處遴請委員會轉呈實業部核定派充之。

第五條　監理處得酌用雇員及練習生，其名額由委員會呈部核准。

第六條　各辦事處設主任一人，由監理處指派技術員兼任之，檢驗員事務員若干人，均由監理處就練習生及雇員中調用，或就地臨時雇用之。

第七條　監理處因事物之必要，得延聘專家為名譽顧問。

第八條　監理處應定期編製果品產地檢驗進行計劃及工作報告，送由委員會呈部備案。

第九條　果品產地檢驗經費，由委員會經費內支撥，其用途應由監理處於每年度之始終，分別造具預算決算，送由委員會，彙編呈部。

第十條　監理處辦事細則另訂之。

第十一條　本章程自公布日施行。

（載《國際貿易導報》第九卷第六號）

（六）實業部商品檢驗局火酒進口檢驗規程

（民國二十一年十月十二日部令公布）

第一條　本規程依行政院頒布之取締火酒規則以（下簡稱規則）及商品檢驗暫行條例（以下簡稱條例）第二條及第二十一條之規定制定之。

第二條　凡進口之火酒，除奉國民政府令，特許進口者外，均應依本規程之規定，向所在地或附近商品檢驗局，填寫檢驗請求單，連同檢驗費，呈請檢驗，俟發給合格證書，方得輸入。

　　　　前項請求單，報驗人應填寫該項火酒之成分及有毒無毒字樣，並注明其用途及來源等。

第三條　檢驗局依接到請求單之先後，即日派員採樣，其採樣辦法如左：

　　　　（一）每百件或不及百件，抽提四件，每件採樣二公升，五十件以下抽提兩件，每件採樣四公升，逾百件時，酌量遞增。

　　　　（二）樣品應混合為一，就中提取八公升，分裝四罐，由採樣員封固印識，一罐供檢驗，一罐交報驗人收執，二罐存局，以備復驗，

餘酒當場發還。

（三）採樣事竣，由採樣員發給報驗人採樣收據。

第四條　燃燒用及工業用之火酒，檢驗合格標準，應依規則第二條之規定，
其不屬於燃燒用或工業用之火酒，檢驗合格標準如左：

最高　最低

醇（酒精）九九・七%　八七・〇%

雜醇油微量

第五條　檢驗程序限採樣後二日內完畢，星期日或其他放假日，依次延長之，
但遇必要時，不在此限。

第六條　檢驗合格之火酒，應有檢驗局發給附有化驗成績之合格證書正副本
各一份，並按件發給檢驗證黏貼包裝上。

第七條　檢驗費每九公升（約二英加侖）收國幣八分，其數量以報稅時為準，
前項檢驗費無論合格與否，概不發還。

第八條　火酒合格證書以六個月為有效期，在有效期間內原報驗人或購主均
得請求復驗一次，不另收費。

第九條　本規程自公布之日施行。

（《國際貿易導報》第四卷第七號）

（七）取締火酒規則（行政院院令第十三號）

第一條　為防止火酒摻水充飲料起見，凡燃燒用工業用及其他不純潔之火酒，
均依照本規則取締之。

第二條　燃燒用或工業用火酒，均應由出品廠家依左列各成分配合，其包裝
上須用華文標明有毒字樣，並注明配合成分於顯明之處，以資識別。
純淨之火酒，亦應於包裝上用華文標明純潔字樣，並注明其成分。

甲燃燒用火酒之配合成分

醇（酒精）Aloohol　九〇～九五%

木精 Wood Spirit　四・五～五・〇%

石油 Petrleum　〇・三七五～〇・五%

氨困 Pyridine 〇～〇・五%

一烷紫 Mothyl Violit　加至現色

乙工業用之火酒配合成分

（一）醇（酒精）　九五～九七・五%

水精　二～五%

石油　〇～〇・五%

（二）醇（酒精）　九九%以上

氨困　一%以下

（三）醇（酒精）　九八%以上

困 BenZene　二%以下

一烷紫加至現色

（四）其他成分之配合經主管官署特許者

第三條　進口火酒除奉令特准進口者外，由實業部商品檢驗局依前條所訂標準檢驗之，未經檢驗或檢驗不合規定者，不許進口。

第四條　本國製造之火酒，不依第二條之規定者，經查出或告發，得由確證時，得禁止其販運與售賣。

第五條　經告發以有毒火酒摻和飲料，得有確證，或經官廳察覺者，依刑法第二〇五條，移送法院懲處之。（刑法二百〇五條原條文，為製造販賣或意圖販賣而陳列妨害衛生之物品者，處六月以下有期徒刑拘役，得併科或易科一千元以下罰金。）

第六條　本規則自呈准公布之日起，三個月後執行。

（《國際貿易導報》第四卷第七號）

（八）修正實業部商品檢驗局生絲檢驗施行細則

民國二十五年八月二十四日部令公布

第一條　本細則依商品檢驗法（以下簡稱本法）第十八條之規定制定之。

第二條　生絲檢驗為左列二類

（一）分量檢驗　公量淨量除膠等。

（二）品質檢驗　均勻潔淨清潔條份切斷拉力（分單絲複絲）抱合力等。

第三條　生絲檢驗應由檢驗局依品質檢驗之結果評定品級、生絲品質，檢驗方法及品級標準另定之。

第四條　凡輸出國外之生絲，應向所在地商品檢驗局（以下簡稱檢驗局）填寫報驗單連同生絲及檢驗費報經檢驗，給予證書，方得報關輸出。

第五條　生絲貿易應遵照檢驗局檢驗公量與品級之結果為計算價值之標準。

第六條　左列各種之生絲免予檢驗

（一）雙宮土絲及廢絲。

（二）非本國出品。

（三）在一擔以內之樣絲。

（四）賽會或提供科學研究等用非賣品之生絲。

前項雙宮土絲或廢絲應於包外標明。

第七條　生絲檢驗揀樣辦法如左

一、公量檢驗

（一）受檢驗數量為每批包數百分之四十，如有零數，比例遞加。

（二）每件揀樣絲兩份，每份數量以四百五十公分為度。

（三）每包烘條不得抽至二條以上。

（四）所揀樣絲應盛以鉛盤一系紅色標記一系白色標記。

二、除膠檢驗

（一）揀取樣絲為每批重量十分之一，如有零數，比例遞加。

（二）就每件生絲內任擇十絞，再就十絞中檢取檢取一百公分作為
樣絲，分作兩份，其一份應繫以棉帶標記。

三、品級檢驗

（一）品級檢驗以五件為一批，每件揀樣絲五條，每批共揀樣絲二十
五條。

（二）抽取前目之樣絲應徧及件內各部，每包不得過一條。

第八條　檢驗次序，以報驗先後為準，其手續限於收到報驗單及生絲後工作
十四小時內施行完畢。

第九條　生絲檢驗時之拆包打包由檢驗局為之，但得知照報驗人到場。

第十條　檢驗完畢由負責檢驗人員在檢驗單上簽字，依本法第十一條之規定
發給證書或檢驗單。

第十一條　生絲檢驗後檢驗局應在每包生絲上加扣標識。

第十二條　生絲證書有效期間以六個月為限。

第十三條　甲局檢驗之生絲轉運至乙局所在地，應填寫轉口報告單，連同甲
局所發之證書送由乙局查核，確係原包裝，與證書記載相符者，
在原證書上簽注「放行」字樣，准予免驗，但查有不符時，應重

行檢驗。

第十四條　依本法第十三條請予補發證書或換發證書，經檢驗局查核認為無充分理由時，得重行檢驗。

第十五條　依前二條重行檢驗之生絲，應按照本細則第四條之規定辦理。

第十六條　證書在有效期間遺失，除應依法報請補發外，並須將原發證書號數及遺失情形登載當地著名日報兩日以上，聲明作廢。

第十七條　生絲檢驗給證後如須變更包裝，應報請檢驗局核准派員監視改裝並重加標識。

第十八條　檢驗局施行生絲檢驗得制定補充辦法，但須呈准本部備案。

第十九條　本細則自公布之日施行。

（載《實業公報》第 295 期第 16～17 頁，1936 年。）

（九）實業部商品檢驗局茶葉檢驗規程

民國二十年六月二十日部令公布

第一條　本規程依商品檢驗暫行條例（以下簡稱本條例）第二條及第二十一條制定之。

第二條　凡出口輸運國外之茶葉。無論箱裝袋裝，應於裝運包捆前，依本規程之規定，向所在地商品檢驗局或其分處，填寫檢驗請求單，連同檢驗費，呈請檢驗。

第三條　茶葉之種類如左。一、綠茶。二、紅茶，三、花薰茶，四、紅磚茶及綠磚茶。五、毛茶，六、茶片茶末茶梗等。

第四條　凡包裝茶葉之箱籠袋皮等，應受檢驗。

第五條　檢驗局或其分處，依接到請求單之先後，即日派員採樣。其採樣辦法如左。一、不論箱裝袋裝，每百件或不及百件，採樣四筒，每筒一斤（市制）磚茶以塊計。百件以上之零數，每五十件採樣一筒，不滿五十件者，作五十件論。二、扡過樣茶之包件，扡樣員應逐加印識，並發給採樣憑單。三、樣茶扡取後，應個別裝置，並與報驗人眼同封固，加印火漆。四、樣茶檢驗合格後，除留存必要之試驗品外，餘茶概行發還。

第六條　茶葉有左列情事之一者，為不合格。一、品質低於標準茶者。二、著色及利用黏質物製造者。三、摻入雜葉纖維鑛質或粉飾物質。四、有

微蒸煙臭或腐敗品者。五、綠茶紅茶花薰茶用一公分具六十三網眼之篩（即一英寸具十六網眼之篩）篩出粉末，超過百分之五者。六、同號貨物品質參差不勻或混有尾箱者。七、包裝不良或有破損者。

第七條　前條第一款之標準茶，應召集有茶葉學識經驗之人員商擬，呈由實業部核定公布之。並得按年改訂。逐次提高。

第八條　檢驗手續。限採樣後兩日施行完竣。星期日或其他放假日依次延長之。但遇必要時，不在此限。

第九條　茶葉檢驗後，依本條例第十三條發給證書或檢驗單。由檢驗局通知報驗人持採樣憑單換領。

第十條　茶葉合格證書，以一年為有效期間。

第十一條　茶葉檢驗後，檢驗局應在包裝上逐件加蓋合格或不合格之標識。

第十二條　茶葉檢驗費，每擔收國幣一角，其擔數以報稅時為準。前項檢驗費。無論合格與否，概不發還。

第十三條　原報驗人依本條例第十四條請求復驗。應於接到檢驗單七日內為之。並附繳原檢驗單。

第十四條　檢驗合格之茶葉，必須改換包裝時，應填寫改裝請求單，連同原領證書，送請請檢驗局核辦。檢驗局接受前項請求單後，應派員監視改裝，核給證書，重加標識。

第十五條　檢驗合格之標識，如有形跡模糊時。應即呈報檢驗局重行加蓋。

第十六條　茶商使用之商標。不得類似檢驗局所定之標識。

第十七條　本規程自公布之日施行。

（載《工商半月刊》）

（十）實業部商品檢驗局蠶種進口檢驗規程

民國二十年六月二十五日部令公布

第一條　本規程依《商品檢驗條例》（以下簡稱《條例》）第二十一條之規定制定之。

第二條　凡從國外輸入之蠶種，均應向所在地之商品檢驗局報請檢驗，但各省市實業廳、建設廳、社會局及其他公立蠶業機關因實驗購用國外之蠶種，不在此限。

第三條　報請實驗之國外蠶種，應由輸入者須於兩個月前填具外國蠶種輸入

聲請書，進口十日前填具外國蠶種檢驗請求書，呈送所在地之商品
檢驗局，其聲請書及請求書式另定之。

第四條　外國蠶種進口，應由輸入者先提蛾屍呈送檢驗；其攜有確實證明書
送局查核相符者，得免提蛾屍。

第五條　外國蠶種或蛾屍到埠之日，應即一面報關，一面報檢驗局，由局派
員攜帶提取報驗物品通知書，會同報驗人前赴海關提取應驗物品。

第六條　提送蛾屍之期間，春種以製種後五個月內，秋種以製種後一個月內
以限。

第七條　行蛾屍檢驗時，原蠶種及普通蠶種均應逐蛾行初檢、復檢各一次，
原蠶種再行總復檢一次。

第八條　依本規程第四條之規定，攜有證明書之外國原蠶種，應行全部補正
檢驗，每張採卵百粒，催青後分四區以檢驗之。

第九條　凡應行補正檢驗之原蠶種，應於每年一月十五日以前，運送到埠，
聽行檢驗。

第十條　外國蠶種，有左列情事之一者，不准進口。（一）未呈送蛾屍或證明
書者。（二）證明書格式圖記等不完備，或所列蠶種符號等，核與事
業不符者。（三）普通蠶種毒率，在百分之三以上者。（四）原蠶種
毒率在百分之一以上者。（五）每圈卵色夾雜圈界淆紊，產附薄弱，
死卵及未受精卵等過多，或發現其他重大缺點者。（六）種紙上所列
產卵年月日及品種化性種別等字樣，任意塗改或挖補者。

第十一條　檢驗手續限兩日內施行竣事，星期日或其他放假日依次延長之。
但遇必要時，不在此限。

第十二條　經檢驗合格之國外蠶種，除依《條例》第十三條發給合格證書准
許運銷內地外，並應將呈驗之蠶紙或容器，分別普通蠶種與原蠶
種，逐一加蓋或黏貼合格證。不合格者，通知原報驗人將該種打
包加印退回，國外製造者其寄費由報驗人自理。

第十三條　輸入者收到關於蠶種不合格之通知書後，如逾一星期尚未到局承
理寄費時，檢驗局得將該種焚毀。

第十四條　原蠶種毒率在百分之一以上、百分之三以下，且無第十條各款情
事者，經報驗人請求改充普通蠶種時，得發給輸入許可證，並加
蓋普通蠶種合格證。

第十五條　凡未經檢查或檢查不合格之蠶種，如有私在本國銷售者，一經查出，得依《條例》第十七條之規定辦理。

第十六條　國外輸入之原蠶種，每張二十八圈者，收檢驗費國國幣一角五分，普通蠶種收檢驗費國幣五分。前項蠶種之張數，概以海關稅單為准。

第十七條　本規程自公布之日施行。

載《工商半月刊》第三卷，第 15 期，第 9～11 頁，1931 年。

（十一）實業部商品檢驗局牲畜產品檢驗規程

民國二十年四月二十四日部令公布

第一條　本規程依商品檢驗暫行條列第二條第二項及第二十一條之規定制定之。

第二條　凡輸出國外之牲畜產品，應遵照本規程之規定，填具檢驗請求單，連同檢驗費，向當地檢驗局呈請檢驗。

第三條　本規程所稱之牲畜產品。其類別如左。（一）肉類。（二）腸衣類。（三）動物油脂類。（四）蛋類。（五）皮革類。（六）鬃毛類。（七）骨角筋膠類。前項各類產品及其細則，各檢驗局應於開始檢驗前，呈經實業部核准。

第四條　檢驗局接到檢驗請求單，應即派員採樣，攜回檢驗，或經赴貨會施行檢驗。

第五條　經營牲畜產品之出口商業，應向附近之檢驗局登記，檢驗局並得隨時派員視察指導。如因試驗上之必要，得無值採取材料，其分量以適合實驗為限。

第六條　檢驗手續。以採樣後兩日內施行完畢。星期日或其他放假日依次延長之。但遇必要時，不在此限。

第七條　牲畜產品之檢驗標準如次。（一）肉類檢驗標準，別為甲乙兩項。（甲、有屠宰場地方，經獸醫宰前宰後檢驗，在肉面印明合格，而品質新鮮者，准予出口。（乙）無屠宰場地方，未經宰前宰後檢驗。應附呈購入發票。備檢驗員核對。倘肉質酸敗、或證明有不合衛生之防腐劑者，不准出口。（二）腸衣類。牛豬羊之腸衣，分鹽漬腸及乾燥腸兩種，均應洗滌清潔去脂。大小長短合度　，及無破裂病狀顆粒，局

部過厚或過薄等弊。鹽漬者並須以顏色乳白或淡紅、氣味鮮香為合格。乾燥者以色黃味香為合格。（三）動物油脂類。豬油牛油均應取鮮潔之脂煉製並純潔鮮美。不夾雜腐壞酸敗及異臭之品，前三類物品，確經獸醫宰前宰後之檢驗，證明無病牲畜者，給甲種證書。雖於衛生無礙但而非經獸醫宰前宰後之檢驗、證明採自無病牲畜者。給乙種證書。（四）蛋類。分鮮蛋製過蛋及蛋產品三大類。蛋產品又分凍蛋乾蛋濕蛋三種。鮮蛋及製過蛋，應新鮮清潔，整齊完好。凍蛋應冰凍堅硬，滋味新鮮。乾蛋濕蛋均以品質新鮮、不含顏料毒質及其他雜質者為合格。（五）皮革類，牛羊馬狗及各種生熟獸皮。首重品級，並應注意整潔及傷痕破洞、鹽漬程度與各項附著物，倘發現有病害細菌，如炭疽菌之類，應令消毒，方准出口。（六）鬃毛類。豬鬃馬鬃馬尾羊毛駝毛豬渣毛等。應洗滌清潔，乾燥適度，並分類處理，倘雜入污物，發生惡臭，及證明含有病菌（如炭疽菌）者，應令消毒。方准出口。（七）骨角筋膠類。獸骨應分類配置。骨粉依色澤粗細配置，筋膠則注重品質整潔，色澤鮮明。均以不生蟲蝕或黴變及混入其他雜質者為合格。

第八條　牲畜產品輸出時之包裝。得由檢驗局隨時派員指導。

第九條　牲畜產品證書之有效時間，由各檢驗局呈准實業部與細則中分則定之。

第十條　檢驗合格之牲畜產品。在證書有效期內，欲更改包裝時，由局派員監視並加標識。

第十一條　牲畜產品中檢驗費，由各局呈准實業部分別定之。前項檢驗費，無論合格與否，概不發還。

第十二條　本規程自公布之日施行。

（載《工商半月刊》第三卷，第十一號，1931 年 6 月）

（十二）蜂種製造取締規則

民國二十年四月廿一日部令公布

第一條　蜂種製造之銷售。依本規則之規定取締之。

第二條　國立公立之製種場或各實業機關製造蜂種，不以盈利為目的者。不適用本規則之規定。

第三條　凡以製造蜂種為業者，在設有商品檢驗局地方，應呈報檢驗局，轉
　　　　呈實業部備案。……
……………………（下略）

（載《工商半月刊》第三卷，第 11 期，第 9～10 頁，1931 年）

（十三）實業部果品產地檢驗規程

　　……張景歐兼該會果品產地檢驗監理處處長，本部專員周士禮兼濟該處
副處長，國產檢驗委員會奉令後，經即函達張處長周副處長查照。茲悉該處
遵於五月十四日啟用關防，開始辦公。照錄部令公布之果品產地檢驗規程及
監理處暫行章程如左：

實業部果品產地檢驗規程

第一條　果品產地檢驗於每年果品上市期間施行，其他行區域，由實業部定之。
第二條　果品產地檢驗標準另定之。
第三條　果品產地檢驗，由實業部國產檢驗委員會果品產地檢驗監理處，就
　　　　核定施行區域，分別酌設辦事處執行之。
第四條　檢驗合格之果品，由各產區果品產地檢驗辦事處，發給合格證書，
　　　　方得運銷。
第五條　凡已經產地檢驗合格之果品，輸出國外時，應檢同原領產地檢驗合
　　　　格證書，報請輸出口岸實業部商品檢驗局，依法驗發出口證書。
第六條　果品產地檢驗發現有重要病蟲害，監理處應會同地方主管官署，共
　　　　同設法防除，並通知各商品檢驗局注意。各商品檢驗局如發現有前
　　　　項病蟲害時，並應隨時通知監理處，轉飭各關係產區辦事處，設法
　　　　防治之。
第七條　果品產地檢驗不收任何費用。
第八條　果品產地檢驗辦事處於必要時，得辦理各該地之果品行商調查登記，
　　　　其辦法另定之。
第九條　本規程施行細則另定之。
第十條　本規程自公布日施行。

（載《國際貿易導報》第九卷第六號）

（十四）本局牲畜隔離所診斷隔離牲畜辦法

本局舉辦牲畜進口檢驗，需要牲畜隔離所，前經建築工竣，報部派委員驗收，茲復訂定診斷隔離牲畜辦法十條，呈部備案公布施行，辦法十條，照錄如下：

實業部上海商品檢驗局牲畜隔離所診斷隔離牲畜辦法

第一條　凡進口牲畜，依據牲畜檢驗施行細則第六條之規定，運赴隔離所（以下簡稱本所）施行隔離診斷者，應遵照本辦法辦理。

第二條　凡進口牲畜經本所指定須運所隔離者，應將照牲畜進口檢驗施行細則，補充辦法第一種第五條繳付診所費之收據呈驗，本所方可收受。

第三條　應行隔離之進口牲畜運往本所時，所需車輛非由本所指派會經銷毒妥善者，不得應用。

第四條　運赴本所之牲畜，應先由本所編號，以資識別。

第五條　凡運赴隔離所之進口牲畜，須施行下列各項檢驗，並詳細登記冊內。

普通檢驗：

（一）牲畜檢驗，（二）習性檢查，（三）毛皮檢查，（四）結合膜檢查，（五）體溫檢查。

器之檢驗：

（一）循環器檢查。（二）呼吸器檢查，（三）消化器檢查，（四）尿器檢查，（五）性器檢查，（六）神經系檢查。

特種檢驗：

（一）體之動作，Body Movrments（二）診斷接種，Diagnostic Inoculation（三）淋巴腺檢查，（四）血液檢查。

第六條　畜主於其所有進口牲畜，在本所隔離期內，得派員住所，隨同照料；惟須受本所指揮，並不得任意出外或攜帶對象等進所。

第七條　牲畜在所內所需食料，以及一切管理，均須聽本所指揮，畜主不得干預，飼料費歸畜主自理。

第八條　進口牲畜經本所診斷，除無傳染病者，照牲畜檢驗施行細則第九條辦理外，其確有傳染病者，應遵照牲畜檢驗施行細則補充辦法第一種第三條辦理。

第九條　非進口之牲畜，患有傳染病，欲託本所隔離診斷者，比照本辦法各條規定辦理。

第十條　本辦法自公布之日施行。

（載《國際貿易導報》第九卷第六號）

（十五）實業部上海商品檢驗局檢驗永利化學公司硫酸錏暫行辦法

　　本局前據永利化學工業公司呈請檢驗硫酸錏，當經會商擬訂暫行辦法草
案，呈部鑒核示遵。茲奉指令改正准予備案。原文如左：

檢驗永利化學工業公司國產質化肥料硫酸錏暫行辦法

第一條　永利化學工業公司在國內設立肥料廠，（以下簡稱肥料廠）製造氮質
　　　　肥料硫酸錏，應填具登記表，向本局申請登記。

第二條　肥料廠向本局登記，本局應依照左列之規定，加以視察，並揀樣化
　　　　驗：

　　　　隨時派員到廠，視察其製造狀況。

　　　　揀取貨樣，攜局化驗。

第三條　肥料廠所製硫酸錏，應於包裝完竣堆入廠棧待運前，申請發給合格
　　　　證，黏貼於包裝之上。

第四條　硫酸錏包裝上，應印刷左列各項字樣：

　　　　廠名及商標，並注明國產。

　　　　氮質肥料硫酸錏。

　　　　最低保證成分。（N：20：6%）

第五條　肥料廠於運銷貨物前，得填具運銷申請車，申請本局，查核發給國
　　　　產硫酸錏檢驗證書。

第六條　本局檢驗合格之硫酸錏，運至他局轄區內，肥料廠應將本局所給國
　　　　產硫酸錏檢驗證書，送請銷售地檢驗局查核；如確係原包裝與本局
　　　　所給國產檢驗證書相符，即由銷售地檢驗局於證書上簽注放行字樣，
　　　　加蓋局印放行。

第七條　國產硫酸錏檢驗證書有效期間，以六個月為限，必要時得延長六個月。

第八條　肥料廠如有將非由該廠自製之硫酸錏混報或，於黏貼合格證之包裝
　　　　內私易其他物質混售等情事者，一經查實，按照商品檢驗法第十四
　　　　十五條規定處罰。

第九條　遇有硫酸錏不及最低保證成分者，本局得令肥料廠加以改善。方得
　　　　行銷，發現有害成分者，並禁止其發售。

第十條　肥料廠所用之宣傳片及廣告等，應報請本局查核備案。

第十一條　肥料廠應於每月終將所製作之貨品數量及各地營業狀況等，報告本局查核。

第十二條　肥料廠每年應繳納國幣陸千元於本局，以充因檢驗硫酸錏所發生之一切費用。

第十三條　本辦法呈準備案，由局公布之日實行。

載《國際貿易導報》第九卷第六號）

（十六）實業部商品檢驗局腸衣類檢驗施行細則

民國二十四年十月十一日部令公布

第一條　本細則依照商品檢驗法（以下簡稱本法）第十八條之規定制定之。

第二條　本項目所稱之腸衣類，其項目如左：

（一）豬腸衣（二）羊腸衣（三）牛腸衣（四）牛大腸（五）豬大腸（六）羊大腸（七）牛食道

前項各款腸衣類，各地施驗之種類，另定之。

第三條　凡輸出國外之腸衣類，應於報關前向所在地商品檢驗局（以下簡稱檢驗局）填寫報驗單連同檢驗費，報請檢驗合格者，給予證書，方得報關輸出。

第四條　檢驗次序，以報驗先後為準，其手續限於二日內施行完畢，星期日及其他放假日，依次延長之，但必要時，亦得照常工作。

第五條　製造腸衣所用之各種鮮腸，須採自健康無病之牲畜，經獸醫檢驗合格者。

第六條　腸衣之長度口徑，應用尺校準不得參差，並須按腸衣口徑大小分別捆紮。

第七條　鹽漬腸衣裝入木箱內，每層需充分撒布精鹽。豬腸衣並須於裝就後灌入適量熟鹵。

第八條　報驗各種口徑之腸衣，須與報驗單之數目相符，不得以大路充作小路。

第九條　腸衣製造應有之設備及注意之事項，由商品檢驗局另定，布告周知。

第十條　腸衣類檢驗標準如坐：

（一）長度

（1）豬腸衣每紮全長為一二，二五公尺，以二節或四節合成。

（2）羊腸衣每紮全長為一二一公尺以三節或四節或五節合成。

（3）羊腸衣每條長為二零公尺，以十條紮成一把。

（4）牛大腸每條長為九二公尺，以四節或五節紮成一把。盲腸每條約長一二三公尺，以五條紮成一把。

（5）豬大腸（直腸）每條長約一公尺，以五條紮成一把。

（6）羊大腸（直腸）每條長約一二三公分，以十條紮成一把。

（7）牛食道每條長約六一公分，捆紮時不拘條數。

（二）口徑

（1）豬腸衣分為二六公里至二八公里，二八公里至三零公里，三零公里至三二公里，三二公里至三四公里，三四公里至三六公里及三六公里以上六種。

羊腸衣分為一六公里至一八公里，一八公里至二零公里，二零公里至二二公里，二二公里至二四公里，二四公里至二六公里五種。

牛腸衣分為四八公里至五零公里，五零公里至六零公里及六零公里以上三種。

牛大腸豬大腸羊大腸及牛食道不分口徑大小。

（三）包澤

鹽漬腸衣乳白色或淡紅色者為合格，乾裂腸衣以淡黃色者為合格。

（四）氣味

鹽漬腸衣，以不帶腐敗及牲畜氣味者為合格，乾裂腸衣以帶有香味者為合格。

（五）實質

以薄韌透明均勻者為合格。

（六）傷痕

以無寄生物蓄痕及破裂者為合格。

（七）雜質

以不含鐵質亞硝酸炭酸鈣硇精及其他有損腸質有礙衛生之雜質者為合格。

第十一條　檢驗完畢，由負責檢驗人員在檢驗單上簽字，依本法第十一條之規定分別發給證書或檢驗單。

第十二條　檢驗合格之腸衣類，應由檢驗局派員監視裝封，並加蓋標識。

第十三條　腸衣類證書之出口有效期間，一兩星期為限。

第十四條　依本法第十二條之規定，凡檢驗合格之腸衣，在證書有效期間，得附繳原證書向檢驗局報請復驗。檢驗不合格之腸衣類，報請復驗，限於接到不合格通知十四日內為之，並附繳原發檢驗單，但檢驗局認為無復驗之必要者，得核駁之。

第十五條　檢驗不合格之腸衣類，准予復驗時，檢驗局應另派員檢驗。

第十六條　甲局檢驗合格之腸衣類轉運至乙局所在地，應填具轉口報告單連同甲局所發證書，送由乙局查核，確係原包裝與證書記載相符者，在原證書上簽注【放行】字樣，准予免驗，但查有不符時，應重行檢驗。

第十七條　依本法第十三條請予補發證書或換發證書，經檢驗局查核認為無充分理由時，得重新檢驗。

第十八條　依前兩條重行檢驗之腸衣類，依本細則第三條之規定辦理。

第十九條　證書在有效期間遺失，除依法報請補發外。並須將原證書號數及遺失情形，登載當地著名日報兩日以上，聲明作廢。

第二十條　腸衣檢驗給證後，如須變更包裝，應報請檢驗局核准派員監視改裝，並重加標識。

第二十一條　檢驗局施行腸衣類檢驗，得制定補充辦法，但須呈准本部備案。

第二十二條　本細則自公布之日施行。

（載《實業公報‧法規》第 251 和 252 期合刊，第 96～99 頁）

（十七）實業部商品檢驗局鬃毛絨羽類檢驗施行細則

（民國二十四年十月十一日部令公布）

第一條　本細則依據商品檢驗法（以下簡稱本法）第十八條制定之。

第二條　凡輸出國外之鬃毛絨羽類，應於報關三日前向所在地商品檢驗局（以下簡稱檢驗局）填寫報驗單連同檢驗費，報請檢驗合格者，給予證書，方得報關出口。

第三條　本細則所稱之鬃毛絨羽，其項目如左。

（一）鬃類　豬鬃豬渣毛　亂豬毛。

（二）毛類　馬毛　馬鬃　馬尾　牛毛　牛尾　犀牛尾拔毛　帶撅犀牛尾毛　山羊毛　綿羊毛　獾毛　狸毛　帶尾狸毛。

（三）絨類　駱駝絨　山羊絨。

（四）羽類　雞毛　鴨毛　鵝毛　鴨絨　鵝絨　野鵝絨各種野禽翎管羽毛。

前項各款之鬃毛絨羽，各地施驗之種類，另定之。

第四條　檢驗次序，以報驗先後為準，其手續限於二日內施行完畢，星期日及其他放假日，依次延長之，但必要時，亦得照常工作。

第五條　檢驗之鬃毛絨羽類，須預將該項貨品妥為整理，毋須打成包件，以便檢驗，其已打成包件者，抽驗總數百分之十。

第六條　鬃毛絨羽類，有須揀樣檢驗者，應由檢驗局派員揀樣，其辦法如左：

一、鬃毛絨羽類運自同一產地同一製造者，每一項目，每批揀樣兩個，每個樣品重量施行細菌檢驗者，以五十公分為限，施行夾雜物檢驗者，以一百公分為限。

二、樣品有檢驗員揀取，報驗人不得指定。

三、撿取之樣品，由檢驗員裝入特備之鐵桶或玻璃瓶，加蓋封識。

四、凡件打成包見者，檢驗完竣，由檢驗員於包裝上逐加印識，其未打成包件者，得令將貨品預置於打包廠內撿取，俟檢驗合格，仍由檢驗局派員查明監視包裝，補加印識。

五、揀樣後，由揀樣員發給揀樣憑單。揀樣憑單，應由檢驗局編號，交揀樣員簽名填發。

第七條　鬃類檢驗標準如左：

（甲）豬鬃

1、長度分為左列各種：

五・零八公分（二英寸）	五・七二公分（二・二五英寸）
六・三五公分（二・五英寸）	六・九九公分（二・七五英寸）
七・六二公分（三英寸）	八・二六公分（三・二五英寸）
八・九零公分（三・五英寸）	九・五三公分（三・七五英寸）
一零・一六公分（四英寸）	一零・八零公分（四・二五英寸）
一一・四三公分（四・五英寸）	一二・零七公分（四・七五英寸）
一二・七零公分（五英寸）	一三・四四公分（五・二五英寸）
一三・九七公分（五・五英寸）	一四・六一公分（五・七五英寸）
一五・二四公分（六英寸）	一五・二四公分（六英寸）以上

2、摻雜短毛柔毛及他種獸毛者，不准出口。

3、鬃之根部其脂垢，須剔淨。

4、附有虱卵者，應剔出淨盡。

（乙）豬渣毛及亂豬毛，均須淨盡乾燥，並無污物摻雜或發生惡臭及
　　　疾菌（如炭疽菌）者。

第八條　毛類檢驗標準如左：

（甲）成把馬毛

1、長度分為左列各種：

一零・一六公尺（四英寸）　　一二・七零公分（五英寸）

一五・二四公分（六英寸）　　一七・七八公分（七英寸）

二零・三二公分（八英寸）　　二二・八六公分（九英寸）

二五・四零公分（十英寸）　　二七・九四公分（十一英寸）

三零・四八公分（十二英寸）　三三・零二公分（十三英寸）

三五・五六公分（十四英寸）　三八・一零公分（十五英寸）

四零・六四公分（十六英寸）　四三・一八公分（十七英寸）

四五・七二公分（十八英寸）　四八・二六公分（十九英寸）

五零・八零公分（二零英寸）　五三・三四公分（二五英寸）

及五三・三四公分（二一英寸）以上。

2、依其天然顏色。分為白、黑、青、雜四色，其用以染色之顏料，
　　以不易脫色與不害毛質者為準。

（乙）成把山羊毛

1、須經過肥皂水石灰水洗濯充分曬乾，並不得含有惡味。

2、長度分為左列各種：

六・三五公分（二・五英寸）　　六・九九公分（二・七五英寸）

七・六二公分（三英寸）　　　　八・二六公分（三・二五英寸）

八・九零公分（三・五英寸）　　九・九五三（三・七五英寸）

一零・一六公分（四英寸）　　　一零・八零公分（四・二五英寸）

一一・四三公分（四・五英寸）　一二・零七公分（四・七五英寸）

一二・七零公分（五英寸）　　　一三・四四公分（五・二五英寸）

一三・九七公分（五・五英寸）　一四・六一公分（五・七五英寸）

一五・二四公分（六英寸）及一五・二四公分（六英寸）以上。

（丙）綿羊毛

1、沙土及夾雜物含量，不得超過百分之四十。

2、已用水洗與未用水洗之羊毛，應分別裝包。

（丁）犀牛尾拔毛，須漂洗清潔，充分曬乾。

（戊）獾毛狸毛須充分曬乾，修理整齊，用繩捆紮成把。

以上各種毛類，均應清潔乾燥，不得摻混雜毛，毛上並不得附有寄生蟲卵。

（己）亂馬毛馬鬃馬尾牛毛牛尾帶撅犀牛尾毛亂山羊毛帶尾狸毛，均須淨潔乾燥，並無污物摻雜或發生惡臭及疾菌（如炭疽菌）者。又帶撅犀牛尾毛之撅部及帶尾狸毛之尾部，均不得附有剔除未盡之腐肉或污物。

第九條　豬鬃成把馬毛成把山羊毛犀牛尾拔毛獾毛狸毛裝箱時，每層須充分撒布樟腦粉（Naph thalin）豬鬃運往美國者，如未經用特種藥水消毒，須於裝箱前，用福爾麻林（Formaline）藥水施行消毒。

第十條　豬鬃成把馬毛成把山羊毛，均須按其長度，分別捆紮。豬鬃須另用紙包裹，成把馬毛成把山羊毛，每把內不得摻雜短毛，並依鬃毛長度分別裝箱，但一種長度不及一箱者，得以長短不同者合裝之。

第十一條　絨類檢驗標準如左：

1、沙土及夾雜物含量最高，不得超過百分之三十。

2、各種絨內不得摻入他種動物絨毛或植物質絨維。

3、已洗與未洗之絨，應分別包裝。

第十二條　鬃毛絨出口時，由檢驗局施行細菌檢驗，但其已於捆紮前，用藥水或蒸氣消毒，經由檢驗局派員監視，認為施行完善者，得予免驗。前項所用之消毒藥水，以不害鬃毛絨品質，確有殺滅獸疫毒害細菌及其芽胞之效力者為準，其用蒸汽代替藥水消毒者，須經過蒸汽沸蒸兩小時。

第十三條　羽類檢驗標準如左：

1、雞毛鴨毛鵝毛及鴨絨鵝絨野鴨絨打成包件，或用布袋包裝，各種翎羽，應按照種類分別整理包裝，其裝飾用之翎羽，並須紮把裝箱，與箱上注明種類。

2、雞毛鴨毛鵝毛及鴨絨鵝絨野鴨絨塵土及夾雜物含物，不得超過

百分之二十，其中所含塵土及不潔物，至多不得超過百分之十五，其他種羽毛之混雜量，至多不得超過百分之七。

3、裝飾用翎羽裝箱時，每層需充分撒布樟腦粉。（Naph thalin）

4、已有損傷之裝飾用翎羽，應完全剔除。

5、帶翅之羽，應充分曬乾，不得含有腐臭氣味。

第十四條　鬃毛絨羽檢驗後，由負責檢驗人員在檢驗單上簽字。依本法第十一條之規定，分別簽給證書或檢驗單。

第十五條　檢驗合格之鬃毛絨羽，應由檢驗局加蓋標識。

第十六條　鬃毛絨羽類證書，有效期間以兩個月為限。

第十七條　本法第十二條之規定，凡檢驗合格之鬃毛絨羽類，在證書有效期間，得附繳原證書向檢驗局報請復驗。

檢驗不合格之鬃毛絨羽類，報請復驗，限於接到不合格通知十四日內為之，並附繳原發檢驗單，但檢驗局認為無復驗之必要者，得核駁之。

第十八條　檢驗不合格之鬃毛絨羽類，准予復驗時，檢驗局應另派員檢驗。

第十九條　甲局檢驗合格之鬃毛絨羽類，轉運至乙局所在地，應填具轉口報告單連同甲局所發證書，送由乙局查核確係原包裝，與證書記載相符，在原證書上簽注【放行】字樣，准予免驗，但查有不符時，應重行檢驗。

第二十條　依本法第十三條呈請補發證書，或換發證書，經檢驗局查核，認為無充分理由時，得重新檢驗。

第二十一條　依前兩條重行檢驗之鬃毛絨羽類，應按照本細則第二條之規定辦理。

第二十二條　證書在有效期間遺失，除應依法呈請補發外，並須將原領證書號數及遺失情形，登載當地著名日報兩日以上，聲明作廢。

第二十三條　鬃毛絨羽類檢驗給證後，如須變更包裝，應報請檢驗局核准，派員監視改裝，並重加標識。

第二十四條　檢驗局施行鬃毛絨羽類檢驗，得制定補充辦法，但須呈准本部備案。

第二十五條　本細則自公布之日施行。

（載《實業公報‧法規》第 251 和 252 期合刊，第 99～106 頁）

（十八）實業部商品檢驗局肉類檢驗施行細則

民國二十四年十月十一日部令公布

第一條　本細則依商品檢驗法（以下簡稱本法）第十八條之規定制定之。

第二條　本細則所稱之肉類，其項目如左。

（甲）鮮肉　牛、豬、羊、雞、鴨、鴿等肉。

（乙）冷藏肉　牛、豬、羊、雞、鴨、鴿等肉。

（丙）製過肉　火腿、醃肉、罐頭肉、臘味及其他製過肉等。

（四）羽類　雞毛　鴨毛　鵝毛　鴨絨　鵝絨　野鵝絨各種野禽翎管羽毛。

前項各款肉類，各地施驗之種類，另定之。

第三條　凡輸出國外肉類，應於報關前，向所在地商品檢驗局（以下簡稱檢驗局）填寫報驗單連同檢驗費，報請檢驗合格者，給予證書，方得報關出口。

第四條　檢驗次序，以報驗先後為準，其手續限於兩日內施行完畢，星期日及其他放假日，依次延長之，但必要時，亦得照常工作。

第五條　肉類須採自健康無病之牲畜，經獸醫檢驗合格者。

第六條　凡輸出國外之肉類，由檢驗局派遣獸醫執行宰前宰後檢驗，其檢驗事項如此：

（甲）宰前檢驗

（一）牲畜屠宰前，由檢驗局派員所指定之畜舍或圈欄中實行生體檢驗。

（二）檢驗結果，凡有疾病或有疾病變異之牲畜，由檢驗局派員監視隔離，加以治療，俟過相當時期，復驗合格，方得屠宰。

（三）隔離期間，一切關於牲畜之處理辦法，由檢驗局指定，但物主得向檢驗局陳述意見。

（四）牲畜尚未成長，或產期將屆，或生產未久者，不得屠宰。

（乙）宰後檢驗

（一）牲畜之屠宰及其解體，應受檢驗局之指導。

（二）牲畜剖腹前，經檢驗局驗有傳染病或結核病者，應移入病畜解剖室剖驗。

（三）牲畜宰後不剝皮者，須在剖腹前將畜體表面沖洗潔淨。

（四）牲畜剖腹，應由喉部起直線，經胸腹而連肛門，使內臟暴露，

剝皮時，並不得用刀割傷皮質。

（五）牲畜內臟等項，須各頭分置，不得混合或掉換。

（六）牲畜軀體及其內臟等，如發現病徵，有不適食用之嫌疑者，檢
　　　驗局得扣留詳細檢驗，非經檢驗局許可，不得擅自洗滌或修割。

（七）牲畜軀體之全部或其一部，經檢驗認為合格者，由檢驗局於其
　　　表面加蓋驗訖圖章。

（八）牲畜軀體之全部或其一部，經檢驗認為不適食用時，其肉之全
　　　部或其一部，由檢驗局於其表面加蓋禁充食用字樣，但得熬油
　　　改充工業原料。

（九）牲畜軀體因結核病或其他有害於人之傳染病而扣留者，其皮毛
　　　得充工業原料，但須進行消毒。

（十）牲畜軀體疾病之限於局部者，除將有病部分割去或扣留外，其
　　　餘部分，仍為合格。

第七條　肉類檢驗標準如左：

（甲）鮮肉須宰割整齊，品質鮮美；冷藏肉，並須冰凍適宜。

（乙）家禽肉有雞痘魯布雞霍亂或其他敗血病結核病肝腸炎之覃樣
　　　真菌傳染性貧血*性腹膜炎球蟲病等，或色澤青灰，肉質腐敗，
　　　放血不全者，不得作食用。

（丙）製過肉品質須鮮潔，不得雜有酸敗氣味，火腿醃肉等，並須宰
　　　割齊整。

（丁）肉類皮裝須清潔堅固，裝肉之罐，塗錫質時，所含鉛質，不得
　　　超過百分之一，並不得有鏽壞或凹凸情形，蒸氣消毒手續須完
　　　備，包裝外病須標明肉藏物之品名與淨重，暨所用防腐劑之種
　　　類與份量。

第八條　製過肉在製造期內，檢驗局得隨時派員實行檢驗，其製造設備，須
　　　清潔，所使用之防腐劑，以左列各品牌限。

（一）食鹽（二）糖（三）木煙（四）酒（五）醋（六）硝（七）
硝酸鈉（八）辛香品（九）安息酸鈉（不得超過十分之一併須標明
於標籤之上）。

第九條　檢驗完事，由負責檢驗人員在檢驗單上簽字，依本法第十一條之規
　　　定，分別簽給證書或檢驗單。

第十條　檢驗合格之肉類，應由檢驗局派員監視裝封，並加蓋標識。

第十一條　肉類證書之出口有效期間，以兩星期為限。

第十二條　依本法第十二條之規定，凡檢驗合格之肉類，在證書有效期間，得附繳原發證書，向檢驗局報請復驗。

　　　　　檢驗不合格之肉類，報請復驗，限於接到不合格通知七日內為之，並附繳原發檢驗單，但經檢驗局認為無復驗之必要者，得核駁之。

第十三條　檢驗不合格之肉類，准予復驗時，檢驗局應另派員監驗。

第十四條　甲局檢驗合格之肉類，轉運至乙局所在地，應填具轉口報告單連同甲局所發證書，送由乙局查核確係原包裝與證書記載相符者，在原證書上簽注「放行」字樣，准予免驗，但查有不符時，應重行檢驗。

第十五條　依本法第十三條請予補發證書或換發證書，經檢驗局查核認為無充分理由時，得重新檢驗。

第十六條　依前兩條重行檢驗之肉類，依本細則第三條之規定辦理。

第十七條　證書在有效期內遺失，除依法呈請補發外，並須將原領證書號數及遺失情形，登載當地著名日報兩日以上，聲明作廢。

第十八條　肉類檢驗給證後，如須變更包裝，應報請檢驗局核准，派員監視改裝，並重加標識。

第十九條　檢驗局施行肉類檢驗，得制定補充辦法，但須呈准本部備案。

第二十條　本細則自公布之日施行。

（載《實業公報‧法規》第 251 和 252 期合刊，第 106～109 頁）

（十九）實業部商品檢驗局骨粉類檢驗施行細則

民國二十四年十月十一日部令公布

第一條　本細則依商品檢驗法（以下簡稱本法）第十八條規定制定之。

第二條　凡輸出國外之骨粉，均應向所在地商品檢驗局（以下簡稱檢驗局）填寫報驗單連同檢驗費，報請檢驗合格者，給予證書，方得報關輸出。

第三條　本細則所稱之骨粉，其項目如左：

　　（一）生骨粉。

　　（二）蒸製骨粉或脫脂骨粉。

　　（三）蹄角粉。

第四條　檢驗局接到報驗單，應即派員撿樣，其辦法如左：

　　一、每百包撿樣四包，百包以上千包以下，撿樣十包，千包以上萬包以下，撿樣二十包，萬包以上，撿樣二十五包，每包撿樣一斤。（市制即五百公分）。

　　二、前款樣貨混合為一，提取二斤（市制即一千公分）分裝四瓶，由撿樣員封固蓋印，除一瓶供檢驗外，一瓶交報驗人收執，兩瓶存局備查，其餘當場發還。

　　三、樣貨由撿樣員撿取，報驗人不得指定。

　　四、經過撿樣之骨粉，由撿樣員逐加印識。

　　五、撿樣完竣，由撿樣員發給報驗人撿樣憑單。

　　撿樣憑單，應由檢驗局編號，交撿樣員簽名填發。

第五條　檢驗次序，以報驗先後為准其手續限撿樣後兩日內施行完畢，星期日或其他放假日，依次延長之，但必要時，亦得照常工作。

第六條　檢驗標準如下：

　　（甲）生骨粉

　　（一）水分不得超過百分之十二。

　　（二）總磷酸含量不得少於百分之十六。

　　（三）夾雜物不得超過百分之十。

　　（乙）蒸製骨粉或脫脂骨粉

　　（一）水分不得超過百分之十。

　　（二）總磷酸含量不得少於百分之十九。

　　（三）夾雜物不得超過百分之八。

　　（丙）蹄角粉

　　（一）水分不得超過百分之十四。

　　（二）氮含量不得少於百分之十一。

　　（三）夾雜物不得超過百分之八。

第七條　檢驗完畢，由負責檢驗人員在檢驗單上簽字，依本法第十一條之規定，分別發給證書或檢驗單。

第八條　檢驗合格之骨粉，檢驗局應在其包裝上加蓋標識。

第九條　骨粉類證書有效期間，以兩個月為限。

第十條　依本法第十二條之規定，凡檢驗合格之骨粉，在證書有效期間，得

　　　　附繳原發證書，向檢驗局報請復驗。

　　　　檢驗不合格之骨粉，報請復驗，限於接到不合格通知十四日內為之，並附繳原發檢驗單，但經檢驗局認為無復驗之必要者，得核駁之。

第十一條　檢驗不合格之骨粉，准予復驗時，檢驗局應另派員撿樣監驗。

第十二條　甲局檢驗合格之骨粉，轉運至乙局所在地，應填具轉口報告單連同甲局所發證書，送由乙局查核確係原包裝與證書記載相符者，在原證書上簽注〈放行〉字樣，准予免驗，但查有不符時，應重行檢驗。

第十三條　依本法第十三條請予補發證書或換發證書，經檢驗局查核，認為無充分理由時，得重行檢驗。

第十四條　依前兩條重行檢驗之骨粉，應按照本細則第二條規定辦理。

第十五條　證書在有效期間遺失，除應依法報請補發外，並須將原證書號數及遺失情形，登載當地著名日報兩日以上，聲明作廢。

第十六條　檢驗局施行骨粉檢驗，得制定補充辦法，但須呈准本部備案。

第十八條　本細則自公布之日施行。

　　　　（載《實業公報·法規》第 251 和 252 期合刊，第 109～112 頁）

（二十）實業部上海商品檢驗局芝麻檢驗細則

第一條　本細則依商品檢驗法（以下簡稱本法）之規定制定之。

第二條　凡輸出國外之芝麻，應於報關前，向局填寫報驗單，連同檢驗費報請檢驗，合格者給予證書，方得報關出口。

第三條　檢驗局接到報驗單時，應即派員揀樣，其辦法如左：

　　　　（一）凡貨樣相同之品，每百包抽提四包，五十包以下抽提兩包，每包揀取一斤，（市制）逾百包時，酌量遞加。

　　　　（二）貨樣由揀樣員揀取，報驗人不得指定。

　　　　（三）揀樣完竣，由揀樣員於包裝上，逐加印識，並發給揀樣憑單。

　　　　（四）前項揀樣憑單，由局編號，交揀樣員簽名填發。

第四條　檢驗次序，以報驗之先後為準，其手續限揀樣後兩日內施行完畢，星期日或其他放假日，依次延長之，但必要時，亦得照常工作。

第五條　芝麻檢驗合格標準，暫定如左：

　　　　（一）水分照季節規定八月至十二月，不得超過百分之八，正月至七

月，不得超過百分之六‧五。

（二）雜質不得超過百分之三。

第六條　檢驗完畢後，由負責檢驗人員，在檢驗單上簽字，依本法第十一條之規定，分別發給證書或檢驗單。

第七條　檢驗合格之芝麻，由局在其包上，蓋加標識。

第八條　芝麻證書有效期間，以三個月為限，必要時得延長一個月。

第九條　依本法第十二條之規定，凡檢驗合格之芝麻，在證書有效期間，得附繳原發證書，向局報請復驗檢驗不合格之芝麻，報請復驗，限於接到不合格通知十四日內為之，並附繳原發檢驗單，但經檢驗局認為無復驗必要者，得核駁之。

第十條　檢驗不合格之芝麻准予復驗時，應由局另行派員揀樣監驗。

第十一條　依本法第十三條呈請補發證書或換發證書，經局查核認為無充分理由時，得重行檢驗。

第十二條　證書在有效期內遺失，除應依法呈請補發外，並須將原頒證書號數及遺失情形，登載當地日報兩日以上，聲明作廢。

第十三條　呈請補發證書或換發證書，每次需繳手續費國幣五角。

第十四條　芝麻檢驗給證後，如須變更包裝，應即報局核准，派員監視改裝，並重加標識。

第十五條　芝麻檢驗費，每擔收國幣三分五釐前項檢驗費，應一次繳足，無論合格與否，概不發還。

第十六條　本細則呈部核准備案後，以局令公布施行。

（載《國際貿易導報》第五卷第九號）

（二一）實業部上海商品檢驗局棉花檢驗規程

民國十九年十一月二十日部令公布

吾國棉花檢驗事業，近數年來，可稱已在國民政府實業部指導之下，由商品檢驗局執行其事，其組織已由散漫的而成為有系統的，未始非一進步而有建設之新精神。但因略取檢驗費，一般人民每誤認為稅收機關，其實所收檢驗費至廉，僅足維持國支而已。而每稱商品須有檢驗人員竭其智慧，運用各種科學方法甄別優劣，發出證書，矯正農商摻偽之陋習，維持貿易之公平，

提商品質地，增進國際貿易信用，其責任之重大，固非其他純以稅收為目的
之機關所可比擬也。茲將商品檢驗局棉花檢驗之設施概述於下：

（一）規程

棉花檢驗規程，各地商品檢驗局均呈前工商部核准大概相同，茲舉上海
商品檢驗局棉花檢驗規程如次。（民國十九年十一月二十日部令公布）

第一條　本規程依商品檢驗局暫行條例（以下簡稱本條例）第二條第一款及
　　　　二十一條制定之。

第二條　凡出口（如往外洋或通商口岸或復出口）或集散市場買賣之棉花，
　　　　均依本規程之規定，向所在地商品檢驗局，填寫檢驗請求單，連同
　　　　檢驗費，呈請檢驗。

　　　　復出口棉花，會經他局檢驗者，應由復出口地檢驗核給出口證書，
　　　　但查有不符時，得依本條例第十九條辦理。

　　　　復出口之棉花，如非國產，依本條例第六條辦理，但須報告檢驗局
　　　　核發出口免驗證書。

第三條　檢驗局應依接到請求單之先後，即日派員採樣，其採樣辦法如左：

　　　　（一）布包席包或木機包，每百擔採樣四筒，每筒十二兩（市制下同）
　　　　　　　其一擔以上，未滿二十五擔者，採樣二筒，二十五擔以上，未
　　　　　　　滿五十擔者，採樣三筒，五十擔以上，未滿百擔者，採樣四筒
　　　　　　　餘依數類推。

　　　　（二）鐵機大包每百包開樣包四包，採樣四筒，每筒重量一斤半，其
　　　　　　　另數一包以上未滿二十五包者，採樣二筒，二十五包以上未滿
　　　　　　　五十包者，採樣三筒，五十包以上未滿百包者，採樣四筒，餘
　　　　　　　依數類推。

　　　　（三）採花入筒，應與請驗人，眼同封固加印火漆。

第四條　棉花所含水分以百分之十二為合格標準，但漢口，上海，寧波，沙
　　　　市，濟南檢驗局之合格標準，於民國十九年為百分之十四，二十年
　　　　為百分之十三，二十一年起為百分之十二。

第五條　凡棉花濕度超過合格標準為不合格，不得發給證書。

第六條　檢驗用器及溫度時間之標準另定之。

第七條　棉花品質及摻雜等檢驗由報驗人自由聲請，其辦法另定之。

第八條　原報驗人聲請復驗時，應於接到報驗單七日內行之。並將檢驗單呈
　　　　繳。

第九條　准予復驗之棉花，應另派員扦樣監驗。

第十條　棉花復驗，應給證書或檢驗單，依本條例十三條辦理。

第十一條　檢驗合格之棉花，每包總鉗口處，檢驗局應加標識。

第十二條　凡出口運往外洋之棉花，每百斤（市制）收檢驗費國幣六分，運
　　　　　往通商口岸或轉口或集散市場買賣之棉花，每百斤收檢驗費國幣
　　　　　三分。前項檢驗費合格與否，概不發還。

第十三條　集散市場買賣之棉花，在證書有效期內，欲運銷外洋時，得呈局
　　　　　核換出口證書，每擔補繳檢驗費三分。

第十四條　檢驗合格之棉花，原係中小包，而欲改裝機包或大包者，應連同
　　　　　檢驗單，呈局核換證書。

第十五條　證書有效期間，自發給證書之日起，以兩個月為限，但得因報驗
　　　　　人之請求，酌予延長一個月，其集散市場賣買之證書，有效期間，
　　　　　由各檢驗局就當地情形自定之，改包期限，自發給證書之日起，
　　　　　不得逾兩個月。

第十六條　本規程之公布之日實行。

（載《國際貿易導報》第五卷第九號）

三、關於民國絲織業與茶業改良的資料

（一）三馬林達華商總會提議請設全國絲茶改良產銷所案

三馬林達總商會 1924 年 9 月

吾華國產之能輸出國外可與外洋商業竟爭者，厥惟絲、茶二大宗。惟近年銷額日見退步，印度茶出而侵越華茶之地位，日本絲出而僭奪華絲之銷路。又益以吾國絲茶之出口者不加檢察，每多次劣之品為外人所詬病，絲茶前途可謂極危。近農商部顧問楊道霖有設立全國絲茶改良產銷所之議，用意至善，用代介紹提出，以作本會之議案如左：

撥官款倡始試辦由：

一、中國絲茶為天產最良之品，地球各國無與倫比。華洋通商至今七八十年，每歲絲、茶出口，價銀在二萬萬以上，居全國輸出十分之六。絲茶贏商業興，絲茶紬則商業敗，稽之海關通商貿易表冊，歷歷不爽。

二、詳考中國商業失敗之故，由於商無紀律，利則鳥趨，害則獸走，各不相顧，為外人剝蝕侵奪，而終不知返。今日振興商業，當從整理絲、茶入手，而皆以改良貨品，廣開航路，自運出洋為要義。從南洋、美國發起，推行英、法、意、奧各國，隱以兵法，部勒大小散商，分配各業，由官保息，為桓文節制之師，一掃從前隔閡渙散紛爭弊習，多延中外專門技術經驗人員，溝通商界、學界，藝術、資財兩相濟助，力促進行。

三、茶業多年失敗，整治為難，惟機法稍簡。如及時振起，收效較捷。美國稅章。華茶進口免稅，中國出口近亦免稅，商本略輕，足與印度、錫蘭、

日本等茶相敵。洋人嗜茶，向與牛乳及糖同食，如咖啡等飲法，近亦效法中國，賞其色味，為他茶所不及，異時華茶冀有獨勝之機。

四、絲業，如桑、育蠶、收繭、繅絲、織綢等事，手續較繁，程功亦互有難易。近來機廠日行惟廣，均能仿照洋法，精意製造。中美合設蠶桑改良會，開辦數年，華洋分配蠶種，始時隔閡。近時經驗漸多，專門人士多主日種為良，取其地脈相連，風氣相近。蠶戶與學界，近亦接合，深知劣種之宜急去，改良蠶種，實是有功。由官倡率，齊一成效，不難即見。

五、日本所產絲茶至劣，遠遜中國。惟以製法精善，合於洋人嗜用，每歲銷行歐美之數，加於中國數倍，奪吾國自然之利，不可勝計。近時日本東京、橫濱，災震極大，傷損資財八百億萬，耗去歷載戰勝、營業所獲優利十分之四，非二十年不能恢復。名古屋、大阪等處，復行災震，傷失亦多，商民惶惑益甚。此天予中國振起商業之機，時不可失。

六、近年風氣大開，官商深感痛苦，利害顯然共見，無須過事研究，只求盡力進行，隨事整頓。自歐戰以來，西人深忌日本，時有樂助中國提倡華貨之意，美國尤為著明。中商業與歐美爭利則不足，借歐美之助與日本爭則有餘。做一分則有一分之益，做到五分、六分，便可壓倒日本，通行歐美，為吾國無窮之利。

七、本年在滬絲商丁汝霖君，以前載赴美與美商諮習，本屆運洋廠絲每擔出售，比較常商獨增銀一百五十兩，此即在滬洋商壟斷之資。如檢查辦起，航路開通，每歲華絲出口得六七萬擔，即此直接一項，使可得銀歲將千萬，而茶與航路各利益，不在其內。源源推廣，今日起死回生，救貧裕國之計，實在於此。

八、上海為華洋通商總匯區域。中國產絲以江、浙、皖，鄂為多，產茶以湘、鄂、贛、皖、浙、閩為多。絲茶出口，各省內地，九江、漢口、福州等埠，大抵運至上海，始行放洋。蘇省實業，尤應注重。誠能本所成立，主任得人，崇其地位，統籌全局，內而京中院、部官長，外而駐洋公使、領事，各省廳、道官長，以至巨紳大商，皆當聯合一氣，厚集資本，編定商法，嚴為勸懲，自可常勝，立於不敗之地，基礎自定。

此舉事端宏大，總以延攬人才為主。應設總主任規劃全局，兩副主任專理絲、茶大業。並設銀行主任、航路主任，皆責任重大。以至總文牘、總編

輯、總調查各員，皆關緊要。可先由蘇省照撥成款，設立機關。再由出產絲、茶各省，分行補助，以後推廣，歸商擔任。特擬籌備全國絲茶改良產銷簡章凡十條，敬祈鑒核，提議公決施行，中國幸甚。

　　附簡章一扣

　　民國十三年九月

（此件為 1924 年 9 月全國實業代表會議議案，
載中國第二歷史檔案館藏《農工商部檔案》）

（二）擬設絲茶改良產銷籌備所簡章

第一條　本所設在上海中外通商總匯區域，以改良全國絲、茶產銷事業，推行外洋，挽回利權為宗旨。

第二條　本所之擔負在溝通商情，上達部、省、廳、道及地方官辦理進行事宜。

第三條　改良之辦法屬於絲類者，如栽桑、選種、育蠶、收繭、繅絲、織綢等事。屬於茶類者，如培種、採摘、焙薰、製造等事。應列舉細目，分別研究。

第四條　改良行銷之辦法，如檢查核實、裝飾精良、考察仿辦，以投時好。並購置輪船，開通航路等事。絲、茶大致相同，應總攬大勢，設法擴充。

第五條　廣集資本，開設銀行。始而各業分設，繼而同業合設，推而兩業總設。財力雄厚，人才薈萃，補助出產，保護行銷，足使兩業商務日趨發達，但集散為聚，積小成大，聯絡提倡，胥資業董商會，而以本所會其成。

第六條　絲、茶事業重大，改良產銷，端緒繁多。將來諸務畢集，自應請派大員督辦。現當籌備之初，局面無取開宏。應先於本所暫設總主任一人，副主任二人，文牘、調查、編輯、庶務數人，以資開辦。

第七條　總主任、副主任由各商公推，陳請省長派定報部。文牘以下各員，由總主任延用，並得量事酌設雇員及公役。

第八條　各省現設絲、茶各項機關，應陳請省長令知實業廳分行知照，與本所浹洽。並詳行開列示知，互相提攜，共圖精進。

第九條　本所訪明諳習中外商業、工業人員，並絲、茶兩業中學識、經驗宏
　　　　富者，聘為名譽諮議。遇有改良計劃，得隨時開會集議，以廣思益。

第十條　本所俟規為略備，擬裒錄文牘撰述論說，採輯中外名人著作，發行
　　　　月刊，以餉同業。

　　　　代提者何海鳴楊道霖　張益三謝復初　田克詳韓瑞榮　江經沅

〔北洋政府農商部檔案〕

（三）國渠關於改良華茶出口以挽利權呈

（1924 年 9 月）

呈：為代表茶商條陳應興應革事宜，懇請准予提議施行事：竊維二十【世】
紀後為商戰劇烈之時代，列強咸以振興實業為福國利民之基礎。我國民生之
憔悴，利權之外溢，實以國際交易之失敗為一大原因，尤以華茶出口之失敗
為最巨。此屆實業會議，若絲，若油，若磁，凡屬國貨，均有研究提議之必
要，而華茶為純然對外之挽利品，尤當急起直追。究其失敗之原因，為亡羊
補牢之計，猶非晚也。溯歐戰未開以前，華茶之出口額，較之邇年加倍，有
海關冊可核。試以江西之浮梁，安徽之祁門、秋浦三縣言之。歐戰以前，浮、
祁、秋三縣出口之茶，每年十有二萬餘箱，歐戰後每年僅出五萬餘箱，前後
比較，頓減箱額七萬有奇。是每年減額之損失，在一百五十萬以上。此僅以
三縣出口之茶計算，以例全國，每年減額之損失，當不下一萬萬，影響於國
計民生，至深且巨。國渠謬膺公舉為茶業代表，前月三十一日，始接九江總
商會寄交津浦、京津鐵道免票兩張，距開會之期僅隔一日，勢難趕到。除將
前項免票兩張交還九江總商會遵章繳消外，對於華茶為補救將來計，不得不
條陳管見，以備採納。查歐戰前，俄銷華茶居三分之二，英、美僅三分之一。
歐戰後，俄亂相繼，華茶之銷場，僅恃英、美，因而供過於求，洋商乘機抑
價，華茶削本求售而不可得。如民國九、十兩年，滬、漢兩埠屯攔箱額數十
萬，無人問津，遂至大傷元氣，一蹶不振。在商人，因銷場之不暢，不得不
減辦箱額。在園戶，因銷胃之呆滯，惟有任其荒蕪。此華茶天然大宗之利益，
影響於俄路不通者如此。今幸承認蘇俄，將開正式會議，更宜乘此時機，與
蘇俄訂立專條，規定華茶銷俄，不得偏加稅率限制，或其他之歧視。此對於

俄國銷路，急宜規復，以為補救者一也。邇年來我政府見華茶之失敗，特頒明令減免茶稅，以資補救。惟限定民國十四年截止期間，似嫌太促。原前、舊兩年出口之茶，稍見增加，將來俄路通行，非將茶稅展限減免，華茶之成本勢必加重，洋商之購辦亦將減額。際茲元氣未復，恐推廣銷場之效果未見，而割股啖腹之危險堪虞。此對於減免茶稅，應請展限，以為補救者二也。況華洋通商，惟華茶一項弊竇最多。出價之高低，磅秤之大小，一任洋商上下其手。且洋行過磅，有每箱明克四磅之苛例，合華秤三斤有奇。邇年全國出口箱額，約在八十餘萬，統計約被克磅二萬四千餘擔，每擔計價三十餘兩，則每年損失有八十萬兩之巨。此等苛刻，華商如或爭議，立即退盤、割價，損失更為深巨。茲為挽回利權計，宜由政府特派茶務交涉司，在滬、漢兩埠設立交涉局。如遇洋行任意克磅，或於成交後退盤割價，准被害商人聲請交涉局提出抗議，以資保護。此對於任意克磅，應請設局保護者三也。然此為對外之補救，至於對內，則限製茶號，嚴禁關卡之留難，尤為當務之急。茶號者，乃商人聚股借領棧款銀，就產地辦茶之營業所也。因有茶棧通行押箱之放款，故聚資千元者，便可開設一號，由是茶號林立，成船多礙港之勢，且其中多有不諳茶務者，而粗劣之貨，攙偽之弊由之而出。華商之不能全部改良與印、錫、日本競爭優勝，職是之故。補救之法，應由政府規定章程，凡開設洋莊、茶號，聚資須滿三萬元，聲明有限、無限性質，呈由地方宮轉呈農商部領帖註冊。其聚資不滿三萬，或未經領帖註冊，一經查實，立令停業科罰。此為化店鋪式之茶號而成公司式之營業，在國家可增領帖註冊之收入，在商人可絕攙偽自殺之弊竇，是限制之中，實寓維持之意。此對於茶號，應請限制者四也。夫洋商辦茶，開市有一定之期，行情有先後之別。業茶者，利在快運趕市，以防跌價。無如內地關卡，往往留難需索，沿途妨礙，若不厭其欲，便託言盤艙，任意扣留茶船。商人血本攸關，急於趕市，惟有忍受痛苦，一任苛索。是政府恩免之茶稅，反為若輩所攫取，事後提起告訴，又以查無實據，橫被批銷。此對於關卡之留難，防害華茶之發展，應請通令嚴禁者五也。總此五條，如蒙核准提議討論施行，華茶前途實利賴焉。謹呈農商部。

　　中華民國十三年九月日具

（北洋政府農商部檔案）

（四）發展中國絲業計劃

繆鍾秀

本局生絲檢驗處主任繆鍾秀君上孔部長節略：

具節略，上海商品檢驗局生絲檢驗處主任繆鍾秀，謹略者，竊職此次赴日考察絲業，回國後，業與同赴日本考察之技術官李耀邦將考察經過情形呈由本局局長轉陳均長鑒膽在案，竊意今後發展我國絲業，其方法與步驟，雖可借鏡東鄰，而工作設施，必須從根本做起，按日本絲業之發展，實係政府提倡，商人努力專家研究之結晶，茲就我國政府及商人專家所應努力事項，及應有組織，謹為均長陳之。發展絲業，非僅將普通行政所能設施，應由政府與專家合作辦理，政府無專家，則研究工作，無人擔任，而提倡難有實力，專家無政府，設立場所，予以便利，則研究工作，無從進行，即研究所得，亦難以實施，是政府與專家，宜融成一片，方易收效。查我國絲之業無進步，固由於前政府之未加提倡，商人之墨守舊法，但其主要原因則在缺少研究工作，以致絲業上一切根本問題，無法解決，因循坐誤，造成今日衰落之現象，是改進蠶絲，當以研究工作為先著，毫無疑義，為今之計，宜由政府設立中央蠶絲業試驗場，直隸均部，其組織大綱如左。

注重桑種肥料栽植，及桑樹田之利用等研究。注重桑種飼育病由遺傳氣候等研究。注重繅絲煮繭檢驗機械之改善絲廠設計，絲廠管理，生絲分級等研究，又注重紡織機械及方法之改善，生絲用途推廣等研究。補助其他各科關於化學之研究工作。補助其他各科關於物理之研究工作。專家人選，以蠶絲一業，關係生物學化學物理學等之故，擔任研究人員，非具有此項基本科學知識，且富有研究經驗者，不克勝任。此項人才，求之今日蠶絲業中，寥若晨星，為充實研究人員起見，應就現有之大學教授中，遴選專員，使研習蠶絲若干時，再由均部遣派赴日詳加考察，然後歸國，擔任工作，庶幾一切蠶絲問題，得根本解決，蠶絲改良事業，得納於正軌，此外政府尚有應行辦

理者，即為獎勵改良，我國現有蠶絲業各部分，均乏統一監督辦法，如繭行條例，江浙兩省，各自規定，蠶種檢查，各設機關，凡此種種規定，自應由中央辦理，庶絲繭商人，得自由採辦原料，而檢查事業，得臻完善，又現在各地絲廠機械，大都系數十年前之舊式，縱有精美原料，難獲優良出品，今為促進改換新式機起見，應就江浙絲廠情形，由均部訂定絲廠條例，規定資本總額，建築設備，及獎勵辦法，為訂定各項條例起見，應由均部召集兩省蠶絲及行政人員，組織蠶絲設計委員會，討論起草，呈由均長採擇公布。至蠶種檢驗，應由均部設立專所辦理之，再關於商人方面，所應致力者，商人應先具健全之組織，然後可進行其應辦事項，如日本之中央蠶絲同業組合，美國之全國絲業工會，凡有關於蠶絲同業之利益，由均中央同業公會，主持辦理，商人組織健全，則政商合作亦易，我國商人組織，各省不同，而一省之中，各地又不同，且絲繭商人，各立門戶，不相聯合，組織紊亂，力量單薄，安望其為絲業努力哉！查蠶絲商人現有團體如左：江浙皖絲繭總公所、絲經同業公會、上海絲廠同業公會、無錫絲廠同業公會、浙江絲廠同業公會、關山東絲業工會、四川絲業工會、湖北絲業工會、廣東絲業工會、江浙各縣繭業公會。以上各蠶桑團體，成立雖久，而於絲業進展，成效未著，應由政府派員會同現有絲業團體，合併組織，分科辦事，或存各地同業公會，而將江浙皖絲繭總公所，加以整頓，俾力量健全，功效偉大，茲就合併或改組整頓後，辦法如左。

江浙皖同業公會

調查科	辦理各省各縣絲繭業調查，及世界各國絲業狀況調查
統計科	辦理各省絲廠產絲各地產繭工資比較，生產費此較等統計
勞工科	辦理勞資糾紛及職工養成改善待遇等務
總務科	辦理會計文版內外事務

上項組織，由絲商中推舉學識專長之絲商，為主席，各省推舉領袖為委員，另聘專員辦理，各科事務，所需經費，即以現有各機關收入充之，如是則商人方面，得為蠶絲努力矣，以上所陳，再為列表，說明如左。

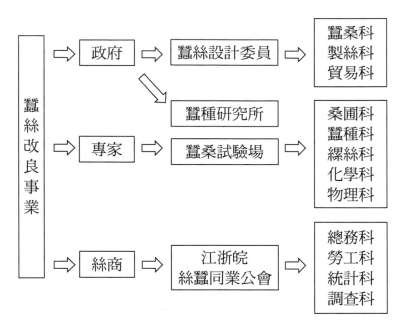

職奉命赴日考察，謹以一得之見，敬陳均鑒，倘蒙採納，絲業幸甚，謹略。

附本局生絲檢驗處主任繆鍾秀君、技術官李耀邦君、赴日調查生絲報告

呈為陳報奉派赴日考察絲業經過情形，敬祈鑒謄核轉事，竊鍾秀等此次奉派赴日，考察絲業，當未出國之前，會擬具考察範圍，（一）日本救濟絲業經過情形，及現在狀況，並將來計劃（二）生絲分級強迫實施檢查之標準，並附帶考察絲織品檢驗組織及辦法等，當經面陳奉准。隨於七月十一日啟程，十三日抵神戶，十六日赴橫濱，二十三日抵長野，二十七日返國，閱時共十有六日。按照預定計劃，參觀各處。（一）為神戶及橫濱生絲檢查所，（二）為神戶及橫濱絹絲織物檢查所，（三）為神戶三井公司生絲部，（四）為神戶東神倉庫橫濱帝國蠶絲倉庫，（五）為中野蠶絲試驗場，（六）為橫濱生絲交易所，（七）為長野縣絲廠各家，並訪謁中央蠶絲同業組合副會長加賀山辰四郎，橫濱出口絲商公會長尼伯高等。茲謹將考察所得及個人意見，為局長分別陳之，日本自一九二九年七月始，絲價即呈跌落傾向，至十二月中。標準級低至一千一百五十元，而成本估計則在一千三百元以上。十一月間，蠶絲同業組合即議決重組帝蠶公司，以每擔一千二百五十元之價，受抵生絲五萬箱，共同保管。同時議決十二月下半月完全停工，並一九三零年二月一日至

五月三十一日，並停百分之二十之生產力，以為救濟。但以上兩種議決，實行至是年（一九二九年）底，帝蠶公司僅受抵一萬四千箱，減少生產力之規定，並無效果，絲市仍無起色。乃於一九三十年正月，再謀救濟方法，仍由蠶絲同業組合議決。（一）帝蠶公司存絲統由生絲檢查所檢驗分級，貨品在標準級以上者，得增加抵款。（二）前議五萬箱之保管辦法，繼續實行，而以共同保管之生絲出售權，付諸一特別委員會，（三）帝蠶公司擔任每擔一百元之損失，請求抵押者擔負六個月之棧租利息，六個月後，一切由帝蠶公司負擔。此項議決仍無大效，因請求抵押者寥寥無幾。一九三零年春，政府乃頒布救濟法規，規定以三千萬元為限，五年為期，補償銀行受抵生絲之損失。三月八日，政府決定以每擔一千二百五十元之絲價，受抵標準級以上之生絲十五萬箱（八萬五千包），由政府向受抵銀行，擔保每擔一百九十元之損失，但該項法規之實行，須在帝蠶公司實行收受五萬箱之後，是年三月終，帝蠶公司已收足五萬箱，六月十日止，各銀行亦收足十五萬箱，兩共收受生絲二十萬箱，計十一萬二千包。除上項政府絲商共同保管生絲，以妥定絲價計劃外，蠶絲同業復決定工作時間自十一時減為十小時。上列種種救濟方法，雖已一一實規，但絲價依然繼續低落。比至七月，新繭登場，生絲存積已有十三萬四千包之多，加以是年（一九三零）之新繭收穫豐富，絲市益型疲滯。至是蠶絲同業組合復議決。（　·）呈請政府延長救濟絲業法規期限，原定一九三零年十月止，延長至一九三二年六月三十日止。（二）所有帝蠶公司及各銀行受抵之生絲十一萬二千包，半數於三年內在國內銷用，其餘一半自本年（一九三一年）三月一日起，每月出售三千包。（三）本年三月中全國絲廠停工。（四）救濟準備原定每包徵收四元五角，加至七元一角八分，（七元由絲廠負擔，一角八分由捐客負擔）。自有上項議決後，三月中雖完全停工，而四月中各廠反加足生產率，實際停工之規定，完全無效。至每月出售三千包之辦法，亦無形打銷。次日本政府與絲商共同救濟絲業之經過情形，應陳明者一也。

查日本生絲自一九三零年七月起，至本年六月底止，共產絲七十萬零五千八百零四擔，輸出數為五十五萬零三百十五擔，其餘之絲為國內消用。目下每月產絲約六萬餘擔，外銷四萬餘擔，餘數均屬內銷，並無餘剩，所有從前存絲十萬零九千擔，有上述規定，暫時不致出售。如有出售，絲價即更低落，決為政府當局所不許，此後政府絲商所採方針，大概可分下列各項。（一）政府決自一九三二年一月一日起，強迫實施分級檢驗，以減少貿易上之困難，

並期出品整齊。（二）蠶絲同業各機關合併，組織一全國業絲組合，以集中商人力量，進行絲業應辦事業。（三）三年內費日金五百萬元，在美國宣傳推廣絲織品。又在國內製造絲織西服原料，代替毛織品，以增生絲銷費。（四）限制絲廠之添設，以減少生產。（五）政費雖略減少，各蠶絲機關研究費特別增加，以擴大研究工作。（六）各項研究以減少生產費，增加生絲用途為目的，以上各項計劃，或已實行，或在討論，大足為我國借鑒，此應陳明二者也。

生絲定價向無規定標準，足資依據，買賣雙方，均感困難，釐定等級及各級標準，並檢驗方法，為近十年來日美兩國專家研究之目的，經十餘年之探討，各以本國生產及消費地位之不同，意見不能一致。自一九二八年及一九二九年兩次會議後，雙方意見漸洽。日本方面復將原訂分級檢驗，加以刪改，分級工作遂告完成。日政府為免除貿易上一切困難起見，毅然下令自一九三二年一月一日起，強迫實施分級檢驗，即出口生絲，統須經國立檢驗所，按照規定方法，檢驗品質，批定等級，買賣雙方，均憑所定等級，計算價格，現正積極準備，已撥款三百萬，為添築橫濱及神戶兩處生絲檢查所房屋及增加儀器設備之用，並在橫濱檢查所招添職員，從事訓練。此項計劃實行以後，有下列各種利益。（一）生絲貿易得憑規定等級，定價收貨，銷用者得按需要，擇購一級之生絲。生產者得就其能力，繅製出品，優者列於上級，劣者降居下級，賞罰判明，商人自知努力，（二）美國為銷用生絲最多之國家，其所需要為大量品質一致之生絲。絲廠既照規定等級，繅製並銷售其出品，則品質自可整齊，而產量亦自增加，（三）檢驗品質若任買方獨裁，自不免受市價變遷之影響，賣方往往損失於無形，設檢驗之權交諸公正之第三者，則賣方利益得受保障，此應陳明者三也。

此項考察所得，深覺日本絲業之發展，（一）由於政府之提倡，（二）由於商人之努力，（三）由於專家之研究所致，政府不惜鉅資，設立機關，訓練人才，進行研究，指導事業。若十年如一日，商人則儘量改良，努力推廣，並於政府及專家合作，以求發展。專家則窮一生之歲月精神，孜孜研究，不稍懈怠，各盡厥職，通力合作。集三者工作之結果，方成今日宏偉之絲業。我國土地氣候，在在宜於蠶桑，結以往昔政府昧於利益，未加提倡，商人墨守舊法，不事改進，專門人才極感缺乏，研究一端，向未注意。以致蠶絲一業，淪於衰落，殊堪痛惜。今後我國欲謀蠶絲之發展，自當效法日本，上下一致，努力進行。此事應辦各端，在政府方面者因不勝枚舉，然撮其大者，

要不外指導提倡獎勵三項，而設立中央蠶業試驗場，尤為當務之急，不可不早為舉辦。試驗場工作應專重研究，內容可分桑圃、蠶種、製絲、化學，物理等科，桑圃科應注重桑種之選擇，肥料之成分，栽植之方法，桑樹之利用。蠶種科應注重品種之選擇，蠶病之除防，飼蠶之方法，蠶種之改良。製絲科應致力於機械之改善，水分及水溫之研究，燃料之分析，檢驗工具及方法之改良，分級之研究，絲廠管理之改善，絲廠之設計等，至化學物理兩科，乃所以補助前三項工作之根本，尤當特為注重，以立絲業改進之基，至研究工作應與觀有絲機關分配合作，其研究結果認為妥善而應推行者，由政府命強迫實行。或特籌得款，分別獎勵，如是則改良事業不徒託諸空言，而研究工作可以施之實用，蠶絲業之進步，可翹足而待矣。在商人方面，應將團體合併擴大，俾成為絲業整個的組織，以集中其力量，然後進行一切，庶幾效能巨大。其應辦事項，如繭絲生產，絲量之統計，生產費之調查，職工人才之訓練，工人生活之改善，政商合作之促進，勞資互助之促成，對外之宣傳等，均當急起直追，分頭辦理。惟商人力量薄弱，職見雖或及此，而經費人才，兩感缺乏，領導號召，尤極困難，促進之責，仍有待於政府。在專家方面，我國蠶絲界中人才缺乏，自無待言，絲蠶問題關係生物化學物理諸基本科學，研究工作自應由專門學者擔任，我國於上項專門學者，尚不乏人，只須給以場所，優其待遇，俾得安其生心，從事研究，數年以後，當可造成蠶絲基本人才，似此政府與商人及專門研究學者共同努力，一致進行，中國蠶絲業前途幾乎有豸。此應陳明者四也。

發展絲業，固宜於推廣外銷上者想，就中國目前情形而論，似於外銷以外，尚應注意內銷。何以言之，我國輸入國外絲綢及毛稠品日益增加，以絲綢輸出日形減少，推原其故，實因紡織工業之無進步，以致上等絲綢不能自給，一部分人民習尚奢侈，自不得不用舶來品為我利權外溢，可恥可惜，織製不良，不特上等絲綢輸自國外，而一般絲綢，外銷復受打擊，是發展絲業，苟能從國內絲織業切實改良，不特絲綢輸入可以抵制，即對外銷路，當益見發達。此次在日，悉日人每當生絲銷路之疲滯，絲價之低落，輒別尋生絲之用途，近已發明以生絲代毛絨織成類似毛織品之絲綢，可裁制西服之原料，成本尚較輸入之毛織品為廉，其通商大埠，風行一時。毛織品之輸入，於是大盛。查找我國毛織品之輸入為數當在千萬以上，苟能效法日本，以絲代毛，則不特生絲銷路得以增加，每織品之輸入復可減少，一舉兩得，此應陳明者

之五也。

　　鍾秀等奉命赴日考察，事舉回國，理合將日本救濟絲業經過情形，現在狀況，與將來計劃，及考察所得，個人意見，備文呈報局長鑒核，呈部採擇，可否敬請均裁。謹呈

（載《國際貿易導報》第二卷第十號1～6頁）

（五）第二次國際生絲專門會議狀況報告

出席代表　李安

（一）會議性質

　　此次會議為美國絲業協會所發起，其目的在賡續前歲橫濱生絲專門會議，但橫會係日本發起參加者僅日美兩國而已，此會則成純粹國際性質，凡生絲產銷各國如中日意法英德瑞士坎拿大等均在被邀之列，其中尤以中日意美四國為中心。至所列議程以生絲檢驗，生絲分級檢驗，機械之表演及生絲質量與織物之關係等主要，概係專門性質。又會議時各國代表僅得交換意見而無任何表決之權，故其範圍不外以學識經驗等相交換，以將來樹立國際生絲檢驗及生絲等之標準而已。

（二）會議經過

　　此次會議於去歲十月十五日開幕迄十一月八日截止，閱時二十四日。參加國家除美國外有中日意法英及坎拿大等六國。美有代表十五人，日有代表及顧問等二十一人，意有代表十一人。英法加拿大各有代表一人。我國本有代表七人，唯到會列席者僅四人。至德瑞等國則均函請意國代表團代為出席，並未另派專員三加。會義分大會及專門會議兩種。大會行於開會及閉會之日，由美國絲業協會前任會長沈鼎文君主席凡同業中人均可參加。專門會議僅准各國代表列席，凡到會旁聽者須先取得旁聽證。專門會議以美國代表團領袖歐士登錢鼎主席最多。錢君出身美國最大網廠。之錢鼎兄弟公司在美國絲業協會分級委員會中有悠久之工作歷史。專門會議中凡關於探樣問題者，計開二次；關於斷頭條份檢驗者二次；關於條份差異驗者二次；關於拉力檢驗者一次；關於均勻檢驗者五次；關於清潔淨檢驗者二次；關於合抱力等特別檢驗者二次；關於梭織針織物及撚絲等對生絲之需要及生絲缺點影響於該物之問題者四次；關於生絲分級者四次；又生絲檢驗機械及取樣問題之表演各一

次；參觀美國生絲檢驗所及生絲交易所等各一次。全會重要論文不下五六十種，所經宴會不下十餘次。且美國綢商復將其織物因生絲良窳而發生優劣之點，儘量陳列以備生絲生產者之觀摩。總觀此會，經過其論文最富而辯論最激烈者首推日美兩國。

（三）爭論焦點

此次會議在生絲各種檢驗中以均勻檢驗為重心。計重要專門會議共開二十四次。而均勻檢驗則占五次之多。然均勻檢驗雖極重要。方代表對此之意見尚無若何，利害衡突之點。多數見解主使均勻檢驗趨重於機械化，以免受檢驗員個人意見之影響而對於標準照片之釐訂光義之配合及採樣問題亦互有瞭解融介之處。

查會談中爭辯最烈者，厥為生離絲分級問題。其爭論起點基於日美產銷兩方利害志衝突，美方主以最低價值為標準，所謂最低價值者：凡一級之絲其各種質量如均勻、清潔、潔淨等各立一最低之標準，彼此獨立無畸，輕畸重之分。凡同級之絲，其各種質量均須在最低標難之上。倘的有任何質量發見過劣之點，則其餘難均及格該絲仍應降級。其所持理由綠過劣之點最易發生破綻而使織物全悉被波及，放織物之優劣應以其最大弱點為標準，而生絲為織物原料亦應以此理定其等級。

日方持論完全相反，主以混合百分率為分級標準。凡生絲各種質量悉按其關係輕而予以百分數之比例，製成分級評價表，再以各種質量檢驗所得之分數，照評價表化成百分數，然後相加而並求其平均分數，如此平均分數即為表明該絲之等級。查美國方法簡而實苛，日本方法繁而實寬。至二者之理由均有獨到之處，惟以生絲產銷雙方之立場親之，美法便於生絲之購用者日法便於生絲之生產者，因有此利害術突之關係，故雙方堅持不讓。然以日方持有充分之理由，故美方雖未能遽行承認共說而亦不能厚非之。而美國復為生絲顧主，日亦不能強其遷就。日方以四百五十米達之條份差異檢驗列為生絲分級之主要檢驗之一。計占分級評價表百分之十六分零三分之二。

美方對此亦持反對，其理由為（一）四百五十米達之絲過長，其所示差異殊難精確（二）現行條例份差異檢驗僅列有平均之差，亦所謂低格之平均差異者，即照均勻檢驗之例，應擇其條例份差異最大者規定為檢驗絲條全部中百分之若干，而以其平均數決定低格平均差異之價值。基此理由，美方僅

承認條例份差異為生絲分級中之附屬檢驗，與日方主張相反。惟日美二國對於生絲分級亦有意見相同之點，即彼此均承認均勻、清潔、潔淨為生絲分級之主要檢驗也。

（四）會議表現及結果

此次會議結果就會議之性質觀之，尚稱圓滿，各國與會精神大致以公開合作為前提，而凡所討論研求亦無超出範圍之處。又所列議程頗形繁重而均能於最短會期內逐一發揮完竣，惟會議中僅有交換意見而何種正式表決之決之權，故其結果不得予以肯定承認，而砥可以大體論之，以測將來之趨勢而已。就大體論，凡生絲檢驗各法除有少數之點，尚須繼續交換研究，或待將來新式檢驗機械之發明，或舊機之補充糾正。外各國代表對於對方所持優劣異同之點尚能平心接受，至其正式援用，則應由各國經過一度之整理，然後由其主管機關公布實施。其首先倡行者自屬於美日兩國。

就生絲分級論則因日美根本意見之不同，抑即產銷兩方利害衝突之點尚難有一致之表示。然揆諸將來趨勢日本混合百分法必占相當之勢力，而美國最低價值論亦具有推行之可能性。大約日本混合百分法首之於均勻潔淨二種，主要檢驗按三者之輕重各予以全部價值百分之若干以定市面生絲之普通等級，然後附以關於清潔二者之最低價值表。凡生絲均勻及格而清潔潔淨過劣者得由此最低價值表以復位其等級，末復將其他檢驗如斷頭條份拉力第歸併於附屬檢驗之內其所訂分數，宜從寬大，俾得概括一切普通生絲。凡附屬檢驗數有低過普通生絲狀態者則仍予以降級。此種分級法再附以特種質量，規定表凡生絲採用者遇特種之需要，則可按求之。如此則一方既可表明生絲普通等級，而他方可使附屬質量不受百分法之蒙蔽。此法由美方在參考日本所提混合百分法之後所提議。其法雖似完善然行之過繁，將來如何施行尚須經過長期之研究與相互間之諒解，且恐難免須經過第三次國際會議後，方有具體解決之可能。然要之日本混合百分法與美國最低價值論在此後生絲分級中均具有相當之勢力或將不能偏廢也。

（五）會議感想

此次會議吾人不能不深佩日人研究之精進及處心之堅苦，凡日本所提論各國有質疑之處，莫不皦然，斯應迎刃以解。故雖以美人之好，真理亦不能難之。且其樽俎，折衝之間，均應付裕如，從無開罪他人之處，即意人之態

度亦殊，落落大方。蓋日人有在紐約之三井等洋行，意人有乾利等洋行為其後盾，各有其後臺布景員在也。日領在宴上公開演說，每謂此會對日之重要殊勝。於行將舉行倫敦海會，蓋在海會中日人所能強求者為四與六比之軍備實力，而在此會中日人所佔之地位，就其生絲運銷於美國之數量觀之，則占百分之八十以上。此雖為一種比喻而日人重視此會之心理，殊可概見總觀。

日人在全部會議中所持之態度，計有二大要點：一曰求見信於顧客，凡日人所持論調，務求和婉詳盡，鞭闢入裏。此非純以壓倒他國為目的，而實自認生絲之生產最大國家，凡各種檢驗應較生絲消費國家詳實可靠。故其持本國之檢驗為根本，所必需凡事不得畏難而厭詳。而消費國之檢驗則僅屬於復驗性質，以證明初驗之正確，或糾正其誤點可也。日人此舉一方固自認其責任之重大，而他方復以堅消費者之信仰，心其計良。二曰求諒於顧客，凡生絲品質頗為繁複，每有顧及一種品質而致犧牲他種品質之困。難在理實難求各種品質統一立於同一水平線上，而在消費者之心理則殊誅求無厭。前述之日方混合百分率分級法及美方之最低價值論者，即其一證也。

日方所持態度既對美方所感生絲缺點上之遺憾，處處予以同情，而他方則儘量給予美方以生絲製造之困難，俾達於諒解之地位。故其持論發言均委婉而詳盡。觀會議結束後，美方對日論調頗表好感，不得不認日方所持態度之得當也，茲特申述之。匪特為吾人感想中所不能忘之事實，而亦在在足資吾人之借鏡者。

（六）結論

凡生絲檢驗及分級等法經次紐會詳細公開，各國意見確較前漸趨一直，而於檢驗方法之促進，檢驗機械之改善及分級方法之研究，必更有突飛猛進之勢。我國生絲檢政素落人後而實乏，國際間貢獻之資料滋深感愧懼，竊謂紐會所討論之生絲檢驗及其分級方法，悉以日絲為中心，將來日美二國對於檢驗及分級標準即有趨於完全一致之時，而是否可以純粹適用於我國生絲亦殊屬疑問。故吾國對於此重大之問題自當予以充分研究。茲幸鈞部已毅然立生絲檢驗處於上海，而廣東方而亦將有同樣機關之設立。則此等問題之研究自屬其範圍以內之事。然如何予以贊助及合作之機會，則又在我國之絲商也，故深望政府商人共起而亟圖之。

（載《實業公報》第四期「附錄」）

（六）美日各國絲業調查概況及挽救我國蠶絲業要略

李安

（李）安等於紐約生絲專門會議開會前後，曾在美日各國分作絲業調查。其調查目的預定有二，一為生絲消費國（指美法等國）對華絲需要及其批評，二為生絲生產國對於今後絲業整頓及相互間之競爭方法。前者屬於銷路問題之打通，後者屬於同業競爭之應付。必此二者作一審慎之解答始可對症下藥，以圖挽救我國垂斃之絲業。安等對於所陳策略，不曰蠶絲業之改良推廣而曰挽救蠶絲業者，爰據調查所得。我國蠶絲業之迄於今日，狀雖無殊往昔，且以年來侈談改良推廣者之眾多，似有起衰振弊，駸駸日進之象，而實則已暗伏絕大之危機，且一受鄰邦有計劃、有組織之壓迫。不久即將瀕於絕境，此在國內同業似未周知，而安等則不得不引為杞憂，且更不敢不竭誠以相告。故寧捨改良推廣之美名，而直以挽救相呼號者，此也。茲將調查概況及挽救要略分述如下：

甲、調查概況

生絲消費國家對於華絲之需要及批評：吾國川、滬、粵廠絲之銷場以法美為主要。年來此類廠絲之銷行法美，雖間有互為消長之處，然總其大概，則除川絲外，其分銷法美之數量幾已趨於平均。川廠絲之運銷法美者年均一萬包，法銷約占八成，美銷則僅居二成。滬廠絲每年銷行法美約自三萬至五萬餘包，若取近年平均銷數觀之，則美法二國極鮮軒輊之分。粵廠絲年銷歐美亦約五萬餘包，其在美法之銷數亦幾相等。總之，以滬粵廠絲目前之銷路而論，則吾人對美對法均不能有所偏重，然就貿易之習慣言，法莊重保守，其每票銷數雖不甚大且多自數包以至數十包，而一有需要則多惟華絲是求，以其對華絲利用極慣而信仰因亦甚深，故其購絲多以我國有品牌號為取捨，而鮮存挑剔苛求之心，且恒轉託駐滬洋行為之代理也，此固由法國綢廠規模較美國為小而採用華絲技術則反較精進。美國則不然，其絲織廠規模甚大，有一廠年銷二三萬包者，且人工既昂工作極需迅速，兼之美國之綢緞多由於規模宏大之時裝公司制就成衣以銷售於社會，復以日絲在美競銷類多在絲銷要地設立公司以現絲為交易，俾美廠得隨時購買調換以應其急需，故美莊購絲以數量多而質量勻，兼有現絲或駐美代理機關為其主要條件，其一票之銷數恒自百包以至千包，而其質量之規定則殊嚴密，甚則要求在美儲有現絲以

備必要時之調換，更有下焉者以初次所購之華絲不諳其利用之道，而即永遠屏絕不復採用，此則深受日絲競爭之影響。又美國現銷費世界生絲百分之八十以上，其需要之大遠駕法國之上，而其銷費量百分之八十以上又悉日絲是更值得吾人之注意者。以上所述為普通一般情形，茲更就華絲在美之特別用途及其缺點分述如次：

（一）滬廠絲以質地之堅韌多以做織綢經線之用途為尤廣。凡美國雙幅織機則多採用華絲為經，此項織機以意哥爾廠（Eagle）為最多，其一機所織之綢可中分為二疋，故其織梭在經線中往還之距離較單幅織機多一倍，於是不得不用堅韌之生絲以作經線，倘其經線為單獨一條之生絲（如二十至二十二條份以上者）則尤非華絲不可，故意哥爾廠所用之華絲恒占百分之七十以上，該廠規模甚大每年所銷華絲可自數千包至一萬包，此其一例。又滬廠絲如染以顏色（以黑色為尤甚）則絲身頗能膨脹，俾織成之物能蔽風光，以之製造婦女所用之日傘及平縐等最為相宜，西華山伯克（SehlwarzonbachHubor）廠每年採用滬絲頗多大都供此項用途，亦一例也。用滬絲以織襪者甚鮮，全美祇白克雪爾（Berkshire）一家，此廠在數年前曾以華絲供總需要百分之八十以上，後因日絲勞力改良而華絲反形退步乃突然改用日絲，而僅間採華絲之較優者以備特別需要，然其欲用華絲之心理仍未稍減。此廠為世界最大之針織廠，每年可銷售生絲二萬餘包，滬廠絲失此巨大雇主殊為可惜。查此次調查所得，凡滬廠絲之最大缺點有五，其中三點則已為美國絲業界所公認，餘二點則言人人殊，尚在疑信參半之間，而要為吾國所當努力打破則一也，滬廠絲每絞分量過重且多膠點，故浸皂頗多繁，而搖絲頗為費工，此其缺點一也；條份不勻，且以年來上海工潮澎湃管理欠善之故，衡以最新之黑板檢驗則其欠勻之處較昔益為顯著，此不獨中身以下牌號為然，凡從前負盛名之絲牌亦幾全失其信用至不能如前之暢銷。美人每舉此以詢，其究其實至堪惋惜，其缺點二也；絲牌夾雜且每牌之下復有頂號頭號等之分，更據美國檢驗家之經驗，常發現其頭號優於頂號之處我國每廠所出之絲至為有限，更因牌號之紛紜及頂號頭號等優劣不分以致用戶無所適從，除有特別需要外每不敢多行採用，此其缺點三也；滬廠絲絲身不潔且多大糙致搖絲易斷，並影響於織品，此其缺點四也；滬絲性硬，不易染色尤以絞染為甚，凡以整絞之絲先染然後再搖成絲桄以便紡織者，則其絲身每易發生細毛而使搖紡均感不便，此其缺點五也。以上五點其前三點在美國絲業界頗多能言之，其後兩點美國絲業界

雖有以為言之者，然詢之慣用滬絲之意哥爾及白克雪爾二廠，則均不承認此說，且謂滬絲除前述三大缺點外，其餘較日絲為優。要之，此雖為不諳利用滬絲者臆說，而吾國不能不加以研究，教導用戶則不待言也。總上所述，滬絲在美之用度以織綢占最大部分，而針織一途則除白克雪爾一家外實鮮採用之者。查日絲運美近年已遠五十餘萬包，據日本代表新宮作治郎所談，則其百分之二十五悉用以織襪，而據美國代表賽代爾（Seidel）意見則美國針織一業實消費進口日絲百分之五十以上，總之美國婦女之喜御絲襪已成普遍之風尚，其消費生絲量之偉大殊堪驚異。苟滬廠絲不能於針織業占一位置，則在美銷路殊難發展。查針織業所用之生絲以十三至十五條份為最多，考其理由係以織襪所用之撚線多以十四中條份（即十三至十五）之生絲並撚而成。此撚線之粗細隨時尚而變遷，凡十四中之生絲可隨時尚以增減其並線之數目，俾撚線條份得適合於社會需要。倘採用較粗之生絲如二八至三十，雖能代二條十四中之生絲，然時尚一變即不易更易，餘可類推也。故針織業之採購生絲必以十四中為標準，俾易調劑其撚線之粗細，而其他條份之生絲除有臨時特別需要外，概不敢預行購存。即此而論，日本蠶繭以蠶體健康之改進，其繭絲變粗，對於十四中條份之製造已日感困難。吾國江浙繭絲較細，倘選種得法兼能改善飼育、繅製，則以之繅成十四中之條份實較勝於日繭，是則滬廠絲之推銷於美國針織業已具有天然之優勝，倘滬絲加意改良，俾適合美國針織業之採用，則其銷路必可大暢，是在國人注意及之耳。

（二）粵絲性柔膩，故利於撚紡絲縐及絲絨等。查絲縐每一英寸之撚數有多至七十以上者，非柔膩之絲則難收滿意之效。絲絨需色澤豔麗，尤以毛腳柔膩、庶富摩擦上美感。以上二種，綢廠多有採用粵絲者。唯粵絲既不均勻而尤欠清潔潔淨，故僅可充作緯線極鮮用以作經者。苟此三種品質均有極度之改良，則在美國絲縐、絲絨二類用途中必可專美於他絲。其粵絲價廉，倘品質一經改良則銷路當更暢達，可斷言也！

（三）輯裏絲色澤鮮麗且性頗堅韌，美國多用以製造絲線或起花之用。惟條份至不均勻，故用以製造綢襪者甚鮮有之，惟間用於女子運動綢衣，蓋此類服裝以粗糙為主，用之固適得其所也。然亦為數甚鮮，良可浩歎！

（四）灰絲所用以製造電器火線或織襯衫及睡衣等用。查灰絲合抱力甚弱，且固有色澤甚濃不易渲染他色，故其他用途甚隘。惟邇來飛機事業日趨發達，飛機上之下降傘多有採用灰絲製造者。但充作此用之灰絲，其條份務

須勻細，倘吾國能加意改良，則灰絲之銷用於此道者必大有可觀。

以上所述為我國各種絲經在美之用途及其優劣異同之點。倘我國能努力改良，一方提高其品質，一方減低其成本，而並採用適當之貿易方法及設立推銷機關等，則無論何種絲經均可望相當之發展，否則上述各種用途中大都有他國之絲或他項織料足以代替我國之生絲，以是如我國之生絲或因售價之高昂，或因貿易上感受過分之困難，日絲、人造絲及棉花等均可乘隙起而代之。今僅就生絲消費國之情形觀之，吾國絲也有岌岌可危之勢，苟再詳查生產國之情形，則其危殆更有十倍於此者。茲試述如下：

生絲生產國對於華絲之競爭：生絲生產國之與我國相競爭者，首推意日二國。意絲產量雖小（每年僅合我國九萬擔內外），然近年人造絲日形發達，意國向日在本國內所需用之生絲近則多代人造絲。據可靠消息則謂往昔意絲之消費於國內者均占其產量之半數，而今僅等於其九分之一。故其輸出量已較前激增，惟以勞力過昂，繭價復無法提高致本國繭產恒不足數用，而生絲產額亦殊難再擴充。就意人之政策觀之，其對於今後絲業之發展尚不在產量之增加，而在品質之提高與自用之減輕耳，似此則今後意絲之產量雖難期激增而其輸出仍必繼續增高。查意絲以法德瑞為主要尾閭，去歲意絲輸往此三國者約合我國七萬五千餘包擔，實等於其總生產百分之八十左右。法瑞等國年銷吾國出口生絲百分之五十以上，若意國籍品質之提高與自用之減輕，以與我華絲相競爭，則華絲在歐最大之銷場必將被奪，此殊堪引為隱憂者也。然此猶為華絲勁敵之一而已，若觀察日人對於其本國絲業之整頓及其對抗華絲處心積慮之深險，則更足令人不寒而慄。安等赴日調查常為彼邦所深忌，故其絲業詳實情形實不敢詡為窺其堂奧。然年來日絲之輸出已每年激增至五十五萬擔以上，較之華絲輸出額實大五倍有餘，此可寒心者一也。又查日人近似以華絲之正謀改良，乃有根本打倒華絲之企圖，其最大方策即在增加工作效率、減輕生產成本，日人盛唱此論已久且已達於進行順利之境。今姑將鷲尾博士所著《日本生絲貿易危險期》一文（原文見美國絲業月報）迻譯於後並加評論見其一斑，倘日計得售則吾國絲業將益瀕於險境，此其二也。

鷲尾言論之譯述

（一）日政府資金救濟案之荒謬：日本各種實業不景氣象以生絲關係為最大，蓋生絲為日本首要實業，其輸出占全國出口貿易三分之一。此業現在正經歷其危險時期，舉凡政府所公布之資金救濟令亦無補於絲價之低落，且

徒增華絲海外之銷量。今則人人皆知美國生絲之需要並未稍減，而華意兩國之絲轉銷於前，在此日絲銷數短絀之時，而此兩國之絲銷反呈增加，且尤以華絲為甚，殊覺驚異。故日本絲業目前之不景氣象絕不可視為因美國需要低減而起之一時反響，而實為日絲將來與華絲競爭日趨激烈之一種實驗也。以政府資金救濟令之徒促華絲之暢銷，則可決定其為荒謬之政策。

（二）華絲之競爭：中國有大好之桑樹，雖不經肥育而發育自盛，且有低廉而充足之人工，最適合於蠶繭之生產。廣東一省之桑葉產量有謂其足超過於日本全國，且在長江流域其植桑面積更為遼闊。華人每年產繭可自四次至七次（指廣東），日本則僅為兩次，凡此皆為中國天然之優勝，非可以人力爭者也。然中國技術之發達遠遜日本，而華絲質地之窳敗亦為世所公認，日本絲業界遂認中國之競爭僅具天然之力量，乃不料中國近年竟大效日本之所為取機繰而代手繰，且改良其繭產普通。觀察家每謂長江流域蠶絲業之改良為中國實業發展上最有希望之一，而進行遂益努力。日本方面亦屢有此項報告發表以喚起國人對於華人努力上之注意，但非發現目前不景氣象，則日人對華絲之競爭尚不能有充分之覺悟也。

（三）抵抗華絲之對策：日本對於華絲競爭之抵抗，今後當日趨嚴重。其法厥為減低日絲生產費以壓倒華絲之價格，然在目前情形則非減輕工資其生產費亦無由變低，此著現固已開始進行。

（四）減低工資不足言抵抗：日本普通絲廠現尚未能遠勝於家庭工業之狀態，普通一廠之資本僅為五萬日元，工人只約百餘。生絲一業頗帶投機性質，蓋其盈虧以市價為憑，乃此市價之漲落殊變幻無定。在目前不景氣象之下廠家殊無力以發放工資，而工人亦不能以罷工對付，蓋此著將益置彼等於破產之境地。一九二一年，日廠工資平均為日元九角三分。一九二五年，則漲至九角九分。至次年，復跌至九角八分。一九二一年，每名工人之常年生產率平均為二一貫（六斤四兩）小數點三百二十四，迨一九二五年則升至三十二貫小數點六百五十，然工資仍大致如前。換言之，即生產率之增加並未引起工資上之升漲，而僅予絲廠以彌補生絲價格之低落而已，則女工所受之壓榨已非淺鮮矣。蠶戶勞力上所受之壓榨（即勞力報酬之微薄）或當有較甚於此者，多數農戶悉以養蠶為副業，彼等從事於此，原籍以博得可能範圍內任何副項收入，況彼等擁有之桑地，絕非可任其荒廢。故農戶家庭中如有充分之餘工，則無論勞力上所受之壓榨者若何。換言之，其利益任何微薄仍必

從事養蠶。在一九二一年以前，當絲業鼎盛之時農民養蠶固為莫大之利益，然養蠶至為辛苦，當蠶忙之時，農家之工作恒須夜以繼日。倘利益過薄，則如此繼續數年必為農民所不能堪之事。即絲廠女工亦不能以工資過低而度其枵腹從公之生活，則此種勞工上之壓榨益足使絲業趨於頹喪。故以減低工資之方法而與華絲相競爭，亦實為不可能之事實。

（五）抵抗之策在於增加工作效能：以是而言，抵抗其唯一希望乃在增加工作效能，而增加工作效能唯一之途徑又為改造目前家庭工業式之絲廠以成偉大之組織。繅絲方法應亟設法發展，使與棉花之撚紡具同等之規模。而農民養蠶亦應採用合作方法，以謀勞力資金等之撙節。目前日本絲業不景之氣象，苟不從此陷於萬劫不復之地，則反之必為造成絲業革命之先聲。至斯時也，則全國繅絲業皆將操制於少數大公司之手，以偉大之經濟為後盾，最新之機構為利器，而益以科學管理方法以充其利用。至蠶繭之生產，亦將受資本家之領導成為合作化之實業。舉凡桑場肥料之供給、繭產之烘藏及販賣，皆一地有一地之公共集合場所，以從事公眾之利益。而蠶種之供給，尤以擇其最優者以直接平分均蠶戶，俾繭質得以改良統一。故生產費之減輕，必從剷除勞力上無謂之習套，以免重床疊灶之工作，並打破各級中間人之產，二者必居其一也。

上述種種之新發展，在日本絲業中已有顯著之成績。原研究所最近發明之自動繅絲機械較之目前普通所用者，其出數可超過四倍至六倍之多。日本最大之片倉繅絲株式會社正努力籌畫大規模之蠶種製造業，專以製造最優之蠶種為目的。又鍾淵絲廠所附屬之昭和養蠶會社，已造成二元五角一貫之鮮繭生產費，實為繭產成本之最低者。就此等成績以觀，而謂不能抵抗華絲之競爭，殊不足信也。總之欲與華絲相抵抗，全視日本資本家與絲業家之組織能力如何。倘若目前不景氣象而能改造日本家庭式之絲業，以成現代實業之新組織，則此次損失雖大，而要之不失為一大好之良機，且於將來對華競爭尤有莫大之利益，是更不可不注意及之。

鷲尾言論評議

鷲尾博士之言論已如上述，吾人可就下列二點以研究之：（一）鷲尾所舉抵抗華絲之對策是否足以為吾人之致命傷；（二）在日本絲業情形之下其對策是否可完全見諸施行。

茲試分述如下：

（一）鷲尾對策確為華絲致命傷：鷲尾對策之根本理論點即為籍工作效能之增加，以減輕生產成本，而以低價壓倒華絲凡商品之競爭。以品質及價格為依據，以華絲品質與日絲相較除天然上各有優劣異同之點外如就製法而論自以日絲為一般較優，且日廠實行合併則繭產及繰製皆將繩以嚴格之標準，其出品質地更可整齊劃一，而每種品級之絲均有適合需要之產量，凡海外用戶可按任何需要以求滿意之供給。目前華絲之大病一在繰製過劣；二在品質龐雜；三則產量有限，即有優美之生絲，亦不足以敷用戶之需要。總之，以海外各個綢廠用絲之多（一廠有年銷絲二三萬擔者）欲在華絲中求其適合需要之充分供給，不啻如沙裏金。在此情形之下，即華絲之品質間與日絲相仿，而價格亦復相等，海外用戶仍將惟日絲是問。何況一般華絲已不如日絲繰製之佳，而日人更減輕生產費以貶價出售，則其結果必使華絲無人顧問而歸於天演淘汰之列矣！以目前絲價之低落，華絲命脈已不絕如縷，此一縷之生命固莫不知為金銀匯兌率所維繫，否則早已陷於破產。又孰知日人更唱此節流貶價之政策，以華廠資本之薄弱、人心之渙散如此計，果售則不出。二三年間，匪特海外需要斷絕，即華商本身亦將屏息趑趄，不敢再陷絲業重圍，是人不絕我而我亦將自絕也。世界絲業將全操於日人之手，至此則絲價之操縱盡可高下從心，凡日本向之所失者，將索以倍蓰之利，亦未為不可。蒙其害者，僅吾華絲耳。故吾人慎無視鷲尾之政策為等閒，而實不啻為吾華絲業之斷頭臺也，噫嘻！

（二）鷲尾政策決可見諸實行：竊謂：以日人之團結力之堅強，忍耐力之卓越，凡他國所不能行者而日本皆可實行，故熟悉日本國情者，只可問其政策是合用，而其實行方面殊無疑難。如日政府對於絲業之資金救濟令，在鷲尾博士固已識其無補時艱，而日政府則力行不懈，即據最近報告日本絲業現共損失八千萬日元，而政府則以救濟令之實施已分任三千萬元之損失。今就鷲尾之政策言之，其識政府救濟令之失策，乃在以人為方法勉抑絲價之低落，反促華絲之暢銷而已，不啻指示政府及絲業全體宜順應絲價之低落，而謀生產費之極度減輕，以低價與華絲競爭，獨攬其霸權是也。其識救濟令之失策則有之，其對政府實施救急令之能力則毫無疑義也。查鷲尾節流貶價之策略其具有實行之必要者凡三，而具有實行之可能者凡四。日絲售價低廉始可壓倒華絲其必要一也，此鷲尾古已言之，絲織物已由奢侈品一變而為歐美服用上之必需品。近更以人造絲之競爭，生絲售價苟不低廉既不能戰勝人造

絲且無以推行於一般社會，其銷用必將遞減，其必要二也。日本絲產已居全國富源最重要之地位，其輸出占全國出口貿易三分之一，在此華絲與人造絲競爭激烈之時，如日本絲業稍受搖動則全國經濟界將蒙莫大之打擊，故為日本計則除繼續改良絲質外，惟有減輕成本以維繫絲業於不墮，其必要三也。至日本實行鷲尾策略可能之點，亦可概述如下：（一）日本朝野如認定一事為必需則其實行上殊具有極大之堅韌團結之力量，此為日本一般國民性，非他國所能易企及也；（二）節流貶價之政策雖唱於鷲尾，而在日本之最大絲業團體如片倉昭和養蠶會社及原研究所等均已試行有效，此僅就鷲尾所已述者而論其他機關從事此類之研究，或研究而已著成效者，如御法川式等之以溫水繰絲以節煤力，及鮮蛹冷藏以省烘費並利於解舒等等，實不知凡幾。凡日人之一事一物之研究，苟尚未達於充分成功時，則對外恒嚴守秘密。今鷲尾首倡此說，絕非一時奇闢之論。其舉國上下實早置此心理，且已達於有效之試行時期，此可斷言也。（三）鷲尾所述日本普通一般絲廠雖尚未完全脫離家庭工業狀態，然其大規模之絲廠如郡是片倉等，其資力之偉大，組織之健全，世無有匹敵。其行動足以上維政府，而下則左右全國絲業。且日本各大銀行以至運輸保險諸業，莫不與絲業息息相關。值此絲市衰落之時，其規模較小之絲廠固已呈不支狀態。惟恐大絲廠及銀錢業之不加以相當維護，倘此時而有提議合併促進之說者，在小廠固視為千載一時之機會。而大廠及銀錢業等亦殊有能力，以謀全盤之改組，而實行其節流減價之主張，此固為最顯明之事實。（四）日本農民之智識，固遠勝於吾國，而其服從指導、信仰科學之心理，以及團結互助之力量，雖歐美無以過之，且社會秩序安寧、交通便利。凡鷲尾所舉之養蠶合作方法，在日本農村中確有隨時實行之可能，只須政府及資本界之傾心而已。由上所述，則鷲尾之策略既具有實行上之充分必要與可能，而謂其無由實現者，決無是理。惟距功圓果滿之日，則尚有相當之經歷時期。苟吾人在此經過時期而尚懵然不醒，則鷲尾策略完成之日，既吾國絲廠畢命之時也。烏得不寒而慄乎？

乙、挽救我國蠶絲業要略

就上述生絲消費與生產國之調查情形觀之，則我國絲業實已屆大難當前之候。而尤以日意絲業之提高品質、減輕自用及日絲業之增加工作效率、減輕生產成本，為最大之致命傷。吾人處此固不能以向日改良推廣之言，而妄

作堂皇之論以自欺欺人。質言之，則我國蠶絲業之迄於今日唯有救死一道而已。夫救死云何？此唯在政府與蠶絲界同人共同奮鬥。苟從事蠶絲業之農工商尚不覺悟，則政府且當以威權所及負其全責進行，以期速現其挽救之策。茲就安等所知，年來江浙粵等省之設立蠶絲改良機關正風起雲湧，而蠶絲改良費亦較昔增加甚巨，然始終各自為政，而無全國統一之機關以資督率，以致工作零亂，雖有小效難期大成。故中央宜有蠶絲專管機關之設立，且不獨徒擁其名，而尤貴集中人才充實力量，俾以整個之計劃與權能引導督率全國蠶絲業之進行，庶無收事半功倍之效。此其一也。

凡政府欲救濟一業，首宜革其苛政。吾國絲繭捐稅，自地方以至出口總關，層層剝削焉。有一方欲予提倡，而一方復苦以苛捐。揆之日、意等生絲生產國家之免稅出口之例，則此等捐稅，實可謂悖於經濟之常識。政府在此關絲業千鈞一髮之時，自不宜行此既欲其死之政策。為政府計、為全國絲業計，首當將各項絲繭捐稅完全蠲免，以示與民更始。俾絲業成本得以減輕，無得與日意競爭。此其二也。

吾國之人辦理絲廠者類多投機性質，而以上海為尤甚。苟有機可投，則任租一廠以試辦馴至。時而停閉、時而轉租，於絲廠營業及其管理技術等毫無精神上之貫注與策略上連鎖。近年更以工潮之時起時落，致生絲質量益日趨衰敗。我國往昔素負盛名之絲，俾今已多在海外失其信用，此固為一大原因也。政府對此宜一面獎勵辦理得法、成績昭著之絲廠，以示誘掖；並一面嚴限衰敗之絲廠從速改良，而於工廠管理及職工薪食等尤宜有法律上平允之規定。竊謂欲增加工作效率，亟宜改按日計薪法為按出數及產品成績以計薪，且宜改學徒制為學課制。各絲廠或公立蠶絲機關均宜設立粗淺繅絲課程，俾新進工人得以入學，以提高其技術及旨趣。其餘如一牌號之絲之分為頂頭二號及絲絞過於臃腫等，盡可以明令限其革除。蓋此等事改之既易，而因循故習則徒滋貽誤。此其三也。

絲質之良窳以蠶繭關係為最大，而繭之優劣又繫乎蠶種質地如何，蠶種業之優良及發達與否，實為絲業全部之至要問題。我國製種業方在新興之際，其畏愚者苦於無法，而躁進者又驚多濫製，政府宜一面扶助其發展，一面取締其窳敗。竊謂經過政府檢驗合格之蠶種，政府宜代任推銷之責，並予以其他獎勵其不合格之製種場，宜勒令停辦，且宜選製優良之原種，以分發於製種家。同時並宜擇定最適宜之地段，以薈萃各地製種場於一處，成一集

中之製種區域藉謀病毒之預防、監督之便利，與管理技術及合作事務上之增進。而於農民自行留種之惡習，尤應逐步設法禁止，俾種業競進而絲業始有改良之可言。此其四也。

凡健全之蠶種，必副以合法之飼育與優良充足之桑葉，以是凡技術之增進桑場之分配，馴至蠶種、蠶繭及桑苗肥料等之購買，在每一養蠶區域中均應有適當之組織與處置。竊謂欲推行此類事業，首應注重養蠶合作社或指導所等，其或由農民自動組織，抑由政府或絲商提倡，均無不可。要之，在農民及提倡此類事業者，均應各得適當之利益，且擁有法律上之均平保障，則無論其發動之自上自下，均足裨益於絲業全部。而效率之增加，勞力資金之減輕，亦得於此收其一部之功效。此其五也。

凡蠶絲業之技術及學識，均由各種科學推究而出。考其本身，實非一種獨立之科學。欲求我國蠶絲業之根本改進、之收突飛猛進以傚，決非我國蠶絲界人所能獨力勝任愉快，且決非以蠶絲上原有之知識，足以解決蠶絲上之一切問題。政府應努力設法以吸引工程、物理、化學及經濟種種人才，俾補蠶絲業知識之缺陷，而並宜領導銀行、保險、運輸及其他企業人才，以補蠶絲業資金之不足，而謀經濟政策及企業組織之改善與完成。吸收海外蠶絲智識，溝通海外蠶絲消息，以矯正從前孤陋寡聞偏執不醒之風習，則尤為切要之圖。此其六也。

以上六項均今後挽救我國蠶絲業舉舉大端。至其詳細實施方案，自可留待政府及全國蠶絲界並其他專家之具體研究。竊謂日意兩國對於蠶絲業之改良整頓，已有有充分之準備與進步，則我國今始語此彌覺過晚。倘不及今奮發急起直追，則斃殆之來指日可侍。應請政府早日確定方針並召集專家及有關係之團體詳為討論，以期早日見諸實行抑有進者。查鷲尾所舉在日本蠶絲業中提高工作效率、減輕生產成本及劃一優良蠶種整齊生絲繅製諸點，在我國現狀之下雖難期完全實行，然至少應由政府劃一最低限度，並指定相當區域或團體業務等予以充分之試驗，以本期追踵日、意，藉免落伍之可能。且政府不能不預定鷲尾策略實行完成之日，而日絲界能以低價壓倒華絲之時。籌有相當補救方法（例如絲業準備金之存儲等等此種儲金，可於絲繭苛捐蠲免。後由政府按擔另抽絲業準備金若干，存儲銀行生利，以作絲業危險時之救濟），以免臨難，束乎待斃。查各業之振興，首賴時局之安定。值此政府討逆勝利而努力剿匪圖治之時，正吾國蠶絲業應行刷新之日。安等不揣測陋，

用敢直陳所見以瀆清聽。凡前述吾國蠶絲業險難情形，決非安等故作危言期
聳聞聽，而實為安等蘊蓄於心積久欲言而未忍肆者言者。其所陳挽救策略，
不外欲造成科學化、分業化、合作化之蠶絲業，以迎合日、意絲業革新之潮
流，俾免日後有一蹶不振之患。區區之見，倘俯予採納，則蠶絲業前途幸甚！
國民經濟前途幸甚！

（載《實業公報》第四期）

（七）上海商品檢驗局派員赴日考察絲業報告

上海商品檢驗局呈實業部文云：為轉呈事。案據本局生絲檢驗處主任繆
鍾秀、技術官李耀邦呈稱：竊鍾秀等此次奉派赴日考察絲業，當未出國之前，
曾擬具考察範圍：（一）日本救濟絲業經過情形、及現在狀況、並將來計劃；
（二）生絲分級強迫實施檢驗之標準，並附帶考察絲織品檢驗組織及辦法等。
當經面呈奉准。隨於七月十一日啟行，十三日抵神戶，十六日赴橫濱，二十
三日抵長野，二十七日返國，閱時共十有六日。按照預定計劃參觀各處：（一）
為神戶及橫濱生絲檢查所；（二）為神戶及橫濱絹絲織物檢查所；（三）為神
戶三井公司生絲部；（四）為神戶東神倉庫、橫濱帝國蠶絲倉庫；（五）為中
野蠶絲試驗場；（六）為橫濱生絲交易所；（七）為長野縣絲廠各家，並訪謁
中央蠶絲同業組合副會長加賀山辰四郎，橫濱出口絲商公會會長尼伯高峰。
茲謹將考察所得及個人意見，為局長分別陳之。

日本自一九二九年七月始，絲價即呈跌落傾向。至十二月中標準級低至
一千一百五十元，而成本估計則在一千三百元以上。十一月間蠶絲同業組合，
即議決重組帝蠶公司，以每擔一千二百五十元之價受抵生絲五萬箱，共同保
管；同時議決十二月下半月完全停工，並一九三零年二月一日至五月三十一
日亦停百分之二十之生產力，以為救濟。但以上兩種決議實行至是年（一九
二九年）底，帝蠶公司僅受抵一萬四千箱。減少生產力之規定，並無效果，
絲市仍無起色。乃於一九三零年正月再謀救濟方法，仍由蠶絲同業組合議決。
（一）帝蠶公司存絲，統由生絲檢查所檢驗分級貨品。在標準級以上者，得
增加抵款。（二）前議五萬箱之保管辦法，繼續實行，而其共同保管之生絲出
售權，付諸一特別委員會。（三）帝蠶公司擔任每擔一百元之損失，請求抵押
者擔負六個月之棧租利息，六個月後一切由帝蠶公司負擔。此項議決，仍無
大效。因請求抵押者寥寥無幾，一九三零年春，政府乃頒布救濟法規，規定

以三千萬元為限、五年為期，補償銀行受抵生絲之損失。三月八日政府決以每擔一千二百五十元之絲價，受抵標準級以上之生絲十五萬箱。（八萬五千包）由政府向受抵銀行擔保每擔一百九十元之損失。但該項法規之實施，須在帝蠶公司實行收受五萬箱之後。是年三月終，帝蠶公司已收足五萬箱。六月十日止，各銀行亦收足十五萬箱。兩共收受生絲二十萬箱，計十一萬二千包。除上項政府、絲商共同保管生絲，以安定絲價計劃外，蠶絲同業復決定工作時間自十一時減為十小時。上列種種救濟方法，雖已一一實現，但絲價依然繼續低落。比至七月新繭登場，生絲存積已有十三萬四千包之多。加以是年（一九三零年）之新繭收穫豐富，絲市益形疲滯。至是蠶絲同業組合復決議：（一）呈請政府延長救濟絲業法規期限。原定一九三零年十月止，延長至一九三二年六月三十日止；（二）所有帝蠶公司及各銀行受抵之生絲十一萬二千包，半數於三年內在國內銷用，其餘一半自本年（一九三一年）三月一日起，每月出售三千包；（三）本年三月中全國絲廠停工；（四）救濟準備金原定每包徵收四元五角加至七元一角八分（七元由絲廠負擔，一角八分由捐客負擔）。自有上項決議後。三月中雖完全停工，而四月中各廠反加足生產率。實際停工之規定，完全無效。至每月出售三千包之辦法，亦無形打銷。此日本政府與絲商共同救濟絲業之經過情形，應陳明者一也。

查日本生絲自一九三零年七月起，至本年六月底止，共產絲七十萬零五千八百零四擔，輸出數為五十五萬零三百十五擔。其餘之絲，係國內銷用。目下每月產絲約六萬餘擔，外銷四萬餘擔，餘數均屬內銷，並無剩餘。所有從前存絲十萬零九千擔。有上述規定，暫時不致出售。如果出售，絲價即更跌落，決為政府當局所不許。此後政府絲商所採方針，大概可分下列各項：（一）政府決自一九三二年一月一日起，強迫實施分級檢驗以減少貿易上之困難，並期出品整齊；（二）蠶絲同業各機關合併組織一全國絲業組合，以集中商人力量，進行絲業應辦專業；（三）三年內貸日金五百萬元，在美國宣傳推廣絲織品。又在國內製造絲織西服原料，代替毛織品，以增生絲銷貨；（四）限制絲廠之添設，以減少生產；（五）政費雖略減，各蠶絲機關研究費特別增加，以擴大研究工作；（六）各項研究，以減少生產費、增加生絲用途為目的。以上各項計劃，或已實行，或在討論，大足為我國借鏡。此應陳明者二也。

生絲定價，向無規定標準足資依據，買賣雙方均感困難。釐定等級及各級標準並檢驗方法，為近十年來日美兩國專家研究之目的。經十餘年探討，

各以本國生產及銷費地位之不同，意見未能一致。自一九二八年及一九二九年兩次會議，雙方意見漸洽。日本方面復將原訂分級檢驗加以刪改，分級工作遂告完成。日政府為免除貿易上一切困難起見，毅然下令自一九三二年一月一日起強迫實施分級檢驗，即出口生絲統須國立檢驗所按照規定方法檢驗品質、批定等級，買賣雙方均憑所定等級計算價格。現正積極準備，已撥款三百萬為添築橫濱及神戶兩處生絲檢查所房屋及增加儀器設備之用，並在橫濱檢查所招添職員從事訓練。此項計劃實行以後，下列各項利益：（一）生絲貿易，得憑規定等級定價收貨。銷用者得按需要擇購一級之生絲，生產者得就其能力繅製。出品優者列於上級，劣者降居下級。賞罰判明，商人自知努力。（二）美國為銷用生絲最多之國家，其所需要為大量品質一致之生絲。絲廠既照規定等級繅製並銷售其出品，則品質自可整齊，而產量亦自增加。（三）檢驗品質。若任買方獨裁，自不免受市價變遷之影響，賣方往往損失於無形。設檢驗之權交諸公正值第三者，則賣方利益得受保障。此應陳明者三也。

此次考察所得，深覺日本絲業之發展，（一）由於政府之提倡，（二）由於商人之努力，（三）由於專家之研究所致。政府不惜鉅資，設立機關，訓練人才，進行研究，指導專業，十年如一日。商人則儘量改良，努力推廣，並與政府及專家合作，以求發展。專家則窮一生之歲月精神，孜孜研究，不稍懈怠，各盡厥職，通力合作。集三者工作之結果，方成今日宏偉之絲業。我國土地氣候，在在宜於蠶桑，徒以往昔政府昧於利益未加提倡，商人墨守舊法不事改進，專門人才極其缺乏，研究一端向未注意，以致蠶絲一業淪於衰落，殊堪痛惜！今後我國欲謀蠶絲之發展，自當效法日本，上下一致努力進行。此事應辦在政府方面者，固不勝枚舉。然撮其大者，要不外指導、提倡、獎勵三項。而設立中央蠶業試驗場，尤其當務之急，不可不早為舉辦。試驗場工作，應專重研究，內容可可分桑圃、蠶種、製絲、化學、物理等科。桑圃科應注重桑種之選擇、肥料之成分、栽植之方法、桑樹之利用。蠶種科應注重品種之選擇、蠶病之防除、飼蠶之方法、蠶種之改良。製絲科應致力於機械之改良、分級之研究、絲廠管理之改善、絲廠之設計等。至化學物理兩科，乃所以輔助前三項工作之根本，尤當特為注重，以立絲業改進之基。至研究工作，與現有蠶絲機關分配合作。其研究結果，認為妥善而應推行者，由政府命令強迫實行；或特籌的款，分別獎勵。如是，則改良專業不徒託諸空言，而研究工作得以施之實用，蠶絲之進步可蹺足而待矣！在商人方面，

應將團體合併擴大，俾成為絲業整個的組織，以集中其力量，然後進行一切，庶幾效能巨大。其應辦事項，如蠶絲生產量之統計、生產費之調查、職工人才之訓練、工人生活之改善、政商合作之促進、勞資互助之促成、對外之宣傳等，均當急起直追，分頭辦理。惟商人力量薄弱，識見雖或及此。而經費人才兩成缺乏，領導號召尤極困難。促進之責，仍有待於政府。在專案方面，我國蠶絲界中人才缺乏，自無待言。蠶絲問題關係生物、化學、物理諸基本科學研究工作，自應由專門學者擔任。我國於上項專門學者尚不乏人，祗須給以場所，優其待遇，俾得安其身心從事研究。數年以後，當可造成蠶絲業基本人才。似此政府與商人及專門學者共同努力，一致進行，中國蠶絲業前途無乎有豸。此應陳明者四也。

　　發展絲業固宜於推廣外銷上著想。就中國目前情形而論，似於外銷以外，尚應注意內銷。何以言之？我國輸入國外絲綢及毛織品日益增加，而絲綢輸出日形減少。推原其故，實由紡織工業之無進步，以致上等絲綢不能自給。一部分人民習尚奢侈，自不能不用舶來品為代。利權外溢，可恥可惜。織製不良，不特上等絲綢輸自國外，而一般絲綢外銷復受打擊。是發展絲業，苟能從國內絲織業切實改良，不特絲綢輸入可以抵制，即對外銷路當益見發達。此次在日，悉日人每當生絲銷路之疲滯、絲價之低落，輒別尋生絲之用途。近已發明以生絲代毛絨織成類似毛織品之絲綢，可裁制西服之原料，成本尚較輸入之毛織品為廉。其通商大埠，風行一時，毛織品之輸入於是大減。查我國毛織物之輸入，為數當在千萬以上。苟能效法日，本以絲代毛，則不特生絲銷路得以增加，毛織品之輸入復可減少，一舉兩得。此應陳明者五也。

　　鍾秀等奉命赴日考察，事畢回國，理合將日本救濟絲業經過情形、現在狀況、與將來計劃、及考察所得個人意見備文呈報局長鑒核。可否呈部採擇，敬請鈞裁。等情。據此。局長查該主任等在日考察各點報告，尚為詳盡。且所擬發展吾國絲業計劃，亦皆不無見地，理合備文轉呈鈞鑒核。可否採納，敬祈鈞長裁酌施行。實為公便。謹呈。

（載《工商半月刊》第三卷，第二十三、二十四號，1931 年 12 月第 4～9 頁）

四、有關民國上海商品檢驗局機構初建的資料

（一）《工商部上海商品檢驗局概況・序》

鄒秉文

　　商品檢驗在東西各國已行有效，我國獨屬創始，誠以出口貨物質量不良，製造不精，商人又多好行巧詐，以偽亂真，貪圖一時之小利，以致言及華產，令人深致疑懼或竟不問美惡，胥被禁止進口，欲謀維繫國際市場之信用，增進對外貿易之數量，則出口商品之檢驗實為不容或緩者矣，不特此也，舉凡外貨輸入之足以妨害生產，影響國民經濟者，政府更當有保護之策略，故檢驗進口貨品尤為重要，惟檢驗範圍常以一蹴而幾固非易事，但先確定目的，擬具計劃，由簡而繁，由狹二廣，循序進行，以底於成要非絕不可能者。

　　秉文奉命來滬籌辦檢政自維力薄不克畢舉，爰遵奉部中定章，先屬行出口檢驗，清楚積弊，提高質量以堅外人信仰而免其藉口，留難務使我華商品暢銷無滯，對內則增進國民經濟，對外則發展國際貿易，俟出口檢驗辦有成效，然後實施進口檢驗，防止國外劣貨之侵入損失國民之經濟，然欲副此目的，完成使命。有需於人才設備經濟者甚眾，本局草創伊始，人才則鳳毛麟角，不易多得，設備則因陋就簡，只求敷用，經濟則左支右絀，舉措為艱，籌備期間，煞費周章。幸承長官之指導，各方之贊助，與夫同人之努力進行，尚稱順利計劃差能實現，遂於民國十八年三月一日本局宣告成立，棉花檢驗處成立於四月一日，牲畜正副產品檢驗處則成立於五月一日，棉花檢驗寧波

分處成立於九月廿日，牲畜檢驗南京分處成立於十一月廿日，至生絲檢驗處內容內容複雜，頭緒繁多，自四月十二日起開始籌備，歷時半載有餘，始克布置就緒，所費時間以接洽中外絲商擬訂規章約費十之四，交涉萬國生絲檢驗所接受問題約費十之三，籌集開辦經費購置器械裝置約費十之三，故檢驗工作至十八年十八年十一月一日始得就購置萬國生絲檢驗所之設備，先行開始至大批新購設備之裝置完畢，及全部事業之執行則以種種關係不能不延至本年三月一日，最近則化驗處已成立，桐油檢驗定於二月一日實行，花邊檢驗已開始籌備，茶葉檢驗正在物色專家，現在本局工作對於已設立各處之檢驗方法務求徹底，如廠用棉花檢驗及產地宣傳、軋戶登記出洋，畜產品之宰前宰後檢驗均將切實施行，至欲求交易之公正與準確，則棉花與生絲及其他一切商品之品級標準急待規定，生絲之公量制已定於本年四月一日執行，生絲之分級亦正在組織委員會從事規劃，凡此皆過去與現在之工作，雖幾經努力而中心竊有所不滿，而不得已於一言者，蓋秉文嘗謂發展對外貿易之政策，採用檢驗商品之方法，僅屬初步之目的，倘屬行檢驗以外絕無其他輔助補救之效能，則商品輸出之數永無增進之希望，故認為檢驗事業之中心全在研究與指導，凡各種商品應如何積極改良，必須經分析研究之結果，然後指導改良，有塗轍之可尋其始也，則以檢驗所得之弊病，適以供給研究之資料，其終也或以指導之未盡樂，從利用檢驗以為止驅策以檢驗，為因以研究指導為果，懸此鵠的並力前進，繼續不斷積以年月則發展對外貿易，庶幾有生息之幾乎，此則吾儕辦理檢政者所負重大之使命也，若此戔戔之冊，撮舉一年來之縮影，實無當於宏旨知不免為明達所哂也。鄒秉文謹序。

（載工商部上海商品檢驗局編《工商部上海商品檢驗局概況》卷首，
民國十九年五月印行）

（二）初建上海商品檢驗局

鄒秉文

上海商品檢驗局是在半封建半殖民地的舊中國第一個不受帝國主義國家的干預，而自主地對進出口商品應用科學方法進行檢的機構。它創立於 1929 年春。

20 世紀初，中國棉花年產量約在萬擔左右，居世界第三位。當時，日本的紡織工業已趨發達，而其國內則缺乏原棉，不得不依賴於中國棉花的輸入。

其他國家如德、法、美等也常需用中國的粗絨棉。所以，棉花成為我國出口大宗，每年輸出量約在 100 萬擔左右。進入 30 年代，據海關貿易冊記載，中國棉花出口量不僅逐年遞減，大有江河日下之勢，而棉花和棉製品的輸入卻與年俱增。部分原因是國內棉紡織業逐漸發展，消費增加，究其主要原因，則在於當時的棉商只圖個人眼前利益，在棉包中摻雜摻水，對外信用喪失殆盡，極大地影響了棉花的出口，同時也大大地阻礙了國內紡織事業的發展。因此，嚴格實施棉花檢驗以杜絕摻水摻雜的弊害，實為當務之急。

1928 年，國民黨政府工商部決定籌設上海商品檢驗局，由我國自主辦理進出口商品的檢驗工作。同年 11 月，任命我為上海商品檢驗局籌備主任。

在受命之後，我於次年 1 月 21 日，由南京到上海，租賃局址，委派職員，並接管了當時由農礦部所設立的全國棉花檢驗局，積極進行籌備工作。1929 年 2 月 22 日，工商部正式調派我為上海商品檢驗局局長。旋於次日召集了全體職員會議，商定了：（1）先設棉花檢驗處、牲畜正副產品檢驗處；（2）選用專門人才，用科學方法進行檢驗，同時注意研究工作，希望在商品改進方面有所貢獻；（3）與紗廠棉商充分合作，以免商情隔膜；（4）檢驗務求準確，所出具的證書在國內外享有最高信用；（5）工作力求迅速，避免商品出口延誤船期；（6）收費從輕，以免廠、商負擔過重等工作方針六項。

1929 年 4 月 1 日，棉花檢驗處正式成立，並開始工作。幾十年由外商把持壟斷的檢驗工作，至此才改由我國自主辦理，使我國進出口商品的檢驗工作走向了新的紀元。同年 5 月 1 日，牲畜正副產品檢驗處成立，並開始進行火腿、豬油罐頭和肉類等出口商品質量的檢驗。

在棉花、牲畜正副產品兩個檢驗處相繼成立並進行檢驗工作之後，鑒於生絲也是我國商品出口的大宗，況且生絲繅製全靠人工，要檢驗絲條細微、性質柔軟的生絲品質要借助精密的檢驗器械，嚴格按照檢驗程序行事。生絲檢驗很快被納入議事日程。

為了實際瞭解生絲檢驗的方法和應用的器械，我於 1929 年 10 月 1 日偕同繆鍾秀先生前往日本進行實地考察，用了半個月的時間詳盡地參觀學習了日本橫濱生絲檢查所和檢驗方法。同時，還考察了日本的其他各項檢驗工作，作為上海商品檢驗局進行各項商品檢驗的參考。10 月 19 日回國後，我與繆鍾秀先生參酌日本生絲檢驗所的規模設備共同擬訂了一個購備生絲檢驗器械的

預算，其為銀洋二萬元。不料在呈部審批核撥經費的時候，竟遭到工商部兩個司長的激烈反對。據我輾轉得悉，工商部設置上海商品檢驗之初，該部有關司、科的首腦人物原想沿襲過去外商檢驗積習，不予核辦。我當時心裏很是惱火，幸當時上海商業儲蓄銀行總經理陳光甫在聽了我的陳述之後，慨允以最低利息貸給上海商品檢驗局銀洋三萬元，並允在檢驗費收入項下逐漸歸還，鼓勵我堅持把生絲檢驗工作搞下去。在將上海商業儲蓄銀行貸款條款報請工商部批准後，我們當即向日、美、德及瑞士等國分別訂購了全部生絲檢驗器械，並在 10 月下旬接收了上海萬國生絲檢查所，購置了該所的全部設備，在 1929 年 11 月 1 日開始了生絲檢驗。從此，生絲出口檢驗也完全改由我國自主進行檢驗。11 月中旬，由日、美、德及瑞士等國所購生絲檢驗器械陸續運到上海安裝使用，生絲檢驗乃更趨完善。

在籌備進行生絲檢驗之際，牲畜正副產品檢驗處又先後進行了出口腸衣、蛋類、蛋產品和生牛皮等商品的檢驗工作。並在 1930 年 2 月開始了出口桐油的檢驗。

由中國自主對進出口商品進行檢驗，在中國是個創舉。所以，在上海商品檢驗局成立之初，我曾做過仔細思考，並構成了一個設想——一個進行工作的藍圖，即該局工作應該有兩個目的：一個是消極的例行檢驗，防止劣質商品的輸出；一個是積極的研究指導，以期商品得到改進，藉以發展對外貿易，從而發展我國的農業。其中研究工作自比檢驗工作更為重要。因為進行商品檢驗，其效果僅限於取締劣質商品的輸出。如果要達到發展對外貿易的目的，仍須進一步力求商品如何日臻改善，精益求精；如何適應國外需要，甚至包裝的完備，保藏的周密，都是發展對外貿易的重要課題。這樣，就非借助於研究工作不可。經將我的這個設想與各級領導人周密研討，得到了一致的贊同。

當時，我還體會到，我國各種商品在國際貿易方面有一個顯著的缺點，即一向沒有分級措施，這種情況必須加以補救。因為分級確定，不僅買賣雙方均得其便，而且改進商品質量，提高國際貿易信譽，也非採取分級措施不可。因此，在上海商品檢驗局成立之始，即依據部頒商品檢驗暫行條例進行；檢驗有摻假作弊的國產商品及輸入商品；檢驗有毒害情況的國產商品及輸入商品；檢驗鑒定國產商品及輸入商品的質量並確定其等級。當時商品種類繁多，既不能同時並舉而在人力與財力方面又很不充裕，實不能一蹴而就。故

在該局成立之始，在出口商品方面，只能從已具有多年檢驗歷史的棉花檢驗入手，並進行分級。爾後，才逐漸從事牲畜產品、生絲、桐油等項的檢驗與分級。在進口商品方面則僅實施了蜂蜜、肥料和蠶種的檢驗。

如上所述，商品檢驗的最終目標，是為了發展對外貿易，但發展對外貿易決不是僅僅依靠消極檢驗，剔除劣品，就可收到預期效果的。其根本辦法仍在於國產商品的積極改進。要談改進，就非借助於研究工作不可。所以，上海商品檢驗局在成立之後，除對進出口商品進行嚴格檢驗之外，更對研究工作作出了不懈努力，廣置圖書儀器，聘請專門人才，鼓勵各級技術人員努力進行研究工作。希望既能剔除原來商品的積弊，還能指導商人積極改進商品的製造與推銷，從而提高出口商品的國際地位。

具體做法是：在農作物檢驗處、畜產檢驗處、生絲檢驗處以及化驗處約各設有研究股。所有各處技術人員一起參加研究。研究範圍以檢驗的有關商品如棉花、生絲、蛋產品等為主。由各級技術人員認定研究題目分別進行。研究完成時間，短的兩三個月，長的一二年，每項研究均得有結果，並報請局考核。當時，農作物檢驗處進行了棉花方面的烘驗方法、棉花品質、棉花等級等項研究；畜產檢驗處除進行了乾蛋白、乾蛋品的各項研究及腸衣漂白、生牛皮消毒等項研究外，還協助上海各有關機關進行了上海乳牛流產病的研究以及抵抗牛瘟血清的研究與製造；化驗處在處理日常檢驗工作之外，還作了與所檢驗商品有關問題的研究，其項目涉及糖品、植物油、肥料等。上述各項研究，歷年經過考核，不少取得顯著成果，並有益於檢驗工作。

在上述各研究項目中，抗牛瘟血清的研製成果較為突出。這項研究是由技術官易文治與技術員壽標共同進行的。1929 年 12 月，上海江灣地區發生牛瘟，很快就波及浦東各地。商檢局當即派壽標前往實地調查，並普遍為牛注射牛瘟血清。1930 年 1 月，疫情即被完全遏止。這次疫情，其蔓延之速、為害之巨以及注射牛瘟血清作用之大，使我感受極深，更加堅定了我們要在最短時間內自製牛瘟血清的信心和決心。我們隨即免費為上海華商各牛奶房和郊區農民飼養的牛注射牛瘟血清。不久，應江蘇、安徽兩省建設廳之請，派壽標前往江蘇鎮江和安徽一些地區為耕牛注射牛瘟血清。由此，為耕牛、乳牛注射牛瘟血清以防治牛瘟，乃為全國農、商群眾所重視而樂於接受，並為日後製造大量牛瘟血清事業鋪平了前進的道路。上海商品檢驗局的經費收入，

以檢驗費為大宗。在創設伊始，各項檢驗尚未開驗，並無何種收入。初為籌備棉花檢驗及畜產品檢驗兩項所需，乃由工商部墊撥 1.3 萬元。1929 年 3 月，又以籌備生絲檢驗，購置大宗儀器設備，需款頗巨，除先由我出面向上海商業儲蓄銀行貸款三萬元以應急需外，並經該局建議工商部續徵乾繭特捐一年，約共 60 萬元，作為該局添置所需各項儀器設備之用。經部提請行政會議議決照辦，隨經江蘇省財政廳先撥 10 萬元，並由浙江省協助三萬元，共 13 萬元。惟所撥 13 萬元比照該局一再核減的生絲檢驗預算數目 20 萬元，仍不敷 7 萬元，復以當前金價暴漲，公量檢驗延期實行，又虧缺二萬餘元，合計不敷預算約 10 萬元左右。為了應付急需，我只得再通過陳光甫先生向上海商業銀行、浙江興業銀行等幾家私營銀行磋商抵借 10 萬元。同時由檢驗局呈部轉請財政部查照前案，令江蘇財政特派員續撥乾繭特捐 10 萬元。此款經江蘇財政特派員陸續全數撥付，使局務得以順利進行。

　　1929 年四五月間，棉花及畜產品檢驗先後實施，檢驗費收入由第一月的 500 餘元遞增為 4500 餘元。7 月，腸衣、蛋品、牛皮實施檢驗以後，每月檢驗費收入已有萬元上下。11 月，在實施生絲自由報驗後，合計棉花、牲畜產品及生絲三項檢驗費收入約 1.4 萬元左右。1930 年 2 月，各項檢驗陸續實施後，檢驗費月平均收入約為二萬餘元。由於各項商品檢驗費所取一般為千分之二，且有千分之一以下者。復以商品檢驗費既取之於商，亦應用之於商，所以該局在從事日常檢驗工作之外，對商品的改良研究與商品的國外宣傳，一直在努力進行，未嘗稍懈。逐年經費用於研究、宣傳工作的不在少數。我任局長期間，全局經費收支相抵雖時有不足，但截至 1932 年初我辭去局長職務時，所借上海各私營銀行的 13 萬元，已陸續歸還了 10 萬餘元，尚欠三萬元。後來得知該三萬元已在蔡無忌局長任內陸續予以還清。

　　我當時擔任上海商品檢驗局局長三年又四個月，因為我對商品檢驗原是個門外漢，只能邊工作，邊摸索，邊改進。在工作上當然談不上什麼成績，只是為我國進出口商品檢驗工作打下了一個比較完善的基礎。上海商品檢驗局成立之後，工商部又在天津、廣州、青島、漢口等地分別成立了商品檢驗局，不過這些檢驗局都比不上上海商品檢驗局的規模宏大，所有檢驗法則多取效於上海。

（原載於《聯合時報》2001 年 3 月 23 日第 4 版經濟信息專版）

（三）一年來本局檢政之概述

蔡無忌

光陰荏苒，民國二十五年忽成過去，回溯此一年中，上承長官之指導，下賴同仁之奮勉，全局政務，尚有相當進展。就檢驗方面言，則以往業務，多關於上海進出口商品之檢驗，而今則其動向已為廣泛的發展，不限於一隅，撮其要者，如產地檢驗，皖之祁門屯溪，為我國著名產茶之區，所謂祁紅屯綠，著名中外。本局奉令改良茶葉，舉辦產業產地檢驗，祁屯兩地，先後完成，肇端既始，雛形已具，今後循序而進，推及其他重要商品，當不難順利著手。次如我國果品，產量質量本極豐富優良，只以未經研究改良，遂致外來鮮果，源源輸入，為挽回大宗漏卮，殊有提倡復興必要，爰擬計劃呈部奉令核准，與有關部屬機關分工合作，實施步驟，業經規定，他日按步進行，自易獲睹成效，要之，本局檢驗事業，已由循序的進行，為擴大的發展，冀於吾國檢政史上勉占一頁。就行政方面言，整飭人事，公開經濟，為本局成立以來一貫方針，務求貫徹，其他研究調查各項，亦分頭進行，經過情形，或為片段之記述，或作詳盡之報告，已先後見諸本報，至欲求其條分縷晰，綱舉目張，則本局現正著手編製第三輯業務報告，當更為有系統之記載，茲屆民國二十六年開始，輒述梗概，以告讀者，此戔戔者，非敢誇示成績，不過就實際狀況，作忠實報告，藉以引起國人對檢政深切之同情與注意，斯則無忌草本文之微意也。

（一）開辦柏油檢驗

柏油製自為柏之子，烏柏係落葉亞喬木高二丈許，葉作卵形，夏開小花，秋末實熟，手其子製油，可為肥皂及蠟燭之原料，為我國出口大宗，自應加以檢驗。本局曾與漢口商品檢驗局開辦，本局遵經籌備就緒，呈准於三月十六日起開始檢驗，自後凡由上海漢口輸出國外之柏油，應向滬漢兩地商品檢驗局報請檢驗合格，給予證書，方得報關輸出。

（二）實施生絲質量檢驗

出口生絲檢驗，初僅限於分量，二十五年三月，部中以迭據中外絲業專家意見，認為有添驗質量之必要，特定於七月一日起，所有出口生絲，必須公量檢驗及質量檢驗兩項手續完竣後，方准輸出，經令本局迅即妥為籌備，本局奉令後，以茲事體大，不得不集思廣益，其臻周密，先於四月間派蠶絲

檢驗組組長繆鍾秀赴日，考察彼邦最近檢驗技術，藉資借鏡，歸國後，即分向國內外訂購各種新式檢驗機械儀器，招收訓練技術人員，積極籌備復於六月間召集江浙川魯等絲業代表會議，廣徵意見，呈部督核，旋於七月二十一日奉吳部長電令，改自八月一日起實行生絲質量檢驗，二十六年二月一日起強制施行質量檢驗，除質量檢驗如期舉辦外，一面擬具品級標準草案，分函各絲廠業同業公會，徵詢意見，召集會議，九月二十五日奉令核發生絲品級標準表，經即函知各該會轉發，以資準備，至本局實施質量檢驗以來，中外絲商咸表滿意，惟以報驗數量較前激增，致原有設備人力，未能適應需要，現正謀相當之擴充，俾檢驗技術益臻圓滿，要之本局對於此舉，鄭重將事，務使政令商情，兼籌並顧，以期無負職責，此則用以自策者也。

（三）實施國外輸入棉種檢驗

吾國近年為改良棉產，時向美國購買棉種，惟美國棉病蟲害向極猖獗，若不於棉種進口時施行檢驗消毒手續，則其附帶之蟲菌，勢必傳入國內，隨處蔓延，其為害將不堪設想，全國經濟委員會棉業統制委員會有鑑於此，特函請實業部通飭各商品檢驗局舉辦植物病蟲害檢驗，在各局未及普遍施行以前，所有國外輸入棉種檢驗消毒事宜，責成上海商品檢驗局主持辦理，實部准函後，二十五年三月二十一日令知本局，所有國外輸入棉種，暫均限由上海進口，經本局檢驗合格，方准輸入，本局奉令後，即經公布於八月十六日起實施。

（四）舉辦茶葉產地檢驗

祁門之紅茶，與屯溪之綠茶，為我國茶類中著名出品，實業部國產檢驗委員會，為根本改良華茶質量，擴展對外貿易起見，特舉辦茶葉產地檢驗，令飭本局先從祁紅屯綠兩區著手辦理，本局奉令後，於五月間籌備就緒，委定胡浩川范和鈞等七人為委員，先後馳赴產地工作，祁紅區於五月初開始，六月中完畢，屯綠區於七月一日開始，九月十五日完畢，以工作人員之努力，及各地關係機關之指導合作，進行尚無阻礙，經過情形，已另有工作報告發表，茲不復贅。

（五）籌備出口毛皮檢驗

出口毛皮檢驗，天津漢口兩地於十九年暨二十一年間先後實施，以檢政立場言，本局同為實部附屬機關，於同一性質之商品，自宜施行檢驗，俾檢

政臻於統一與周密，至言實際需要，則國家輸出商品，必求其質量精良，始可得國際間信譽，吾國商人於出口商品，每多摻雜作偽，就毛皮言，弊混亦不一而足，而硝製包裝之墨守成法，不知改良，猶其餘事，若不加以整理改善，於國際貿易場中，殊難久維其地位，是以需要檢驗，尤甚迫切，本局迭據上海經營出口毛皮之著名洋行號莊，陳述意見，請求開驗，爰即開始籌備，一面派員調查研究，擬訂檢驗細則，一面徵求該業公會意見，冀臻完善，已將籌備經過及實施辦法，呈部鑒核，現在候令實施中。

（六）籌備奶品進口檢驗

進口奶品檢驗，關係人民衛生健康甚巨，本局為實施檢驗準備，會擬定奶品化驗方法，購置儀器，調查進口奶品之種類與產銷狀況，一面將擬辦緣由，呈部鑒核，旋於九月三十日奉令准予舉辦，並令先行籌備，俟檢驗施行細則核准公布，即可定期施驗。

（七）建造牲畜隔離所及植物病蟲害檢驗薰蒸室

本局為適應牲畜進口檢驗及植物病蟲害檢驗需要，不得不從速建造牲畜隔離所及植物病蟲害檢驗薰蒸室，經在上海市閘殷路購置基地，招標興建，計牲畜隔離所造價為國幣七千一百十九元三角，煙薰室造價為國幣三千元，所有招標情形，及承包合同，與工程說明書，施工細則圖樣等，均經先後呈準備案，茲已次第工竣，會同部派王科長政分別驗收。

（八）與中央農業實驗所及國際貿易局合擬復興中國果業計劃

吾國果品，產量豐富，質量優良，本占農業上重要位置，徒以生產方面向未注意研究，故品種良莠不齊，成熟期分配不當，病蟲猖獗，管理疏忽，販賣又凌亂無序，遂使市上所見果品優劣混雜，病害發生，且包裝不良，中途損腐甚多，貯藏乏術，供應時期甚短，以致日形衰落，每年由國外進口鮮果，價值約三四百萬元之巨，值此農村經濟蕭條之際，提倡復興，實為當前急務，本局有鑑於此，爰特擬就計劃呈部，奉令責成中央農業實驗所辦理果樹品種，及病蟲害事務，國際貿易局辦理運銷事務，本局辦理包裝分級，及貯藏事務，本局奉令後，遂即擬具中國果品包裝貯藏及分級方法，推行辦法草案，並辦理是項分級及研究用費預算呈部，並分別函送實驗所、貿易局，用資聯絡，奉令准予照辦，當即規定本年度實施工作步驟，照原定計劃先從

柑橘入手，並訂定包裝及分級標準向浙建廳接洽，先與浙省農林改良場商定，就該省最近在黃岩成立之園藝試驗場合設柑橘運銷辦事處，專代該地橘農辦理分級、包裝、運銷等事項，由本局負供給包裝上所需機械及印刷宣傳之責，並邀國際貿易局代辦推銷事宜，農場負供給場所及技術工人之責，推銷時如有虧損，由雙方負擔，並擬就運銷規則由雙方呈請部廳備案，該辦事處成立後，橘農稱便，惟是項辦法，尚屬計劃中之初步，將來逐步推行，冀達品種標準化，栽培合理化，販賣組織化之目的，以求吾國果業之復興。

（九）蘇財廳委託代辦穀類作物之分級

我國各種食糧，向未制訂等級標準，以致質量不齊，儲藏運銷，均多不便，本局於二十四年九月，以改進農業之立場，接受江蘇財政廳之委託，代辦穀類作物之分級，先從稻麥著手，俟有成效，再為推廣，當經設立米麥分級研究室，並商准浙省稻麥改良場場長莫定森君兼任主持該項研究事務，一面於十月間，派員至江蘇各縣及各農業倉庫，採集穀類樣品，以便實施，迄至二十五年十月為期一年，於蘇省小麥品級已得由相當結果，曾將研究所經過設計預算及試訂江蘇小麥品級標準說明書等呈部鑒核，並由部令交全國稻麥改進所研究。年來洋麥進口，僅上海一隅已年達一千五百萬擔，大宗漏巵，殊足影響國民經濟，本局以限於經濟人才，僅先從事於江蘇小麥分級之研究，將來倘能由一省而擴充至於各省，由單純的分級研究，進一步而兼及調製貯藏運輸等方面之研究，以完成全國整個之分級鑒定事業，於改進米麥前途，不無裨補，竊願本此宗旨，繼續進行也。

（實業部上海商品檢驗局、國際貿易局合辦《國際貿易導報》
第九卷第一號，民國二十六年一月十五日）

（四）上海商品檢驗局二年來大事記

（民國十八年一月至二十年三月）

民國十七年

　　十二月 三十一日 部　令公布商品檢驗局暫行章程

　　　　　　三十一日 部　令公布商品檢驗暫行規則

民國十八年

　　一月　十二日 部　令派技正鄒秉文為本局籌備主任。

二十二日　派員接管已由工商部接收之農礦部所設全國棉花檢驗
　　　　　局。

二十二日　轉派張企文為中文秘書，沈達時為英文秘書，葉元鼎為
　　　　　棉花檢驗籌備主任，程幼甫為棉花檢驗副主任，王兆麒
　　　　　為牲畜正副產品檢驗處籌備主任。

二月　二十一日　鄒主任召集職員商定進行方針六項。

二十一日　部令調派鄒秉文為本局局長。

二十六日　奉部令頒發本局關防一顆，文曰「工商部上海商品檢驗
　　　　　局關防」。

二十七日　鄒局長秉文呈報就職。

三月　　　四日　啟用關防。

七日　奉部令派李文采署本局事務處主任，葉元鼎署棉花檢驗
　　　處主任，程幼甫署棉花檢驗處副主任。

十二日　局長事秘書會計等，遷至漢口路外灘江海關四樓辦公。

十五日　呈部請委任黃摺臣、沈驊臣、周延鼎、吳申伯、程炳若、
　　　　陳灝泉、李右仁、繆鍾秀等為本局籌備生絲檢驗處委員
　　　　會委員。

十六日　奉部令公布本局棉花檢驗處細則十八條。

四月　　　一日　棉花檢驗處成立，即於是日開始檢驗出口棉花。

三日　開第一次局務會議。
　　　訂定本局局務會議章程。
　　　函請關務署，令江海關撤回派駐洋商驗水所辦理檢驗之
　　　關員曼特而考夫。

五日　召集本埠出口火腿商，徵求檢驗出口火腿意見。

八日　鄒局長秉文補行宣誓典禮。部派駐滬辦事處趙處長錫恩
　　　監誓。

九日　牲畜正副產品檢驗處籌備主任王兆麟辭職，暫派陳舜耘
　　　為牲畜正副產品檢驗處籌備主任。

十日　開第二次局務會議，通過局務會議章程。

十二日　召集籌備生絲檢驗處務委員會議，籌備生絲檢驗。

十三日　開第二次籌備生絲檢驗處委員會

十七日 開第三次籌備生絲檢驗處委員會，擬訂生絲檢驗細則。

二十日 開第三次局務會議。

二十三日 開第四次籌備生絲檢驗處委員會，繼續討論生絲檢驗細則。

派牲畜正副產品檢驗處籌備主任陳舜耘赴上海特別市政府衛生局接洽接收出口肉類檢驗所辦法。

二十四日 呈請派菲人易文治為本局牲畜正副產品檢驗處獸醫。

呈請派陳舜耘為本局牲畜正副產品檢驗處主任，董克仁為副主任。

呈部請諮行財政部，將蘇省乾繭特捐每擔四元，撥充生絲檢驗處開辦費。

開第四次局務會議。

二十五日 奉部令查覆上海棉花檢驗有無類似天津洋商糾葛情形。

三十日 部　令公布本局牲畜正副產品檢驗處檢驗細則十四條。

五月　一日 牲畜正副產品檢驗處成立，開始檢驗火腿豬油罐頭肉類。

七日 會同上海特別市衛生局社會局商定接收出口肉類檢查所及上海牲腸出口檢驗所辦法。

十四日 開第五次局務會議，通過考勤規程。

十六日 日本駐滬領事加藤日吉來訪，派員招待，說明部令設立檢驗局主旨並本局籌備檢驗經過情形。

十七日 開第五次籌備生絲檢驗處委員會。

二十日 撰本局進行狀況及將來計劃大綱，交國際商業會議中國代表帶往宣傳。

二十二日 分陳部長次長司長參事，商榷取消棉花檢驗細則第十六條利弊。

開第六次局務會議。

部令公布修正本局棉花檢驗處檢驗細則。

二十九日 開第七次局務會議。

六月　四日 修改牲畜檢驗細則第五條，將各項檢驗費分別核減。

五日 籌備設立化學實驗室及細菌實驗室。

與江蘇財政廳接洽遵照行政院議決移撥蘇省乾繭特捐充作生絲檢驗費辦法。

六日 籌備桐油檢驗。

九日 派葉元鼎程幼甫赴部，與漢口商品檢驗局代表會商修訂棉花檢驗細則。

十日 撰印「籌備生絲檢驗情形」寄世界商業會議分發。

部令公布修正商品出口檢驗局暫行章程。

十二日 開第八次局務會議。

十七日 部　令公布修正本局棉花檢驗處檢驗細則。

十八日 為文駁正上海英商公會月報刊印小冊，論列本局牲檢驗誤點，並將極力減低驗費情形，附帶敘述登英文各報宣布。

十九日 派員赴美國及日本駐滬領事署，聲明本局成立先後組織棉花及牲畜正副產品檢驗處，其生絲茶葉桐油等檢驗亦將次第設立。

呈部請派繆鍾秀署生絲檢驗處主任，黃澄宇為副主任。

函江浙皖絲繭總公所轉徵中外絲商對於訂定生絲檢驗細則之意見。

分函江浙皖絲繭公所及萬國絲業公會，詢本局生絲檢驗處成立後，萬國生絲檢查所之態度，備本局生絲檢驗處擬具計劃及編製預算之參考。

二十日 添租九江路房屋為籌備生絲檢驗處辦公室及事務處辦公室之用。

二十一日 開第六次籌備生絲檢驗委員會。

二十二日 部　令公布修正本局牲畜正副產品檢驗處檢驗細則。

二十六日 開第九次局務會議。

招考技術員，錄取王湘益、壽標、唐菊仙、顧兆祺、陳榮廷、俞洞模、王玉瑠等七人。

二十七日 與火腿豬油罐頭肉類腸衣蛋類生皮等商接洽遴選名譽顧問，由局函聘以備諮詢。

二十八日 開第七次籌備生絲檢驗處委員會。

討論接收萬國生絲檢驗所事項。

七月　　一日 開始檢驗出口豬羊腸衣。

二日 函聘鄭源與王家裕、程宗信、朱繼良及外人吉斐等五人為牲檢處名譽顧問。

三日 開第十次局務會議

十日 開第十一次局務會議

十一日 函聘李玉山等十六人為棉花檢驗處名譽顧問

十三日 呈部請派張偉如為本局化驗技師，羅清生為獸醫。

擬訂棉花回潮量關於空氣濕度溫度之研究計劃。

擬具棉花檢驗五年間進行計劃及預算書。

十五日 開始檢驗出口蛋類及蛋產品生牛皮。

十七日 開第十二次局務會議。

十八日 函駐外各公使領事調查各國檢驗商品辦法，及外人對於中國商品意見，並搜集關於檢驗商品章程、印刷品等，以備參考。

二十三日 呈部請派黃宗勳張企文為秘書。

開第十三次局務會議。

分函世界各國政府農商機關，述明中國設立商品檢驗局宗旨，並詢寄各國檢驗商品辦法。

規定請求復檢之手續。

二十四日 開第八次籌備生絲檢驗處委員會。

與蛋業顧問鄭源興商議檢驗蛋類及蛋產品之妥善方法，擬將檢驗蛋產品加以改良。

規定棉花扡樣次數及時刻，並通告各棉商。

二十五日 開第九次籌備生絲檢驗處委員會。

與腸衣顧問商議檢驗腸衣之才徹底辦法。

二十六日 寄送鄒局長所著《工商部設立商品檢驗局緣由》與駐外各公使領事及進出口商人。

三十日 開第十次籌備生絲檢驗處委員會。

八月　　一日 閩產兄弟實業公司請驗新咖啡粉。

二日 召集火腿豬油兩業商人商議改良製造出品辦法。

　　局長宴請上海萬國生絲檢驗所經理白克納等非正式交換意見。

　　分函外國各檢驗機關徵求檢驗章程及辦法。

三日 華盛行塗改證書，偽署名字，照章處罰，並令將該批皮蛋重新報驗。

四日 英譯修正棉花檢驗細則，印發上海各洋商。

八日 籌備擴充牲畜正副產品檢驗處附設之化驗室。

　　開第十四次局務會議。

九日 派員赴寧波調查棉花出口情形。

十三日 通告經營畜產品商號，於八月三十一日以前到局領取登記表，詳填登記，以便調查。

十五日 呈 部為腸商轉陳美國故設苛令，籲請對美迅提抗議，藉利推廣國際貿易。

十六日 呈 部請委李安為生絲檢驗處技師。

十七日 籌備國際生絲會議代表赴美宣傳品，經由局長及主任函請各省絲業機關供給資料。

二十一日 計劃籌設南京畜產檢驗分處，檢驗由寧直接出洋之牲畜正副產品。

　　開第十五次局務會議。

……（下略）

　　（實業部上海商品檢驗局編：《實業部上海商品檢驗局業務報告（民國十八年一月至二十年三月）》，實業部上海商品檢驗局發行）

（五）工商部上海商品檢驗局職員錄

（民國十九年五月）

姓名	年歲	籍貫	職務	履歷
鄒秉文	三八	江蘇吳縣	局長	美國康納爾農科大學學士碩士，曾任國立東南大學農科主任，金陵大學農科教授，江蘇教育實業行政聯合會總幹事，全國農業討論會執行委員會主任，國民政府工商部技正，農礦部設計委員，中央黨部民食委員會專門委員

費起鶴	五二	河北通縣	副局長	協和大學畢業，美國歐柏林大學學士，雅禮大學碩士、直隸高等學校教務長，天津普通中學總教習，北平基督教青年會副總幹事，北平財政商業專門學校校長，天津商品檢驗局局長
張企文	四九	上海	中文秘書	曾任南京高等師範學校監東南大學文牘部主任，中華教育改進社文牘科主任，瞿鉞律師男南事務所主辦，上海特別市陸行區市政委員
黃宗勳	二八	安徽無為	英文秘書	印第安納省立大學政治經濟科學士，伊利諾省立大學法學士、法學博士，曾任青年會全國協會公民教育主任
侯厚培	三〇	湖南長沙	編輯	上海復旦大學商學士，曾任北平清華大學職員，上海法政大學教授
饒信梅	三一	廣東平遠	編輯	國立東南大學農學士，曾任九江市府秘書，湖北農務局科員代科長
劉劍雄	二七	江蘇松江	秘書室辦事員	江蘇法政大學專門部政治經濟科畢業，曾任瞿鉞律師南事務所書記，上海特別市陸行區市政委員辦事處文牘
黃重建	二九	浙江歸安	編輯	日本東京日本大學商科畢業，曾任新華銀行會計，鎮江絲廠會計兼管理主任
潘兢民	三九	江蘇武進	同上	上海新聞報編輯
夏岱壽	二四	杭州	秘書室辦事員	上海中西女塾及膚明敦學校速記畢業，曾任中西女塾附屬第一小學教員
張轂年	二五	江蘇武進	同上	上海敬業學校畢業
程天綏	二九	安徽婺源	編輯	國立東南大學農學士，曾任東南大學農科助教，南京安徽公學教員，安徽省立第一中學教員，勤生農場技師，國民革命軍東路前敵總指揮部秘書，淞滬衛戌司令部特別黨部執行委員
嚴福增	三一	江蘇松江	秘書室辦事員	江蘇省立第三中學畢業，曾任松江育嬰堂廣育院工業學校教員，奉賢硝礦局文牘兼書記，松江縣黨部收發員屠宰稅徵收所文牘員
董繼元	二四	浙江嘉興	同上	環球中國學生會中學畢業，曾任上海華英公學初中班國文教員
夏公達	三三	浙江平陽	同上	曾任石家莊裕禮煤業公司文書股長，北平東南日報編輯，上海時事新報廣告部主任，金星製版公司監理，民國日報營業部文書

陳翼祖	三五	江蘇丹徒	圖書館主任	美國哥倫比亞大學商學碩士

事務處職員

李文采	五〇	江蘇崑山	事務處主任	曾任崑山縣清丈局局長，國立南京高等師範學校庶務主任，東南大學事務主任，中央黨務學校庶務科長
汪慎夫	四八	浙江杭縣	事務處副主任	浙江之江大學畢業，曾任清心中學副校長兼教員，南京高等師範學校學監，上海商科大學事務部主任，無錫絲繭稅局會計主任，南京勵志社幹事
管純一	二九	江蘇太倉	會計	國立南高附中畢業，商科大學肄業，曾任滬太長途汽車公司會計主任，太倉先款產管理處副主任
鄒根之	四一	江蘇吳縣	庶務	曾任杭州稅務所辦理會計徵收事宜
惲濟川	二八	江蘇武進	事務處辦事員	曾任天津直隸井陘礦務局一等書記兼秘書室辦事員，武進鐵路稅務分局幫辦文牘管票員兼奔牛分所稽查
錢陽	二五	江蘇灌雲	同上	上海南洋高級商業學校畢業，曾任中華職業教育社辦事員
張孟平	三二	江蘇嘉定	同上	南通師範學校畢業，南京金陵大學肄業，曾任寧波中學教員兼高小校長，上海英美藥房經理
施象先	四九	江蘇崇明	同上	歷充廣東粵海關石歧分局佛山江門新塘磨刀口等處專辦委員，雙恩場鹽警總巡官郁南縣教育實業主任，崇明稅所稽徵員，崇明一等警佐第一第五第八警察分所所長第三公安分局局長

生絲檢驗處職員

繆鍾秀	三一	江蘇無錫	絲檢處主任	美國紐約大學法學碩士，上海萬國生絲檢驗所主任
李砥中	三二	江西	絲檢處副主任	美國哥倫比亞大學商學士，曾在美國生絲檢驗所錢鼎兄弟綢廠及加祥綢廠實習，旋赴意大利者利絲廠寶渡國立蠶業試驗場實習，復在意國破納里農林大學蠶科肄業，後赴法國里昂考察回國後，歷任上海景星生絲貿易公司出口部主任，江蘇省立揚州蠶業試驗場場長，建設委員會蠶絲技正設計委員

萊恩	二八	美國	絲檢處技師	美國洛威大學畢業，歷任美國紐約大學教員，美國檢驗公所技師，麥威而綢廠顧問兼技師，上海萬國生絲檢驗所副主任
郭立茂	二九	浙江	同上	北平清華大學畢業，美國羅宛而紡織專科大學紡織工程學士，美國全球繰絲公司德國海石而工廠實習，曾任華純織造廠總工程師，慎昌洋行紡織工程師
孫本忠	三四	江蘇吳江	絲檢處技師	國立南京高等師範學校農科畢業，法國國立蒙百里農科大學蠶科畢業，里昂大學科學博士，曾任中國合眾蠶商改良會技士，國立東南大學農科蠶桑試驗場技士，江蘇省立無錫蠶絲試驗場籌備主任，江蘇省立蠶業試驗場場長兼技正，江蘇農礦廳技正
李巨揚	三〇	廣東	生絲研究生	香港聖保羅書院及美國費城紡織專科大學畢業，曾任美國屈定織機工廠副技師，上海足安電機機廠技師
張藕舫	二三	吳興	生絲研究生	美國康奈爾大學電機工程師，美國麻省工專電機碩士
潘繼藩	四八	江蘇江陰	絲棧管理員	歷任上海第四第三初級檢察廳檢察官，淞滬檢察廳司法科科長，滬南警察分廳司法科科長，廣東龍川海豐等縣承審員
童金耀	三五	浙江紹興	絲檢處技士	東南大學農科畢業
王維駟	二四	江蘇太倉	絲檢處技士	國立暨南大學商學士，曾任經濟彙報暨大年鑒編輯
徐兆謨	二七	上海	絲檢處辦事員	前上海萬國生絲檢驗所辦事員
郭良功	二六	福建閩侯	同上	前上海萬國生絲檢驗所辦事員
沈翼鵬	二七	上海	同上	前上海萬國生絲檢驗所辦事員
柳昌緒	三七	江蘇江陰	同上	常州中學畢業，北京內務部警察傳習所學員、滬軍部督府人事科科員、陸軍部差遣、山西省城警察廳警佐、福建高等審判廳辦事員、思明地方審判廳書記官、廈門道行公署科員，江蘇省禁煙總局北新涇區檢查所主任
維門谷	二一	俄國	絲檢處技術員	前上海萬國生絲檢驗所辦事員
愛門谷	二四	俄國	同上	前上海萬國生絲檢驗所辦事員
畢克諾夫	二九	俄國	同上	前上海萬國生絲檢驗所辦事員

杭忠吉	二一	江蘇丹陽	同上	中華職業學校機械專科畢業，曾任江蘇省立農縣製造所工廠管理員
秦之燦	二一	上海	同上	中華職業學校機械專科畢業，曾任江蘇省立農縣製造所工廠管理員
單祖和	二○	上海	絲檢處練習生	上海民立中學高中畢業，曾在恒升公絲棧服務一年
顧新鈞	一八	上海	絲檢處練習生	上海民立中學畢業
周仁動	一九	富陽	同上	上海江灣江蘇中學畢業
居正修	一九	海寧	同上	海寧中山中學畢業
顧伯誠	三一	無錫	同上	上海南洋高級商業學校畢業，曾任六河溝煤礦公司技術處稽核員兼協泰煤礦公司檔案課課員
朱念慈	二五	海寧	同上	上海民立中學畢業歷任筆篤維綸怡大等絲行職員
孫琦	二四	吳縣	同上	上海務本女學
王素芳	二二	吳縣	同上	上海民立女學
徐騰璋	二七	紹興	同上	潘德女學
楊沛源	二二		同上	香港華仁英文中學
范茂林	二一	海門	同上	上海中華職業學校機械科初級畢業，曾任上海鑄亞鐵工廠職員
艾維本	一九	上海	同上	上海清心中學畢業
劉維	二一	武進	同上	北平財政商業專門學校肄業
施建業	二二	上海	同上	上海正風中學校畢業
汪應辰	二五	嘉定	同上	上海昌世中學畢業，曾在別發洋行辦事三年
薛大中	二六	江陰	同上	江陰勵寶中學卒業，曾任滬杭甬鐵路閘口機務處司事
張紹基	一八	清浦	同上	浙江省立第二中學畢業，上海浦東中學肄業
王家順	二一	鄞縣	同上	江蘇中學畢業，中華職業機械專科三年
唐開甲	二五	杭縣	同上	浙江甲種工業機織科畢業，曾任杭州緯成公司職員
繆鑒湖	二四	江陰	同上	南洋商業英文專校肄業三年，曾任職中華琺瑯廠美術部
趙體健	一七	江陰	同上	江陰縣立初中畢業，中華職業機械科肄業
陳元章	一八	啟東	同上	中華職業學校機械科肄業

楊駿	二三	溧陽	絲檢處練習生	中華職業學校機械科初級畢業
徐紀新	一九	長沙	同上	黎明中學初中畢業
姚德富	一八	丹陽	同上	上海君毅中學畢業
張博望	一八	崇明	同上	中華職業學校高級肄業
顧文林	一九	無錫	同上	無錫文治大學附屬中學畢業
王敏慎		寧波	絲檢處辦事員	上學中西女塾畢業，美國然而達夫美生大學及哥倫比亞大學肄業，曾任北平女子師範學校教員
許鳳石	二〇	湖州	絲檢處練習生	慕而堂畢業，曾任安利洋行絲頭部管棧
繆惠安	三〇	江陰	同上	江陰舊制高小畢業，曾任德國裕興顏料廠駐錫分銷處主任
楊近仁	二〇	江陰	同上	常熟縣中學畢業，曾任業勤集織廠職員
鄒斯復	二五	吳縣	同上	北平高等師範附屬中學畢業，曾任蘇州民益日報編輯
吳人傑	一八	松江	同上	松江中學校畢業
張學年	二〇	常熟	同上	上海育材中學畢業
謝逢時	二二	江陰	同上	江陰南菁學院中學部修業
屠晏清	一八	紹縣	同上	上海中學
呂渭文	二四	無錫	同上	大夏大學肄業
楊醒儂	一九	江陰	同上	江陰梁豐中學畢業
王斌	一八	吳縣	同上	蘇州橋塢中學畢業
錢祖滋	二〇	丹徒	同上	上海南洋中學畢業
葉國華	一九	吳縣	同上	上海肇基中學畢業
陳慶聲	一九	長沙	同上	上海南洋女子英專畢業，曾任山東省立第一女師圖書館員
李又新	三五	寧都	同上	江西省立中學畢業
王泰霖	二〇	鄞縣		三育初中畢業，曾任環球學生會助理員，中國評論週報社職員
趙鶴齡	二一	江陰	絲檢處練習生	江陰徵存學院中學部畢業
程文耀	二五	無錫	同上	江蘇省立第二中學畢業，曾任無錫乾蘇絲廠職工，曾日報編輯第十區區公所助理員

凌錦山	二五	蘇州	同上	環球中國學生會畢業，曾任緒昌仁絲廠信孚洋行綸泰洋行各職務
楊澤嘉	二二	桐鄉	同上	上海青年會高級職業中學夜校部
何積芳	一九	鄞縣	同上	上海青年會中學畢業
朱家林	二一	平湖	同上	上海徐匯公學畢業
沈子惠	三四	杭縣		曾任商務印書館編譯所總務處文牘員

棉花檢驗處職員

葉元鼎	三八	浙江鎮海	棉檢處主任	金陵大學農學士，美國喬治亞大學植棉科農學碩士，國立東南大學農科棉作教授，中央大學農科農藝系主任
程幼甫	四九	上海	棉檢處副主任	大陸興記花行總理，南市吉雲堂花業公所總董，棉花檢查所所長，中華棉業聯合會主席委員，上海縣商會執行委員
徐右方	四九	浙江平湖	棉檢處監查員	曾任永茂晉業三井等廠南通浦東棉花採辦主任，浦東六團棉業公會會長，啟泰裕豐花廠經理，中華棉業聯合會常務委員兼總務主任
程步霄	二九	山西太原	棉檢處技士	銘賢大學預科及燕京大學農科畢業，曾任燕京大學農科農藝部助教
陳紀藻	二九	浙江溫州	同上	中央大學農學士
盧崇容	二五	江蘇如皋	同上	國立暨南大學商學士
宗儁	三一	江蘇宜興	棉檢處技術員	國立東南大學植棉專科畢業，曾任東南大學棉作改良推廣委員會技術員
陳劍寒	三三	江蘇無錫	同上	江蘇省立第一農業學校畢業，曾任東南大學農事試驗場技術員，國民革命軍第四十七軍軍部經理處會計科科長
張志能	三一	上海	同上	群學會高小班畢業後經營棉業
封伯揭	三一	江蘇嘉定	棉檢處辦事員	曾任德大紗廠學習管理，旋任該廠批發所司帳
封永彬	二〇	同上	棉檢處練習生	青年會高小畢業，聖約翰初中一年級修業，曾在立大麵粉廠服務二年
馬廣文	三四	江蘇灌雲	棉檢處技士	國立東南大學農學學士，江蘇省立第五中學及第九中學教員，中央大學淮陰中學及淮安中學教員
蔣彤伯	三七	江蘇吳縣	棉檢處辦事員	直隸省統捐局文牘股辦事員，安徽烏衣站統捐局會計員，上海南市電話局總務處科員，浙江全省昆蟲局事務員

宋鴻翔	一八	浙江奉化	棉檢處練習生	鐵華公學初中畢業
喻元傑	一八	江蘇如皋	同上	上海民立中學肄業
葉仰山	一九	江蘇江陰	同上	上海民立中學畢業
向耿西	一八	江蘇江陰	同上	江陰徵存學院修業
馮澤昌	二三	浙江義烏	同上	江蘇第一農業學校畢業及東吳法律學院修業
鄭松康	一九	福建閩侯	同上	復旦實驗中學初中畢業
葉人驤	二四	上海	棉檢處練習生	山海私立澄衷中學畢業
顧鶴年	二三	上海	棉檢處技術員	上海南洋中學畢業，曾任同發嘉發等花號司帳及解貨等職，繼服務於申新第七紡織廠
迪福豫	二七	江蘇太倉	同上	太倉中學畢業經營棉業八年
顧裕昌	一八	江蘇崇明	棉檢處練習生	崇明沙立民本初級中學及東美第二中學修業

棉花檢驗處寧波分處職員

丁愷豐	四八	杭縣	甬分處主任	杭州育英書院畢業，曾任上海滬江大學理化教員，杭州之江大學教務主任兼物理教員，東南大學齋務長，浙江省政府特派平湖慈谿等縣禁煙委員，浙江紹屬鹽業公所主任兼水陸衛銷鹽警所所長
張雲	三〇	武進	甬分處技術員	東南大學植棉專科畢業，曾任東南大學楊思棉場技術員，廣西建設廳技士
張慶霖	三一	紹興	同上	南通甲種農業學校畢業，曾任奉賢乙種農校主任教員，東南大學農科棉作技術員，浙江大學農學院棉場技術員
褚毅成	二八	嘉興	同上	浙江工業專門學校機械科畢業，曾任浦東中學上海招商公學教員，紹敦公司電光報告主任
陳杏田	二五	餘姚	甬分處辦事員	曾任會稽道屬出產棉花驗水所寧波市進出口棉花驗水所及浙江省之棉業艾亮場棉花驗水所會計
施文	三〇	東陽	甬分處稽查員	曾任天津郵務管理局乙種郵務員，浙江省立棉業改良場棉花檢驗所稽查員
陸本耀	三二	餘姚	同上	餘姚高等小學畢業，曾任美孚亞細亞煤油公司分行行員

| 高幼麟 | 二五 | 杭縣 | 甬分處辦事員 | 上海私立南方中學畢業，曾任象山縣署財政科科員，永嘉縣政務科科員，浙東第三區商巡緝私總部書記代理第四隊隊長，新衛報館編輯主任，紹屬鹽警所第一隊書記 |

牲畜正副產品檢驗處職員

陳舜耘	三〇	江蘇武進	牲檢處主任	金陵大學農學士，美國密希根省立大學生物化學博士及獸醫學博士，金陵大學及燕京大學農科教員
羅清生	三二	廣東	牲檢處獸醫	清華學校畢業，美國甘沙士省立農業大學獸醫學博士，中央大學獸醫學副教授
易文治	三九	菲律賓	同上	菲律賓莫泥剌學校問學士，美國加省大學獸醫學博士，曾任菲律賓莫泥剌農務局獸醫及中國淞滬區肉類檢驗員
吳德銘	二九	江蘇吳縣	牲檢處技士	國立東南大學農學士，曾任國立東南大學助教，江蘇省立第三農業學校教員，上海特別市政府衛生局獸醫技士
壽標	二七	浙江紹興	同上	南京金陵大學農學士，金陵大學生物助教，中央大學助理廣西農務局獸醫技士
吳凱民	二四	廣東	牲檢處技士	南京金陵大學畢業
朱華	三一	安徽壽縣	同上	金陵大學物理教員，福建省黨部黨務特派員，福建省黨部組織部登記主任，任國民革命軍第一集團第四軍總指揮部政訓部組織科長，第四軍團特別黨部籌備委員，安徽農村師範教員
陳榮廷	二三	浙江上虞	牲檢處技術員	中央大學農學院畜牧獸醫專修班畢業
郝履端	二七	浙江嘉興	同上	燕京大學農系畢業，曾任平民教育總會農牧部畜牧研究員，華北第二表證農場主任
俞洞謨	二四	福建長汀	牲檢處調查員	國立中央大學農學院畜牧獸醫班畢業
張容臣	四七	江蘇寶山	同上	上海特別是政府第一科科員，國立山海牲腸檢驗所科員，上海交涉公署通育科科員
佘振新	二八	廣東香山	牲檢處辦事員	上海青年會中學畢業，曾任和合火腿廠英文書記易文治獸醫處書記，淞滬肉類出口檢查員
于以和	二一	上海	牲檢處練習生	上海民立中學畢業

陳龐	二二	湖南衡山	同上	長沙文藝中學畢業
沈慧英	二三	廣東番禺	牲檢處辦事員	上海旅滬廣東公學及甄父文科專修學校畢業，持志大學肄業，曾任首都市黨部婦女部幹事，鎮江市黨部婦女部秘書，上海信誠洋行書記

化驗處職員

張偉如	三六	江蘇吳縣	化驗處主任	美國斯坦福大學理學士，商務印書館滬寧鐵路滬杭鐵路局化學技師，北平協和醫科大學南京第一農業學校教員，南京河海工科大學南通大學教授
袁開基	二八	浙江上虞	化學技士	金陵大學工業化學科學士，曾任漢口既濟水電公司化驗員，金陵大學化學助教
楊興宗	三一	江蘇無錫	化驗處辦事員	天津高等工業學校畢業，曾任武昌路造幣廠鎔化所科員，膠濟鐵路材料處科員兼膠濟商埠督辦公署總務科監理股科員代理監理股股長
楊旭齡	二二	江蘇無錫	化驗處練習生	私立無錫中學高中商科畢業
張則仁	二五	浙江鄞縣	同上	曾任小學教員四年
朱斌	二六	江蘇常熟	同上	東南大學附屬高中畢業
張榆芳	二四	浙江定海	同上	曾任卜內門洋城公司及美靈登廣告公司職員
壽樂	二二	浙江紹興	化驗處技士	金陵大學化學系理學士
曾克義	二四	福建閩侯	化驗處辦事員	四川財政專門學校畢業，國民革命軍二十四軍司令部辦事員兼會計員，二十八軍司令部諮議，中央陸軍軍官學校辦事員

花邊檢驗處職員

陳錦端	二八	福建思明	花邊處主任	上海聖瑪利亞學校及美國波斯頓美術專門學校畢業，並遊歷巴黎研究美術會，任廈門集美學校美術英文教員，上海中西女塾美術教員
陶禹門	三六	上海	花邊處副主任	江蘇省立工業學校畢業，電氣機械專科畢業，歷年經營花邊，先後設廠於無錫浦東如皋紹興者凡十處，並派員在美國設立推銷？織局，曾任英商康而福洋行及瑞商豐民洋行花邊部經理，現任美商柯而勃洋行花邊經理

| 陶緋霞 | 二六 | 上海 | 花邊處技士 | 上海啟明女學及 Holy Fanny 女學肄業經營花邊六年 |
| 殷蕙如 | 二五 | 吳江 | 花邊處技術員 | 吳江女子師範畢業，曾任太豐花邊號辦事員 |

牲畜正副產品檢驗南京分處職員

| 陳之長 | 三二 | 四川 | 牲畜檢驗南京分處主任 | 美國唉華大學獸醫博士，現任中央大學農學院畜牧獸醫科主任 |
| 四九 | 四九 | 江蘇江寧 | 辦事員 | 曾任財政部菸酒署辦事員，中華懋業銀行事務員 |

（載工商部上海商品檢驗局編《工商部上海商品檢驗局概況》，民國十九年五月印行）

參考文獻

一、檔案資料。

1. 《工商部商品檢驗局組織條例附商品檢驗條例案》，中國第二歷史檔案館館藏。

2. 《工商部辦理商品檢驗事項的文書》，中國第二歷史檔案館館藏。

3. 《關於天津、上海、青島商品檢驗停辦，南京分處結束及有關文書》，中國第二歷史檔案館館藏。

4. 《實業部中央農業實驗所、上海商品檢驗局合辦上海血清製造所工作報告》，中國第二歷史檔案館館藏。

5. 《上海商品檢驗局關於儀器設備拍賣、移存及運川等文書》，中國第二歷史檔案館館藏。

6. 《滬商品檢驗局業務報告》（1934 年），中國第二歷史檔案館館藏。

7. 《茶葉產地檢驗監理處暫行章程》，中國第二歷史檔案館館藏。

8. 《棉花分級辦法草案》，中國第二歷史檔案館館藏。

9. 《茶葉產地檢驗規程草案及施行細則》，中國第二歷史檔案館館藏。

10. 《上海商品檢驗局人事任免 1929 年 1～6 月》，中國第二歷史檔案館館藏。

11. 《上海商品檢驗局棉花檢驗處 1930 年 1～6 月份工作報告書》等，中國第二歷史檔案館館藏。

12. 《商品檢驗費額表》，中國第二歷史檔案館館藏。

二、上海商品檢驗局及實業部等所編之工作資料。

1. 工商部上海商品檢驗局編：《工商部上海商品檢驗局淺說第一號：棉花攪水的弊害》，1929 年 8 月發行。

2. 工商部上海商品檢驗局編：《工商部上海商品檢驗局概況》，工商部上海

商品檢驗局 1930 年 5 月發行。

3. 工商部上海商品檢驗局編：《牲畜正副產品檢驗處蛋之淺說》，工商部上海商品檢驗局 1930 年 2 月發行。

4. 工商部上海商品檢驗局編：《工商部上海商品檢驗局生絲檢驗處生絲檢驗方法》，工商部上海商品檢驗局出版（出版年代不詳）。

5. 實業部商業司通商科編輯：《全國商品檢驗會議彙編》，1930 年 6 月。

6. 實業部商業司第二科編輯：《第二次全國商品檢驗會議彙編》，1933 年 4 月。

7. 實業部上海商品檢驗局編輯：《實業部上海商品檢驗局業務報告（民國十八年一月至二十年三月）》，實業部上海商品檢驗局 1931 年發行。

8. 實業部上海商品檢驗局等編：《實業部上海商品檢驗局、中央農業實驗所、漢口商品檢驗局合辦茶葉改良場成立一年來之工作概況（1933 年 4 月～1934 年 3 月）》，實業部上海商品檢驗局發行（出版年代不詳）。

9. 沈國謹編：《我國商品檢驗的史實》，實業部商業研究室 1934 年 8 月發行。

10. 吳覺農：《中國茶葉復興計劃》，商務印書館 1935 年發行。

11. 尤季華：《中國出口貿易》，商務印書館 1934 年出版。

12. 《商品檢驗》，行政院新聞局 1947 年 12 月印行。

三、資料彙編。

1. 嚴中平：《中國近代經濟史統計資料選集》，科學出版社 1955 年出版。

2. 章有義：《中國近代農業史資料第三輯（1927～1937）》，三聯書店 1957 年出版。

3. 彭澤益：《中國近代手工業史資料（1840～1949）》，中華書局 1962 年出版。

4. 孫毓棠：《中國近代工業史資料（1840～1895）》第一輯（上冊），中華書局 1962 年出版。

5. 姚賢稿：《中國近代對外貿易史資料》，中華書局 1962 年出版。

6. 中國人民政治協商會議全國委員會文史資料研究委員會編：《文史資料選輯》第八十八輯，文史資料出版社 1983 年出版。

7. 秦孝儀主編：《抗戰前國家建設史料（實業方面）》，臺北中央文物供應社 1978 年出版。

8. 中國第二歷史檔案館編：《中華民國史檔案資料彙編第三輯（農商）》，江蘇古籍出版社 1991 年出版。

9. 中華人民共和國江蘇進出口商品檢驗局編：《公證鑒定業務資料彙編》，中華人民共和國江蘇進出口商品檢驗局 1984 年編印。

10. 李澤瑤、車文毅、鮑俊凱主編：《出口水產品檢驗監管法規資料彙編》，

國家進出口商品檢驗局檢驗處 1990 年編印。

11. 許道夫:《中國近代農業生產及貿易統計資料》,上海人民出版社 1983 年出版。

12. 中國農業百科全書編輯部:《中國農業百科全書·茶葉卷》農業出版社 1988 年出版。

13. 吳覺農:《中國地方志茶葉歷史資料選輯》,農業出版社 1990 年出版。

14. 陳祖槼、朱自振:《中國茶葉歷史資料選輯》,中國農業出版社 1981 年出版。

15. 朱自振:《中國茶葉歷史資料續輯》,東南大學出版社 1991 年出版。

16. 《民國茶文獻史料彙編》,全國圖書館文獻縮微複製中心 2009 年出版。

17. 中國第二歷史檔案館:《中國舊海關史料(1859~1948)》,京華出版社 2001 年出版。

18. 中國第二歷史檔案館:《中國參加芝加哥世界博覽會史料選輯(一、二、三)》,載《民國檔案》,2009 年第 1~3 期。

19. 蘇州市檔案局編:《蘇州絲綢檔案資料彙編》(上、下),江蘇古籍出版社 1995 年出版。

20. 姚賢鎬編:《中國近代對外貿易史資料(1840~1895)》(全三冊),中華書局 1962 版。

四、研究論著。

1. 《上海商檢志》編纂委員會主編:《上海商檢志》,上海社會科學院出版社 1999 年出版。

2. 秦孝儀主編:《十年來之中國建設(1927~1937)》,臺北中央文物供應社 1976 影印出版。

3. 沈雲龍主編:近代中國史料叢刊續編第九輯,《十年來之中國經濟(1936~1945)》臺北文海出版社 1976 年版。

4. 周開慶主編:《三十年來之中國工程》(下),臺北華文書局 1967 年印行。

5. 王守蘭、鍾儒剛編著:《商檢概論》,中國經濟貿易出版社 1999 年出版。

6. 楊天賜、吳伯誠主編:《進出口商品檢驗》,山西經濟出版社,1994 年出版。

7. 苗述風:《商品學》,對外貿易教育出版社 1985 年出版。

8. 國家進出口商品檢驗局編:《商檢商品學》(上冊),中國對外經濟貿易出版社 1989 年出版。

9. 尤建新:《海關管理與進出口商品檢驗導論》,同濟大學出版社 1998 年出版。

10. 佟海山主編：《商檢管理學》，浙江大學出版社 1992 年出版。

11. 周天華、熊國忠、舒先林等：《中國商檢經濟學》，人民出版社 1997 年出版。

12. 李岩、夏玉宇主編：《商品檢驗概論》，化學工業出版社 2003 年出版。

13. 萬融主編：《商品學概論》，中國人民大學出版社 2005 年出版。

14. 張燁主編：《現代商品學概論》，科學出版社 2005 年出版。

15. 李廷、陸維民編著：《檢驗檢疫概論與進出口紡織品檢驗》，東華大學出版社 2005 年出版。

16. 劉耀威：《進出口商品的檢驗與檢疫》（第四版），對外經濟貿易大學出版社 2017 年出版。

17. 馮毅、郭清山：《進出口商品檢驗實務》，中國對外經濟貿易出版社 2002 年出版。

18. 涂陽純、胡瑞孚編著：《進出口商品檢驗法規與實踐》，法律出版社 1989 年出版。

19. 張毅主編：《紡織商品檢驗學》，東華大學出版社 2009 年出版。

20. 陳紅麗、繆瑞編著：《商品檢驗與質量認證》，北京大學出版社 2011 年出版。

21. 汪永太：《商品檢驗與養護》，東北財經大學出版社 2019 年出版。

22. 陸建軍：《商品檢驗與包裝》，中國勞動社會保障出版社 2019 年出版。

23. 夏秀瑞、孫玉琴編著：《中國對外貿易史》（第一冊），對外經濟貿易大學出版社 2001 年。

24. 〔美〕馬士著，區宗華譯：《東印度公司對華貿易編年史》，中山大學出版社 1991 年出版。

25. 孫玉琴編著：《中國對外貿易史教程》，對外經濟貿易大學出版社 2005 年出版。

26. 〔英〕格林堡：《鴉片戰爭前中英通商史》，商務印書館年 1961 年出版。

27. 吳覺農：《茶經述評》，農業出版社 1987 年版。

28. 陳椽：《安徽茶經》，安徽科學技術出版社 1980 年出版。

29. 陳椽：《中國茶葉外銷史》，臺北碧山岩出版公司 1993 年出版。

30. 中國茶學辭典編纂委員會：《中國茶學辭典》，上海科學技術出版社 1995 年版。。

31. 陳宗懋：《中國茶葉大辭典》，中國輕工業出版社 2000 年出版。

32. 〔美〕威廉·烏克斯：《茶葉全書》，中國茶葉研究出版社 1949 年出版。

33. 趙豐主編：《中國絲綢通史》，蘇州大學出版社 2005 年出版。

34. 嚴中平：《中國近代經濟史（1840～1895）》，人民出版社 2001 年出版。

35. 《鄒秉文君與季子峰君討論農業教育意見書》，載《教育與職業》，1921 年第 1 期。

36. 章楷：《鄒秉文和我國近代農業改進》，載《中國農史》，1993 年第 4 期。

37. 劉宗善：《鄒秉文——我國近代植物病理學的開拓人和商品檢驗機構的創建者》，載《植物檢疫》，1992 年第 3 期。

38. 周邦任：《鄒秉文在中國近代農業科技史上的傑出作用——紀念鄒秉文先生誕辰一百週年》，載《中國農史》，1993 年第 4 期。

39. 袁李來：《鄒秉文與上海商品檢驗局》，載《民國春秋》，1998 年第 5 期。

40. 馮世鑫，鄒德珍：《鄒秉文二三事》，載《中國檢驗檢疫》，2002 年第 9 期。

41. 許衍琛：《鄒秉文高等農業教育思想研究》載《高等理科教育》，2014 年第 4 期。

42. 戴婷、何光全：《鄒秉文與中國近代農業科學教育》，載《當代繼續教育》，2016 年第 5 期。

43. 耿瑄：《民初農學精英與地方實力派的合作——鄒秉文與東南大學農科的創建》，載《中國科技史雜誌》，2017 年第 2 期。

44. 吳強：《鄒秉文的中國農業發展方略述評》，載《農業考古》，2017 年第 4 期。

45. 馮和法：《當代茶聖——吳覺農》，載《經濟工作通訊》，1988 年第 17 期。

46. 狄福豫：《我國棉花檢驗工作發展史》，載《中國纖檢》，1982 年第 5 期。

47. 尹在繼：《中國出口茶葉檢驗史實（四）——茶葉產地檢驗的實施與演變》，載《中國茶葉》，1987 年第 6 期。

48. 史宣懷：《我國棉檢技術發展簡史（續完）》，載《纖維標準與檢驗》，1993 年第 9 期。

49. 張景坡：《論我國棉花質量的國家公證》，載《纖維標準與檢驗》，1997 年第 2 期。

50. 孫炳芳、張學軍：《直隸商會與近代棉業的發展（1903～1937）》，載《河北學刊》，2008 年第 4 期。

51. 丁時永：《我國棉花質量檢驗體制研究》，南京農業大學 2006 年碩士學位論文。

52. 王興龍：《20 世紀二三十年代湖南植棉業述論》，湘潭大學 2010 年碩士學位論文。

53. 徐進功：《論南京國民政府 1927 年～1937 年的對外貿易》，載《中國社會經濟史研究》，2001 年第 3 期。

54. 徐建生：《民國時期經濟政策的沿續與變異（1912～1937)》，中國社會科學院研究生院 2001 年博士學位論文。

55. 章楷：《中國近代農業史事分類編年》，載《古今農業》，1998 年第 1～3 期。

56. 張志賢：《分析化學與進出口商品檢驗》，載《大學化學》，1992 年第 4 期。

57. 樊如森：《天津開埠後的皮毛運銷系統》，載《中國歷史地理論叢》，2001 年第 1 期。

58. 徐鑒：《解放前商檢初建之特點》，載《中國檢驗檢疫》，2002 年第 10 期。

59. 徐鑒：《解放前夕舊商檢局的沒落》，載《中國檢驗檢疫》，2002 年第 11 期。

60. 徐鑒：《抗戰時期汪偽政權控制下的商品檢驗》載《中國檢驗檢疫》，2003 年第 2 期。

61. 劉友俊、袁文義：《出口茶葉檢驗大事年表》，載《福建茶葉》，2002 年第 2 期。

62. 徐建青：《我國的商品檢驗市場和檢驗事業》，載《當代中國史研究》，2004 年第 1 期。

63. 文璐：《近代以來新疆通商口岸的開設與發展》，新疆大學 2005 年碩士學位論文。

64. 鄭會欣：《試析戰時貿易統制實施的階段及其特點》，載《民國檔案》，2005 年第 3 期。

65. 陳晉文：《制度變遷與近代中國的對外貿易——以 1927～1936 年南京國民政府的對外貿易為例》，載《北京工商大學學報（社會科學版)》，2007 年第 6 期。

66. 劉淼：《戰前祁門紅茶的海外銷售與市場價格分析》，載《中國農史》，2004 年第 4 期。

67. 李麗英、孫淑松：《近代我國茶葉檢驗史略》，載《中國茶葉》，2008 年第 4 期。

68. 李麗英、孫淑松：《近代我國茶葉檢驗史略續》，載《中國茶葉》，2008 年第 5 期。

69. 蔡知凌、陳迪：《福建茉莉花茶的對外貿易與檢驗》，載《福建茶葉》，2008 年第 3 期。

70. 朱從兵：《設想與努力：1890 年代挽救華茶之制度建構》，載《中國農史》2009 年第 1 期。

71. 趙偉、朱從兵：《近代光裕集團鐵棉聯營戰略新探》，載《蘇州大學學報》2010 年第 5 期。

72. 杜粵:《進口貿易中貨物索賠的幾種情況及其處理》,載《現代商貿工業》,2010 年第 12 期。

73. 胡斌:《何以代表「中國」——中國在世博會上的展示與國家形象的呈現》,中國藝術研究院 2010 年博士學位論文。

74. 馬蕾:《1900～1920 年中國社會挽救華茶的努力》,蘇州大學 2010 年碩士學位論文。

75. 樊豔美:《二十世紀二三十年代挽救華茶的制度變遷》,蘇州大學 2011 年碩士學位論文。

76. 朱英、左海軍:《抗戰前河北省棉產改進會的成立及其活動》,《安徽史學》,2013 年第 5 期。

77. 張曉燕、鄭華、劉傑、林金成、黃亞軍:《淺談中國近代進出境動植物檢疫國家行為的建立》,載《植物檢疫》,2013 年第 5 期。

78. 王昕彤:《民國時期中國對外貿易法制初探》,載《黑河學刊》,2013 年第 6 期。

79. 王晏罡:《檢驗檢疫部門管理外來物種入侵風險的對策研究》復旦大學 2013 年碩士學位論文。

80. 丁咚:《出口產品檢驗監管模式改革研究》,復旦大學 2014 年博士學位論文。

81. 王昕彤:《民國時期新疆對蘇（俄）貿易法制研究》,新疆大學 2014 年碩士學位論文。

82. 楊敬敏:《中國近代棉紡織進口替代工業的發展及其空間分布研究（1867～1936）》,復旦大學年 2014 年博士學位論文。

83. 康健:《茶業經濟與社會變遷——以晚清民國時期的祁門縣為中心》,安徽師範大學 2011 年碩士學位論文。

84. 陶德臣:《張謇與近代中國茶業》,載《農業考古》,2012 年第 2 期。

85. 朱慧穎、王建榮:《二十世紀三十年代的茶業調查管窺》,載《農業考古》,2012 年第 5 期。

86. 陳晉文:《近代商品檢驗制度研究》,載《北京工商大學學報》,2012 年第 5 期。

87. 谷永清:《論 20 世紀二三十年代中日青島及其腹地的棉業利源之爭》,載《齊魯學刊》,2012 年第 5 期。

88. 胡文亮:《梁希與中國近現代林業發展研究》,南京農業大學 2012 年博士學位論文。

89. 李忠萍:《近代蘇州公共衛生研究（1906～1949）》,蘇州大學 2014 年碩士學位論文。

90. 王強：《近代蛋品出口貿易與蛋業發展》，《史林》，2014 年第 5 期。

91. 吳布林：《南京國民政府時期上海食品衛生監管研究（1927～1937）》，南京師範大學 2015 年碩士學位論文。

92. 張國義：《創新與頓挫：民國國際貿易局述論》，載《史林》，2016 年第 5 期。

93. 楊喬：《民國時期長江流域的桐油貿易》，《懷化學院學報》，2016 年第 6 期。

94. 杜恂誠：《南京國民政府統制經濟政策的實現途徑》，《中國經濟史研究》，2016 年第 3 期。

95. 周舟：《南京國民政府實業部礦業司研究（1930～1937）》，河南師範大學 2016 年碩士學位論文。

96. 朱鵬：《民國時期吳覺農茶業改良思想的研究》，蘇州科技大學 2017 年碩士學位論文。

97. 劉盼紅：《〈紡織時報〉研究》，上海師範大學 2017 年碩士學位論文。

98. 趙文斌：《近代外貿與質量安全》，載《文匯報》，2018 年 10 月 12 日 W08 版。

99. 吳川靈：《中國近代紡織期刊統計分析及其研究意義》，《東華大學學報》，2018 年第 3 期。

100. 馬藝瑗：《二十世紀二三十年代中國棉花貿易情況研究》，上海社會科學院 2018 年碩士學位論文。

101. 鄭琬瓊：《民國生絲出口貿易日漸衰敗之原因新探》，山東大學 2018 年碩士學位論文。

102. 趙正：《民國時期中央工業試驗所籌建始末》，載《咸陽師範學院學報》，2018 年第 6 期。

103. 宋時磊：《衝擊與變革：美國質量門檻對近代華茶外貿的影響》，《華南師範大學學報》2017 年第 2 期。

104. 陳明、王洪偉、王思明：《肇建與探索：民國時期的中國畜牧獸醫學會（1936～1949）》，載《自然辯證法通訊》，2019 年第 6 期。

105. 汪月：《關於出入境檢驗檢疫劃入海關的探討》，載《中國機構改革與管理》，2019 年第 6 期。

106. 葉開強：《民國商品檢驗法制的理論基礎和制度生成》，載《財經理論與實踐》，2020 年第 1 期。

107. 李夢婷、丁以壽：《清末中美茶葉的衰落及其原因》，載《茶葉通報》，2020 年第 2 期。

108. 李寧、馬曉雲：《絲綢之路上的茶葉貿易與茶文化》，載《蠶桑茶葉通訊》，2020 年第 1 期。

後　記

　　本書是我從事中國近代商檢事業研究的一個階段性成果。從讀研究生開始，我就開始關注商品檢驗史的研究，迄今已經十餘年。這些年來的研究，讓我深刻認識到商品檢驗史研究是一個有著豐富內涵的領域，涉及廣泛，它不僅僅是個史學問題，也涵蓋農學、動植物學、經濟學、法學、國際貿易學等多學科領域，開展多學科領域交叉研究應該是這一問題研究的未來方向。本書僅僅是拋磚引玉，希望更多的同道能參與進來，以期研究不斷深入。

　　本書能夠出版，首先我要感謝我的導師朱從兵教授的指導，朱老師對我的研究工作給予非常耐心細緻的指導，指示門徑，糾正錯謬，惠我良多，為我這本小書的完成提供了助推力。

　　我也要特別感謝著名史學家瞿林東先生，瞿先生作為著名學者，平易近人，對我和我的愛人都關愛有加，特別關心我們的學術成長。針對本書選題和內容，瞿先生曾專門寫過四頁紙的長信提出寶貴建議，讓我內心十分感動，這體現了老一輩學者對後學的殷切關懷。根據先生之建議，我作了一些修改，但由於資質愚鈍，還未能全部消化和吸收，我將在以後的學習中不斷深入思索。

　　我更要衷心地感謝花木蘭文化事業有限公司的專家同仁，他們慨然應允出版本書，顯示了對學術文化出版事業的擔當精神。尤其是花木蘭文化事業有限公司的楊嘉樂主任，她多次來函來電溝通出版事宜，並對本書的盡快修改完成予以鼓勵，真的令人十分感動，非常感謝楊主任的大力提攜和幫助。

　　我還要感謝我的家人，他們對我出版著作都非常支持。我先生德仁跟我一起修改書稿，寶貝女兒欣宜也努力做到不打擾我工作，這才使我有較為充

裕的時間完成書稿。

最後衷心希望這本小書的出版能為中國商品檢驗史研究略盡綿薄之力，願我的研究工作能夠邁上一個新的臺階。同時，我衷心祈盼席捲全球的新冠疫情能夠盡快結束，讓我們的生活回歸正常。這場 2020 年突如其來的疫情，使我深刻地認識到平安祥和的日子多麼可貴。讓我們懷著一顆感恩的心，善待自然，敬畏生命，親愛家人，熱愛生活，認真工作，過好每一個平凡的日子！

高忠芳
二〇二〇年四月十日謹記於蘇州湖畔佳苑